Frederik Hetmann

Jenseitsreisen

HERDER / SPEKTRUM

Band 4717

Das Buch

Die Frage nach dem Jenseits unseres irdischen Daseins gehört zu den großen Rätseln menschlicher Existenz und zu den Grundfragen aller Kulturen. Frederik Hetmann fragt nach der Antwort der indianischen Kultur auf dieses universale Problem. Indem er die indianischen Jenseitserfahrungen in vielfältigen Mythen zu Wort kommen läßt, erschließt sich der Raum magischer Verbindungen bzw. Vermittlung zwischen Diesseits und Jenseits.

Das magische Weltbild kennt neben der realen, mit unseren fünf Sinnen erfaßbaren Welt eine andere, geistige Welt, für deren Wahrnehmung besondere Fähigkeiten notwendig sind. Die Aufgabe des Schamanen besteht nun darin, die Verbindung zum Geistbereich zu öffnen und dem Adepten oder Patienten als Führer durch diese „Anderswelt" zu dienen.

Dabei sind die Jenseitsvorstellungen der Indianer höchst unterschiedlich: Der Schamane im arktischen Amerika z. B. gewinnt bei einer Jenseitsreise aus der Natur bzw. deren Geisterwesen Kraft, mit der er in der Lage ist, den bei ihm Ratsuchenden zu stärken und zu heilen. Im Südwesten der USA wiederum wird mit heiligen Bildern, Gebeten und Rezitationen von Mythen eine Art paradiesischer Bezirk geschaffen, in den die Götter eintreten und das gestörte psychosomatische Gleichgewicht der sich dort aufhaltenden Patienten wiederherstellen. Hinter diesen Praktiken steht die Vorstellung, daß nur so der Mensch den Bedingungen seiner Existenz voll und ganz gewahr wird und als sozial funktionales Wesen dem Idealzustand der kosmischen Harmonie nahekommt.

Der Autor

Frederik Hetmann, geb. 1934 in Breslau, lebt als freier Schriftsteller in Limburg. Zahlreiche Editionen zu Märchen und Volkserzählungen aus dem spanischen, iberoamerikanischen, indianischen, keltischen und US-amerikanischen Kulturraum. Zweimal mit dem Deutschen Jugendliteraturpreis ausgezeichnet. Bei Herder/Spektrum zwei Biographien über Siddharta und Rosa Luxemburg sowie das Standardwerk über indianische Religion und Spiritualität „Die Erde ist unsere Mutter".

Frederik Hetmann

Jenseitsreisen

Rituale und Mythen amerikanischer
Schamanen, Heiler und Zauberer

Herder
Freiburg · Basel · Wien

Gedruckt auf umweltfreundlichem,
chlorfrei gebleichtem Papier

Originalausgabe

Alle Rechte vorbehalten – Printed in Germany
Herstellung: Freiburger Graphische Betriebe 1999
Umschlaggestaltung: Joseph Pölzelbauer
Umschlagmotiv: Eagles Chasing Chant, Navajo. Archiv des Autors
ISBN 3-451-04717-9

Inhalt

Vorwort:
Was den Leser erwartet

Also geht hier etwas vor sich, das Literatur übersteigt. Für uns, so möchte ich vorschlagen, ist die Frage, wie das Konzept und die Techniken des Heiligen sich in der säkularen Welt erhalten, nicht eine nostalgische Haltung gegenüber der Vergangenheit, sondern ein Fahrzeug, auf dem wir entspannt in die Zukunft gelangen.
Jerome Rothenberg: Die Techniker des Heiligen (1)

Der wahre Gott wird jedesmal dort geschaffen, wo eine reine Beziehung entsteht ... Blühen bedeutet die Errichtung einer reinen, neuen Beziehung mit allem im Kosmos. Das ist der Zustand des Himmlischen, es ist der Zustand einer Blume, einer Schlange, eines Zaunkönigs im Frühling, eines Menschen, der sich königlich weiß, der von der Sonne gekrönt wird und unter seinen Füßen den Kern der Erde erspürt.
D. H. Lawrence (2)

Der vorliegende Band *Jenseitsreisen – Rituale und Mythen amerikanischer Schamanen, Heiler und Zauberer* schließt in gewissem Sinn an den Band *Die Erde ist unsere Mutter – Indianische Spiritualität und Religion* an und vertieft, erweitert und präzisiert die dort gemachten Aussagen. Während in jenem ersten Band so etwas wie ein Überblick über die Spiritualität der *Native Americans* gegeben wurde, geht es hier um

Praktiken der Heilung und um Anweisungen zur Lebensführung, wenn man so will, um Einflußnahme auf die Physis und Psyche des Menschen durch magische Praktiken. Man könnte auch sagen: Es wird hier jenes weite Feld der Versuche von Sinngebung durch metaphysische Erfahrungen bei einem Naturvolk betrachtet.

Jenseitsreisen

Unter Jenseitsreisen verstehen wir zunächst einmal jene wie immer im einzelnen gearteten Suchfahrten von Schamanen ins Jenseits auf den beiden amerikanischen Subkontinenten.

Er wird sich dabei herausstellen, daß der Zweck solcher Jenseitsreisen nicht nur in der Gewinnung von Kräften durch die Überwindung der Todesangst und in der Fähigkeit zu heilen besteht.

Wir geraten hier in einen Bereich von Ritualen, deren Sinn und Zweck sich viel weiter erstreckt: Es geht um Welterneuerung, um Gemeinschaftserfahrungen, um die Bewältigung von bestimmten Alterssituationen. Wie der amerikanische Dichter und Anthropologe Gary Snyder schreibt:

„Menschliches Wohlbefinden geht weit über ein bloßes Überleben hinaus. Was die meisten von uns für sich selbst und andere wünschen, ist Lebendigkeit, ein Leben, das wirklich Leben zu nennen ist, mit Arbeit, Teilhabe an den Belangen der Gemeinschaft, mit gelegentlichen Ekstasen und tiefer Kontemplation. Der Bär ist, wie der Ainu sagt, der Gott des Gebirges. Seine Energie, sein Mut und seine Wachsamkeit sind Ausdruck der Kraft der Waldwildnis. Ihm zu begegnen löst nicht nur Furcht aus, sondern auch Begeisterung und Staunen." (3)

Snyder erklärt, wir müßten lernen, die Bären – auch im übertragenen Sinn – als Teil der risikoreichen Schönheit des Lebens zu betrachten.

Die Einsicht in ein solches Denken und die Begegnung mit einer solchen Weltsicht bei den Naturvölkern Amerikas sind zentrale Anliegen dieses Buches.

Ausgangspunkt unserer Betrachtung werden dabei die Rituale eines Naturvolkes, ihre Entstehung, ihr Sinn und ihre Bedeutung sein.

Ich gehe dann zu einer genauen Darstellung der verschiedenen Arten von Ritualen und Zeremonien über.

Es werden dabei die verschiedenen Praktiken zur Erlangung quasi metaphysischer Erfahrungen bei den Indianern *(Native Americans)* vorgestellt werden.

So beispielsweise die Einweihung, das Verfahren und die Erfahrungen des Schamanen, der zur Heilung von Kranken Suchfahrten in ein Jenseits unternimmt. Diese „Jenseitsreisen" haben dem Buch seinen Titel gegeben.

Bei den Stämmen der Prärieindianer spielte der Traum und die Visionssuche für den einzelnen Stammesangehörigen zur Bewältigung der Realität durch übernatürliche Erfahrungen eine wichtige Rolle. Erfahrungen dieser Art suchen die meisten Jugendlichen, nicht alle aber sind dazu begabt. Medizinmänner sind hier nicht selten Personen mit einer besonderen Fähigkeit zum Träumen und zur Visionserfahrung.

Während der Schamane im arktischen und subarktischen Norden des nordamerikanischen Kontinents bei seinen „Reisen" in jene andere Welt, eben ins Jenseits, auffährt oder hinabsteigt, während bei den Prärieindianern Traum- und Visionserfahrungen zur Stärkung des Individuums oder der Gemeinschaft gesucht werden, haben die Stämme an der nordamerikanisch-kanadischen Pazifikküste besondere Rituale entwickelt, die vor allem zur Stärkung des Gemeinschaftsgefühls dienen.

Ritualen zur Erneuerung und Vergegenwärtigung der Welt in ihrem magischen Tiefengehalt begegnen wir bei vielen Nationen der *Native Americans*. Bei den Prärieindianern geschieht dies beispielsweise mit dem Medizinrad, einer Steinsetzung, die unter freiem Himmel eine Art heiligen Raum schafft, mit dem an die Verbundenheit des Menschen mit

dem Kosmos erinnert werden soll bzw. auf Zeitpunkte hinge-
wiesen wird, denen eine besondere Bedeutung zukommt
(Winter- oder Sommersonnenwende).

Joseph Campbell kommentiert dies mit dem Satz:

„Medizinräder spiegeln das delikate Problem, eine menschliche Gemeinschaft in Übereinstimmung mit der rhythmi-
schen Ordnung des Kosmos zu halten." (4)

Die Sucher und Heiler der Stämme des Südwestens proji-
zieren in den von ihnen veranstalteten Zeremonien den Kosmos, die Welt der Götter, die sich am Himmel abbildet, in
Form von Sandmalereien, Gesängen und Erzählungen auf die
Erde.

Schamane und Priester als Prototypen

Joseph Campbell hat für Amerika zwei Typen von heiligen
Personen, den Schamanen und den Priester, ausgemacht. Er
hat festgestellt, daß diese Prototypen mit den beiden früheren
Gesellschaftsformen der Jäger und der Pflanzer korrespondie-
ren. Er bemerkt dazu:

„Solche, die vorrangig Jäger sind, stellen in ihrem religiösen Leben das Fasten heraus, das der einzelne unternimmt,
um Visionen zu erlangen. Der Junge von zwölf oder dreizehn
wird von seinem Vater an einem einsamen Ort zurückgelas-
sen, ein kleines Feuer hält die wilden Tiere fern, und dort fa-
stet und betet er vier Tage oder mehr, bis ihn ein Geist in
Menschen- oder Tiergestalt im Traum aufsucht, zu ihm
spricht und ihm Kräfte verleiht. Sein späterer Lebensweg wird
durch diese Vision festgelegt, denn sein Schutzgeist kann auf
ihn die Kraft übertragen, als Schamane Menschen zu heilen,
die Kraft, Tiere anzulocken und zu erlegen, oder die Gabe, ein
Krieger zu werden." (5)

Ganz anders bei den Stämmen des Südwestens, die Pflanzer sind. Hier finden wir Zeremonien von Tänzern in Göt-
termasken. „Es sind komplizierte Riten unter Beteiligung der
gesamten Gemeinschaft, die nach einem religiösen Kalender

abgehalten und von Bünden geschulter Priester geleitet werden." (6)

Wir werden in unserer Darstellung immer wieder auf diese beiden rituellen Systeme stoßen, zu denen jeweils der Schamane oder der Priester gehört.

„Der Priester ist das eingeweihte, das zeremoniell eingesetzte Mitglied einer anerkannten religiösen Organisation ... der Schamane ein Mensch, der sich infolge einer persönlichen seelischen Krise eine ihm eigene Kraft erworben hat. Die Geister, die ihm in der Vision erscheinen, waren nie zuvor von irgendeinem anderen gesehen worden; sie waren seine ureigenen Schutzgeister.

Die maskierten Götter der Pueblos dagegen, die Maisgötter und Wolkengötter, deren Dienst von Bünden streng organisierten und reglementierten Priestern versehen wird, sind die allseitig bekannten Schirmherren des gesamten Dorfes, die man seit unvordenklicher Zeit angebetet und in den zeremoniellen Tänzen dargestellt hat." (7)

Man kann von also von daher das folgende Orientierungsschema aufstellen:

Schamanen	Priester
individuelle Visionssuche	kollektive Zeremonie
Heilung	Fruchtbarkeit
Gesellschaften der Jäger	Gesellschaften der Pflanzer

Nur muß man natürlich bei diesem wie bei den meisten Schemata daran denken, daß auch historische Überlagerungen stattfinden.

Eine eindrucksvolle Geschichte von den Indianern des amerikanischen Südwestens, die aus der Zeit Anfang des 20. Jahrhunderts überliefert ist, enthält Handlungselemente, die stark an einen Schamanenflug erinnern, obwohl sie aus einem Stamm kommt, der zu den Gesellschaften der Pflanzer zu rechnen ist.

Chuka

Er wurde geboren im Sand-Clan und erhielt den Namen Chuka, das bedeutet soviel wie ein Gemisch aus Sand und Ton. Er war ein Indianerjunge aus dem Stamm der Hopi. Als Chuka drei Jahre alt war, schenkte ihm sein Großvater ein merkwürdiges Wesen.

„Beschreibe mir, was du da in der Hand hältst", sagte der Großvater.

Und Chuka antwortete: „Es sieht nicht aus wie ein Mensch. Es sieht nicht aus wie ein Tier. Es ist bunt bemalt. Es hat ein paar Adlerfedern auf dem Kopf, und wo bei einem Menschen die Stirn ist, ist in blauer Farbe eine Maispflanze aufgemalt. Es hält eine Rassel in der einen Hand und in der anderen einen Blitz. Was ist das für ein merkwürdiges Ding, Großvater?"

„Es ist eine Kaschina, das Abbild eines Heiligen Wesens, Chuka", erklärte der Großvater. „Solche Wesen wohnen in allen Pflanzen, in den Flüssen, in den vier Himmelsrichtungen. Sie haben eine große Macht. Wir Menschen müssen uns hüten, sie zu erzürnen."

„Warum kann man sie nicht sehen, wenn man einen Stein, einen Berg, einen Fluß oder eine Pinie betrachtet?"

„Wenn man die Heiligen Wesen überall sehen könnte, wären sie nicht heilig. Aber damit wir Menschen uns eine Vorstellung machen können, wie sie vielleicht aussehen mögen, schnitzen die Leute ein Ebenbild von ihnen."

„Werde ich die echten einmal zu Gesicht bekommen?" fragte Chuka weiter.

„Vielleicht ja, vielleicht nein", sagte der Großvater. „Weißt du, man muß sich erst einmal sehr anstrengen, will man der Heiligen Wesen ansichtig werden. Hat man aber endlich einen Blick von ihnen erhascht, dann sollte man damit nicht prahlen."

„Und zu was sind sie nütze?" wollte Chukan nun noch wissen.

„Sie trösten uns, wenn wir traurig sind", sagte der Großvater. „Sie bestärken uns, wenn wir Mut brauchen. Sie sagen uns, welches der rechte Weg ist, wenn wir uns verlaufen haben."

„Und woher wissen sie es selbst so genau?"

„Ha", rief der Großvater, „du willst immer Dinge wissen, über die sich selbst gescheite Leute den Kopf zerbrochen haben. Ich kann dir nur sagen, wie ich es mir vorstelle. Die Heiligen Wesen sind so alt wie die Welt. Sie haben in der langen Zeit seit damals viel gesehen, viel gelernt und viel Kraft in sich aufgenommen."

Der Großvater und Chuka sprachen danach nie mehr über die Heiligen Wesen, und Chuka verstand auch, warum. Immer, wenn er das Heilige Wesen ansah, das an der weiß gekalkten Wand hing, überkam ihn ein seltsames Gefühl: Für den Bruchteil eines Augenblicks wußte er alles auf der Welt. Die Steine, die Pflanzen, das Wasser der Flüsse ... all das war ihm nicht mehr fremd oder feindlich. Es öffnete sich ihm, und er stellte sich vor, daß die Heiligen Wesen hervortreten und ihn beschützen würden.

Die Hopi hatten immer in Furcht vor den Weißen und den Regierungstruppen gelebt. Nun kamen schwarzhäutige Soldaten auf starken Pferden geritten und brachten die indianischen Kinder unter Zwang in die Schule der Weißen am Fuß des Tafelberges von Oraibi.

Unter diesen Kindern befand sich auch Chukas Schwester.

Die Weißen schnitten ihr das lange Haar ab, verbrannten ihre indianischen Kleider. Man gab ihr einen neuen Namen. Welch eine Schande!

Nach einigen Wochen lief sie aus der Schule davon. Im Jahr darauf wurde sie wieder eingefangen und in die Schule des Weißen Mannes zurückgebracht. Diesmal bekam sie den Namen Gladys. Chukas älteren Bruder hatten die Eltern über mehrere Jahre versteckt gehalten, wenn die Soldaten kamen. Aber in jenem Jahr tauchten die Reiter überraschend auf. Sie sahen Chukas Bruder draußen auf dem Melonenfeld und fingen ihn mit einem Lasso ein. Sie nahmen ihn einfach mit. Chukas Mutter lief neben ihm her. Den ganzen Weg bis zum

13

Schulgebäude in Neu-Oraibi. Als sie wieder zurückkam, erzählte sie: „Sie haben ihn kahlgeschoren und seine Kleider verbrannt. Er heißt jetzt auch nicht mehr Ya-Lahi, sondern Ira."

Chuka war sich darüber klar, daß er der nächste sein würde. Der Großvater versuchte ihm zu erklären, was die Weißen bezweckten.

„Sie wollen Weiße aus euch machen", sagte er. „Eines Tages, meinen sie, werden die wenigen Indianer, die es dann noch gibt, denken und reden wie sie. Sei immer stolz darauf, daß du ein Hopi bist. Die Weißen haben kein Recht, aus Indianern Weiße zu machen."

Chuka dachte einen Augenblick nach, dann sagte er: „Großvater, kannst du mich nicht lehren, mit einem Gewehr zu schießen?"

„Wozu?"

„Du und ich", antwortete Chuka, „vielleicht noch Palu ... Wir könnten sie doch totschießen, wenn sie kommen. Es sind immer nur wenige."

Der Großvater verzog mißmutig das Gesicht.

„Das haben andere schon vor dir versucht", sagte er, „es nimmt immer ein schlimmes Ende."

„Und warum helfen uns die Heiligen Wesen nicht gegen die Weißen?"

„Sie helfen uns, aber ihre Gedanken sind nicht unsere Gedanken. Ihre Zeit ist nicht unsere Zeit", sagte der Großvater.

Dieser Satz war für Chuka nicht leicht verständlich. Aber als er am Abend auf seinem Lager lag und die Kaschina an der Wand betrachtete, glaubte er zu verstehen, was der Großvater gemeint hatte. Es würde vielleicht lange Zeit dauern, aber dann würde sich herausstellen, daß die Weißen nicht Sieger blieben.

Als Chuka neun Jahre alt war, wurden seine Eltern aufgefordert, nun auch ihren jüngsten Sohn in die Schule des Weißen Mannes zu schicken. Um seine indianischen Kleider zu retten, wickelte Chuka sie in eine Decke, versteckte sie und kam nackt und barfuß von dem Tafelberg herab. Die Weißen schimpften ihn aus und nannten ihn schamlos.

Er hatte keine Ahnung, was sie damit meinten.

Die Haare wurden ihm kurz geschnitten. Er bekam ein Hemd, einen Overall und einen neuen Namen. Sie nannten ihn jetzt Peter.

Im ersten Jahr lernte er in der Schule ganze fünf Wörter Englisch. Nämlich *Yes, No, Bright, Smart* und *Candy*.

Im nächsten Jahr brachten die Eltern Chuka abermals in die Schule des Weißen Mannes. Daß er dort allzuviel lernen würde, glaubten sie zwar nicht, aber es herrschte in diesem Jahr eine Hungersnot, und man mußte froh sein, wenn man in der Familie einen Esser weniger hatte. Tatsächlich verkauften sie Chuka an die Weißen. Dafür, daß sie ihn in die Schule schickten, erhielten sie fünfzehn Meter Kleiderstoff und eine Hacke aus Eisen.

Und wieder bekam er einen neuen Namen. Hatte er im ersten Jahr Peter geheißen, so hieß er jetzt Don.

Im Winter wurde er mit anderen Jungen dabei erwischt, daß sie mit den Mädchen indianisch sprachen. Das waren gleich zwei Vergehen. Erstens durfte man sich nicht indianisch unterhalten, zweitens sollten sie nicht mit den Mädchen zusammenstehen. Alle, die man erwischte, erhielten je nach Alter zwischen 15 und 30 Schläge mit einer *rawhide*, einem Strick aus getrockneter Rinderhaut.

Der weiße Lehrer wunderte sich, daß er kein „Au" und „Oh" von Chuka hörte. Nachdem er ihn verprügelt hatte, sagte er: „Ihr Indianer seid schon hartgesottene Burschen. Ihr seid wohl von klein auf daran gewöhnt, daß man euch halb tot schlägt, wie?"

Chuka sagte nichts. Er hatte fest an die Kaschina gedacht, die daheim am Fußende seines Lagers hing.

Die Kaschina, sein Schutzgeist, hatte ihre Blitze nach dem prügelnden Lehrer geschleudert. Der Weiße Mann würde schon noch merken, welche Folgen das hatte. Und plötzlich flüsterte der Schutzgeist Chuka etwas zu.

„Sag am besten *Yes, Sir*", raunte der Schutzgeist, „das will er hören. Glaub mir, ich kenne mich mit solchen Burschen aus."

„Yes, Sir." „Abtreten", sagte der Lehrer.

Als er elf Jahre wurde, schickte man Chuka plötzlich mit 50 anderen indianischen Kindern in eine Schule nach Kalifornien. In diesem Winter lernte er Tomaten essen, die Staaten der Union auswendig hersagen, Choräle singen und Anfeuerungsrufe bei Football-Spielen brüllen. Er lernte auch englisch fluchen *Goddamm* und *Go to Hell!* Als die Ferien herankamen, hieß es, er habe zuwenig Fortschritte in Englisch gemacht, er sei überhaupt so widerspenstig, das wolle man ihm abgewöhnen. Deswegen dürfe er nicht zu seiner Familie heimfahren. Statt dessen schickte man ihn als Erntehelfer ins *Emperial Valley*. Heimlich weinte er viel, weil er Heimweh hatte, und schämte sich, daß er vor Heimweh weinen mußte.

Als die Schule wieder begann, besaß er ein gutes Messer, einen Pappkoffer und eine Fünf-Dollar-Uhr, für die er zwanzig Dollar bezahlt hatte. Er beschwerte sich bei seinem Schutzgeist: „Warum hast du mich nicht gewarnt?"

„Warum wolltest du eine solche Uhr besitzen?"

„Weil unser Direktor an der Schule eine solche Uhr an einer Kette trägt. Ist die Pause zu Ende, zieht er sie aus der Westentasche, wirft einen Blick darauf, steckt sie ein und klatscht dann in die Hände."

„Was ist so Besonderes daran?"

„Ich habe mir eingebildet, wenn ich eine solche Uhr besäße, würde ich so viel Macht haben wie der Direktor."

„Es lohnt sich nicht, sich Macht zu wünschen", sagte der Schutzgeist.

„So schlau bin ich jetzt auch", sagte Chuka wütend.

„Dann hast du die zwanzig Dollar ja nicht umsonst ausgegeben", erwiderte der Schutzgeist.

Im November holte sich Chuka eine Erkältung.

Er bekam hohes Fieber. Man brachte ihn vom Krankenrevier der Schule in ein Krankenhaus der weißen Männer. Aus der Erkältung war eine Lungenentzündung geworden.

Er wollte gar nicht gesund werden.

Eines nachts fühlte er, wie es ihm kalt wurde. Ein Schauder kroch von den Zehen her über seine Beine hinauf. Er dachte: So muß es sein, wenn man stirbt. Ja, ich will sterben. Es ist mir recht.

Plötzlich sah er am Fußende des Bettes das Abbild des Heiligen Wesens, das daheim an der Wand über seinem Lager hing. Nein, es war nicht mehr das Abbild, es war anders. Es war – er erschrak sehr – es war das Heilige Wesen selbst, in einem Tanzgewand, mit der Maske vor dem Gesicht und mit einer blauen Feder in der linken Hand. Das Heilige Wesen redete ihn an: „Wie ich gehört habe, Chuka, willst du sterben. Du weißt, ich bin dein Schutzgeist. Ich habe über dein bisheriges Leben gewacht. Ich finde, du bist noch viel zu jung, um zu sterben. Ich werde jetzt hierbleiben und über deine Körperhülle wachen. Gleichzeitig werde ich dich auf der Reise beschützen, die du gleich antreten wirst."

„Was für eine Reise?" fragte Chuka mißtrauisch.

„Du hast doch Heimweh. Wie wäre es mit einer Reise nach Hause?"

„Schön, aber wie soll ich denn heimkommen? Es ist so weit fort. Sie haben mich auch in den Ferien nicht heimgelassen. Das werden sie jetzt, da ich krank bin, erst recht nicht tun."

Chuka fühlte sich hochgehoben, das Fenster sprang auf, und wie eine Feder wehte ihn der Wind hinaus. Schon flog er über die Gebirge seiner Heimat. Da unten war der Tafelberg, auf dem Alt-Oraibi lag. Dort war das Wasserloch am Abhang des Berges. Und nun kam das Dorf, in dem der Sand-Clan lebte. Die Feder senkte sich zur Erde. War er ein Mensch oder war er eine Feder? Er wußte es nicht mehr. Er betrat das Haus seiner Eltern. Seine Mutter kämmte gerade seinem Großvater das Haar. Sie sahen ihn nicht, aber er sah sie. Sie hörten ihn nicht, aber er hörte sie.

Wie mag es wohl Chuka gehen, sagte die Mutter. Wir haben schon so lange nichts mehr von ihm gehört.

Um Chuka mußt du dir keine Sorgen machen, erwiderte der Großvater. Er ist stark. Und er wird ein Indianer bleiben, was immer auch die Weißen mit ihm anstellen werden.

Sie haben starken Zauber ... Feuerwasser und Silberdollars, wandte die Mutter ein.

Der Großvater kicherte. Aber Chuka hat einen Schutzgeist, der stärker ist, beharrte er. Ich habe neulich, als ich fastete, Chukas Schutzgeist getroffen. Er sagte mir: Der Junge wird durch große Gefahren gehen. Aber muß das nicht jeder junge Mann? Er wird aus dem Strudel der Gefahren auftauchen: stark, sicher und heil.

Es ermutigte und tröstete Chuka, die Gesichter seiner Angehörigen zu sehen, den Tonfall ihrer Stimmen zu hören. Aber schon war er wieder hinausgeschwebt. Der Wind trug ihn in einem Wirbel hoch. Er schwebte in sehr großer Höhe nahe den Sternen über das Land der Hopi und der Navajo. Da waren die Täler der zwei Herzen, dort der Berg der Schönheit, die Pinienwälder, die Bergseen.

Und dann geschah noch etwas viel Wunderbareres. Er sah jetzt die Heiligen Wesen, die überall dort wohnten. Sie versteckten sich nicht wie sonst im Herzen des Gesteins, zwischen den Wellen der Flüsse oder in der Winzigkeit eines Sandkorns. Sie standen da, unterhielten sich, lachten. Manche schauten auch in den klaren nächtlichen Himmel, dessen Raum so weit war, und winkten ihm zu, während er dort federleicht umherwirbelte. Es dauerte nur einen Augenblick, aber die Kraft dieses Augenblicks war stark genug, um seine Stimmung vollkommen zu verändern. Nun wollte er nicht mehr sterben. Wenn es möglich war, das alles zu sehen, die Vielzahl dieser Wesen, von denen keines dem anderen glich, die alle so phantastisch und erstaunlich waren, daß man sich nicht satt sehen konnte an ihnen, dann wollte er leben.

Er schlug die Augen wieder auf. Er befand sich im Krankenzimmer in seinem Bett. Die Schwester sagte zu jemandem: „Der Puls kommt wieder. Ich dachte wirklich schon, er sei tot."

Chuka richtete sich auf, sah sich verwirrt um. „Chuka, kannst du mich hören?" „Ja freilich, Schwester. Warum denn nicht?"

„Nun, du warst letzte Nacht schon gestorben. Aber du warst noch nicht kalt wie ein Toter. Deshalb haben wir dich auch noch nicht in einen Sarg gelegt."

„Untersteht euch", sagte er leise. Aber das hörte sie nicht. Sie drückte ihn auf das Kissen zurück und tätschelte seine Wange. Das war ihm unangenehm.

Die Krankenschwester ging hinaus, um dem Arzt zu erzählen, daß Chuka wieder bei Bewußtsein sei.

Der Schutzgeist stand am Fußende des Bettes.

„Eines Tages, mein Junge", sagte er, „wirst du ein wichtiger Mann bei den Zeremonien deines Volkes werden. Deshalb sollst du leben. Du mußt aber auch den Willen dazu haben. Deine Heimat habe ich dir gezeigt und dich gestärkt. Aber ich kann nicht nur helfen, sondern auch strafen. Wenn du dem Gesetz deines Lebens nicht folgsam bist, werde ich dich das nächste Mal nicht in eine Feder, sondern in ein Glas verwandeln. Ich werde dich zwischen zwei Fingern halten und mit dir bis hinauf unter die Sterne fahren. Und dann laß ich dich fallen."

Der Schutzgeist trat einen Schritt zur Seite und war verschwunden. Chuka aber sah, wie die Feder eines Eichelhähers vom Fußboden aufwehte, zum offenstehenden Fester hinaus.

Tatsächlich wurde Chuka, Peter oder Don, später ein bekannter Häuptling seines Volkes. Und wenn man ihn fragte, ob er tatsächlich als Junge in eine Feder verwandelt und durch die Luft geflogen sei, antwortete er lächelnd: „Er ist mir gleichgültig, ob du es glaubst oder nicht glaubst, solange ich es immer noch für wahr und wichtig halte." (8)

Abgesehen von ihrem Wert als Erzählung ist in unserem Zusammenhang an dieser Geschichte zweierlei wichtig. Erstens: Die Bedeutung des persönlichen Schutzgeistes und der für wahr und wirklich genommene Raum der Vorstellungen, in denen er sich aufhält, sowie seine Macht. Zweitens, daß bei einer Lebensbedrohung beziehungsweise einer Todeserfahrung jener Raum, in dem sich der Schutzgeist aufhält, für den Betreffenden sich als völlig wirklich darstellt. Die Überwindung von Todesängsten spielt, wie wir noch sehen werden, bei der Erlangung schamanistischer Eigenschaften eine bedeutende Rolle.

19

Auch bei Pflanzervölkern treffen wir, wie in diesem Fall, auf schamanistische Praktiken, obwohl die Hauptbedeutung bei den von Priestern geleiteten Zeremonien liegt.

Bei Phänomenen, die scheinbar in dem oben wiedergegebenen Ordnungsschema nicht aufgehen, will, wie gesagt, bedacht sein, daß die meisten Stämme der *Native Americans* Wanderbewegungen ausführten, nach denen sich die Basis ihres Nahrungserwerbs veränderte.

Sich dem Fremden aussetzen

Wichtig ist mir, in diesem Vorwort noch dies anzumerken: Der Leser erwarte nicht, wie dies häufig bei New Age-Jüngern der Fall ist, Rezepte, die er direkt auf sein eigenes Leben anwenden kann. Es sollte sich eigentlich von selbst verstehen, daß Menschen in den westlich-abendländischen Industriegesellschaften vorwiegend unter den Bedingungen einer „zweiten", vom Menschen selbst geschaffenen Natur leben, also ganz anderen Voraussetzungen als die *Native Americans* unterliegen und vor allem ein ganz anderes Verhältnis zur „ersten" Natur haben.

Wenn es eine „Botschaft" in meiner Darstellung gibt, so wäre sie darin zu sehen, daß offenbar Menschen in jeder Form ihrer Vergesellschaftung und wahrscheinlich auch schon zuvor metaphysische Bedürfnisse entwickeln, die auf höchst unterschiedliche Weise ausgelebt oder erfüllt werden.

Was bei sonst höchst unterschiedlichen Praktiken und Bildwelten die verschiedenen Nationen der *Native Americans* und *Indigenas* (gemeint sind die Eingeborenen Mittel- und Südamerikas) gemeinsam haben, ist eben der besondere Bezug zur Natur. Daraus läßt sich folgern: Wo die Natur zerstört worden ist oder zerstört wird, sind bestimmte Erfahrungswege des Metaphysischen verschüttet oder verloren.

Wir leben in einer Zeit, in der ethnische und religiöse Unduldsamkeit längst nicht überwunden ist. Nicht selten wurzelt diese vor allem in der Angst vor dem anderen, dem Frem-

den. Wenn Lebensweise und Lebensordnung eines Naturvolkes etwas lehren, dann Respekt vor dem anderen, Unbe-
kannten, auf den ersten Blick Befremdlichen. Wer sich einer
solchen Erfahrung hin und wieder aussetzt, den eigenen kul-
turellen Blickwinkel zugunsten eines ganz anderen aufgibt,
gewinnt ein Einfühlungsvermögen in das Fremde, Unbe-
kannte, Ungewohnte und einen Sinn für die Werte in ihm. Insofern ist die Beschäftigung mit jeder anderen Kultur sehr
wohl eine Form der heute so gefragten „Lebenshilfe", freilich
eine, in der man nicht rasch billige Rezepte erhält, sondern
durch Kenntnis anderer Möglichkeiten des Menschen Distanz zu den vielleicht nur noch mechanisch praktizierten Ritualen und Zeremonien des eigenen Kulturkreises und der eigenen Gesellschaft herstellt. Indem man mit Ritualen und
Zeremonien konfrontiert wird, die zunächst Verwunderung
hervorrufen, könnte man veranlaßt werden, jene, die man
selbst eben nur noch beiläufig und gedankenlos vollzieht, in
ihrer Sinnhaftigkeit neu zu entdecken.

1. Drei Begriffsklärungen – „Jenseits", „Magie" und „Totemismus"

Der Mensch ist nicht nur ein soziales, sondern auch ein metaphysisches Wesen; mit anderen Worten, er ist nicht nur ein Individuum, sondern auch Persönlichkeit. – Es ist darum falsch, das Überindividuelle mit dem Sozialen zu verwechseln, es ganz ins Soziale zu verlegen: man läßt dabei das metaphysisch Überindividuelle außer acht; denn die Persönlichkeit, nicht die Masse, ist die eigentliche Trägerin des Allgemeinen.
Thomas Mann, Betrachtungen eines Unpolitischen (1)

Was bedeutet „Jenseits"?

Ehe wir uns mit der Sinnsuche, den Ritualen und Zeremonien eines Naturvolkes genauer befassen, bleiben zunächst noch einige Begriffe genauer zu erklären. Das wird uns später das Verständnis der indianischen Texte wesentlich erleichtern.

Stellen wir zunächst fest, daß es neben der bekannten, mit unseren fünf Sinnen erfaßbaren Welt offenbar noch eine andere gibt, „für deren Wahrnehmung besondere Sinne notwendig sind, die normalerweise beim Menschen abgeschaltet sind, aber im Einzelfall, z.B. als zweites Gesicht, von Geburt an oder gelegentlich spontan (Telepathie, außerkörperliche Wahrnehmungen, Hellsehen etc.) in Erscheinung treten." (2)

Sagen wir weiter, daß es Menschen gibt, die eine solche geistige Wahrnehmungsfähigkeit entwickeln können, so führt das zu der Frage, was nun eigentliche „Geist" oder diese „feinstoffliche Kraft" sei.

Wenn die Antwort darauf für uns letztlich unbefriedigend ausfällt, so sollten wir uns daran erinnern, daß schließlich auch die Erkenntnisse der modernen Naturwissenschaft über das Wesen von Energie sich in ähnliche Unschärfe verlieren, und zwar um so gravierender, je weiter die modernen Naturwissenschaften in den Makro- und Mikrokosmos erforschend eindringen.

Der Begriff „Jenseits", den wir mit etwas leichtsinniger Selbstverständlichkeit auf den Kulturbereich der Indianer anwenden, stammt aus einer anderen, aus der abendländisch-christlichen Kultur. Wir müssen uns also zunächst danach fragen, was in diesem, unserem Kulturraum unter dem Begriff verstanden wird. Die *Theologische Realenzyklopädie* definiert ihn mit dem Satz: „Europäer sprechen vom ‚Jenseits der Welt' (otro mundo, the next world), vom ‚Jenseits des Lebens' (post mortem, the hereafter), vom ‚Jenseits der Zeit' (Ewigkeit). Auch vom Jenseitigen im Diesseits ist die Rede: ‚Übermenschliches' meint jenseits gewöhnlicher Kraft, ‚übersinnlich', jenseits normaler Wahrnehmung, ‚übernatürlich', jenseits bislang erkannter Naturgesetze." (3)

Auf die erkenntnistheoretische Problematik des Begriffs weisen die folgenden Sätze hin: „Das Wort und seine Synonyme bezeichnen eine Sache, die in Europa umstritten bleibt. Materialisten leugnen ihre Existenz, Empiriker äußern sich skeptisch, aufgeklärte Vernunft verweist sie ins Reich der Illusion, der einfältigen Gemüter, der Bauernfängerei.

Diese herrschende Meinung wandelt sich zur Zeit. Wissenschaftler haben begonnen, allerlei Jenseitiges ernst zu nehmen: okkulte Phänomene, Sterbeerlebnisse, psychische Heilungen u. a. m. Gleichzeitig verhilft eine kommerzielle Welt ‚Jenseitigem' zu ungeahnter Popularität." (4)

Auch in unserem Kulturraum ist die Vorstellung verbreitet, aus dem Jenseits komme Beistand.

Lewis M. Barth geht noch weiter. Ihm gilt „das Jenseits als der eigentliche Gegenstand von Religion".

Schließlich die Jenseitsreisen. In den meisten Kulturen taucht die Vorstellung einer Seelenreise auf. In den entsprechenden Darstellungen gelangen die Verstorbenen „nicht direkt an ihren endgültigen Bestimmungsort, sondern müssen zunächst eine Reihe ungewöhnlicher Abenteuer und Prüfungen bestehen. Manchmal sind es Reisen durch gefährliche Landschaften, die irdischen Wüsten, hohen Gebirgen, Urwäldern und Sümpfen nicht unähnlich sind. Es kann sein, daß die Seele Begegnungen mit seltsamen phantastischen Wesen hat und diese bekämpfen muß. Andererseits kann das Jenseits auch sehr wenig Ähnlichkeit mit der Erde haben. Die Stufen der Seelenreise können auch als eine Folge ungewöhnlicher, mehr oder weniger abstrakter Geisteszustände anstatt konkreter Orte und Begegnungen auftreten. Ein besonders häufiges Thema des Abenteuers der Seele nach dem Tode ist das Göttliche Gericht. Dieses kommt in verschiedener Form nicht nur in der jüdischen, christlichen, islamischen, ägyptischen und zoroastrischen Überlieferung vor, sondern auch im Orient, wie in Indien, China, Japan und Tibet und sogar in den mesoamerikanischen Religionen." (5)

In Erinnerung behalten sollte der Leser, daß diese Reiseberichte häufig mit dem Tod zu tun haben. „Für jede Kultur, die sich vor allem mit der Sinnfrage beschäftigt", kommentieren Stanislav und Christina Grof, „muß das Studium des Todes – der einzigen Gewißheit des Lebens – von zentraler Bedeutung sein, denn das Verständnis des Todes ist der Schlüssel zur Befreiung des Lebens." (6)

Dies gilt auch, wie gleich hier angemerkt werden soll, für die Jenseitsreise der indianischen Schamanen. Sie ist mit einer Todeserfahrung zu Lebzeiten verbunden und setzt eben dadurch jene Kräfte frei, die dem Schamanen seinen Nimbus und die Fähigkeit zu heilen bescheren.

Ein etwas anderes Bild vom Jenseits tritt ins Blickfeld,

wenn wir den Begriff aus der Sicht der Folklore, der Märchenforschung und Volkskunde betrachten. Das Jenseits korrespondiert hier mit dem Begriff der „otherworld", der „Anderswelt". Die drei Anderswelten in der europäischen Tradition sind der Himmel (wohin die beim Ewigen Gericht geretteten Seelen kommen), die Hölle (vorgestellt als eine Unterwelt, in der die wegen ihrer bösen Taten Verdammten auf ewige Zeit verstoßen werden) und das Reich der Feen (ein Reich des Zaubers, in dem eine Logik ähnlich der des Traumes obwaltet). Möglich scheint, daß aus dem heidnisch-keltischen Feenland schließlich der Himmel wurde und aus den Feen Engel. Darauf deutet nicht zuletzt die Tatsache hin, daß von Sterblichen die Feenkönigin nicht selten mit Maria, der Mutter Gottes und Himmelskönigin, verwechselt wird. Limbus und Fegefeuer sind später von der kirchlichen Doktrin den Begriffen „Himmel" und „Hölle" hinzugefügt worden. Letztlich stellt auch der Garten Eden eine Anderswelt dar – eine, die durch die Torheit des Menschen verlorenging. Avalon ist eine Anderswelt, in der alle Übel geheilt werden und König Arthur auf seine Rückkehr in die Menschenwelt wartet. Der Insel der Seligen der irischen Mythologie entspricht in der griechischen das Elysium, das Land im Westen. Auch kennt die keltischen Tradition eine Anderswelt, die in einem Reich der Frauen besteht. Es könnte sich dabei unter Umständen um eine Erinnerung an eine Epoche der Frauenherrschaft handeln, die als paradiesisch empfunden wurde. Diese Anderswelten liegen am Boden von Quellen, unter dem Meer oder unter Flüssen, im Inneren eines Gebirges, in einem tiefen Wald, auf der Sonne, dem Mond oder anderen Planeten. (Im englisch-keltischen Märchen von Jack Bohnenstange klettert der Held in ein solches Land über den Wolken hinauf, Orpheus hingegen steigt in die Unterwelt hinab, um Eurydike aus dem Totenreich in die Welt der Irdischen zurückzuholen.) Trivialisierungen der Anderswelt finden wir mit „Fiddlers Green", dem Paradies der Matrosen oder im Bild vom „Big Rock Candy Mountain", dem Paradies der amerikanischen Vagabunden, wo in den Bächen Alkohol fließt, die Polizisten Holzbeine und die Polizeihunde Gummizähne haben. (7)

Dieses Tableau von Vorstellungen und Bildern belegt eine offenbar allgemein menschliche, kulturübergreifende Sehnsucht nach einem Jenseits, einer anderen Welt, auf die nun verschiedene Erwartungshaltungen projiziert werden.

Auch was wir im Zusammenhang mit Ritualen und Mythen über Jenseitsreisen bei den Indianern antreffen, sind Bilder von Hoffnungen und Erwartungen, durch die seelische Konflikte – unter ihnen als wichtigster das Wissen des Menschen um seine Endlichkeit – gemildert oder aufgelöst werden sollen.

Es scheint wichtig, hervorzuheben, daß solche Konflikte und der Versuch ihrer Bewältigung keineswegs ein Phänomen darstellen, das sich nur bei den *Native Americans* findet. Wohl aber bietet dieses Phänomen dort, bei einer Menschengruppe, die wenigstens zum Teil noch im Zustand eines Naturvolkes lebt, die Möglichkeit, relativ authentisch Auskunft darüber zu erhalten, welche soziale Funktion solche Vorstellungen bei Menschen auf der Kulturstufe von Jägern und Pflanzern gehabt haben.

Was bedeutet „Magie"? Das magische Weltbild

Magie definiere ich als den Versuch, die Natur durch übernatürliche Mittel zu beeinflussen. Das Wort „Magie" ist abgeleitet von *Magi*, persische Priester, deren Praktiken von den Griechen als *mageia* bezeichnet wurden.

Die Verbindung von Magie, Religion und Wissenschaft ist in der Vergangenheit Gegenstand heftiger Diskussionen gewesen. Wissenschaftler wie Sir James George Frazer, dessen Theorie wegen seiner Auswahl bestimmter Fakten aus einer Vielzahl anderer kritisiert worden ist, waren der Ansicht, daß Magie eine Vorstufe zur Entwicklung von Religion darstellte. Für Frazer ist das Grundprinzip von Magie der Zwang, das von Religion die Versöhnung.

Positive Magie soll etwas bewirken. Beispielsweise soll ein

Talisman Glück bringen, negative Magie etwas verhindern. Ein Amulett z. B. verhindert als negative Magie den Einfluß von Dämonen oder Zauber auf den, der es trägt.

Allgemein bewirkt Magie die Kontrolle von Kräften, die einer gewissen primitiven Form von Wissenschaft zu Grunde liegen. Magie kann entweder schwarz oder weiß sein. Schwarze Magie bewirkt Böses oder ruft unheilbringende Kräfte herbei, führt zu Krankheit oder Tod. Weiße Magie hingegen kuriert oder bewirkt Wunder. Im Märchen treibt ein Mensch, der seine Seele dem Teufel verkauft und dafür mit gewissen Eigenschaften ausgestattet wird, Schwarze Magie.

Konkreter wird die Funktion von Magie durch die Ausführungen von Colin Wilson. In seinem Buch *Das Okkulte* schreibt er:

„Wir wissen, daß die Cro-Magnon-Malerei, wie wir sie in den Höhlen von Lascaux, Montespan oder Altamira sehen, nicht Kunst in unserem Sinn, sondern Teil eines magischen Rituals war, wie es noch heute bei primitiven Völkern geübt wird. Die Pygmäen am Kongo zeichnen das Bild eines Tieres, das sie jagen wollen, in den Sand und schießen ihm einen Pfeil durch den Hals. Die Tungu schnitzen das Tier, das sie jagen wollen, aus Holz. Die Jenissei machen, bevor sie auf Fischfang gehen, einen Fisch aus Holz, usw.

Die Pygmäen lassen die Zeichnung des Beutetieres stehen, bis sie es erlegt haben; dann bestreichen sie das Bildnis mit dem Blut des Tieres und ziehen den Pfeil heraus. Sie glauben, daß dieses Ritual einen geheimnisvollen Kontakt zwischen dem Jäger und dem gejagten Tier herstelle." (8)

Rational betrachtet, liegt hier Unkenntnis von Ursache und Wirkung vor.

Doch ob diese Analyse richtig ist, scheint fraglich. Zumindest ist auch eine andere Art von Erklärung möglich. Wilson meint, daß die Erfolge solcher magischen Praktiken sich daraus ergeben hätten, daß sich der Geist des Jägers bei dem oben beschriebenen Ritual vollkommen auf die Beute konzentriere und dadurch die gleichen Kräfte freigesetzt würden, „die Dr.

Rhines Versuchspersonen zu so hohen Trefferquoten verhalfen, als sie den Fall von Würfeln bei einem Experiment zu beeinflussen versuchten." (9)

Demnach ließe sich die Wirkung von Magie wie folgt erklären:

„Immer wenn der Mensch ein starkes Gefühl für den Wert einer Sache hat, aktiviert er seine Kräfte – genau jene Kräfte, die hinter dem violetten Ende des Spektrum liegen. Der Mensch hat sich bis zu seiner heutigen Stufe entwickelt, weil er manche Dinge mechanisch verrichten lernte. Durch bewußtes Anstrengen erlernt er eine schwierige Fähigkeit und übermittelt sie dann seinem unbewußten ‚Roboter', der sie effizient und automatisch ausführen lernt – etwa wie radfahren oder die Beherrschung einer Fremdsprache. Aber wenn wir etwas automatisch tun, so heißt dies, daß wir uns nicht darauf zu konzentrieren brauchen, und wenn der Mensch sich zunehmend auf seinen ‚Roboter' verläßt, so bedeutet dies, daß er von seiner Fähigkeit der intensiven Konzentration immer weniger Gebrauch macht. Dies erklärt, warum der moderne Mensch nicht an ‚Kräfte' hinter dem violetten Ende des Spektrums glauben will: Er benutzt sie ja kaum." (10)

Die magische Welt des Kindes

Offenbar ist eine magische Weltsicht in jedem Menschen angelegt. Das Kind durchläuft einen Entwicklungsabschnitt, in dem es noch voll und ganz für magische Erlebnisse offen ist. Die magische Welterfahrung kann dann durchaus dämonisch-bedrohliche Züge annehmen, wie dies Leo Frobenius in seinem Essay „Paideuma" an Hand eines Erlebnisses mit seiner kleinen Tochter schildert:

„Ein Gelehrter arbeitet an seinem Schreibtisch; sein vierjähriges Töchterchen läuft im Zimmer umher; das Kind ist ohne besondere Beschäftigung und stört; der Vater gibt ihm drei abgebrannte Streichhölzer und sagt: ‚Hier spiele.' Das Kind läßt sich auf dem Teppich nieder und spielt mit den drei

Streichhölzern: Hänsel, Gretel und Hexe. Eine lange Weile geht das so hin. Der Gelehrte kann sich ungestört seiner Arbeit widmen. Plötzlich beginnt das Kind erschreckt aufzuschreien. Der Vater fährt auf. ‚Was ist? Ist dir etwas zugestoßen?‘ Das Kind (unter Zeichen größter Angst herbeilaufend): ‚Vater, Vater, nimm die Hexe fort, ich kann die Hexe nicht mehr anfassen!‘ –

Ähnliche Beispiele aus dem Kinderleben wird ein jeder, der Beobachtungsgabe für solche Vorgänge besitzt, jederzeit und in großer Zahl gewinnen können. Was das angeführte Vorkommnis so besonders auszeichnet, ist die eruptive Form des Affektes im Zusammenhang mit der isolierten Selbstbeschäftigung. Dieser Ausbruch zeigt einen Vorgang an, der sich in der Vorstellungs- und Erkenntniswelt des Kindes abgespielt hat. Es tritt eine Verschiebung ein. Das Streichholz als Hexe ist ihm zum Bewußtsein gekommen; nur so ist der Affektausbruch zu erklären. Also muß die Vorstellung des Streichholzes als Hexe sich vorher auf einer anderen Fläche bewegt haben, die ich im Gegensatz zu der des Bewußtseins als die des Gemüts bezeichne.

Der Affektausbruch kennzeichnet hier also die *spontane* Verschiebung einer Vorstellung von der Fläche des Gemüts auf die Fläche des sinnlichen Bewußtseins.“ (11)

Diese Episode vermittelt eine Vorstellung von seelischen Fähigkeiten des Menschen, die durch zunehmende Rationalität in der Entwicklung des einzelnen und durch die Zivilisation im geschichtlichen Entwicklungsprozeß der Menschheit so weit zurückgedrängt und vergessen worden ist, daß uns schließlich solche Szenen bei Kindern oder Naturvölkern als seltsam unwirklich vorkommen. Tatsächlich aber gehört diese Fähigkeit zur „ewigen“ Grundausstattung des Menschseins, und es bedarf der Beobachtung kindlichen Verhaltens oder der von Naturvölkern praktizierten Magie, um sie heute zu entdecken.

„Totemismus" und mythische Systeme

Ein weiterer Begriff, der im Zusammenhang unseres Themas von Bedeutung ist, ist „Totemismus". Zum Verständnis gewisser Rituale und Mythen ist es hilfreich, jene Zusammenhänge und Erklärungen zu kennen, die die Wissenschaft über das Totem und den Totemismus herausgefunden hat.

Sigmund Freud, dessen klare Prosa einen immer wieder begeistern kann, schreibt über die Entstehung des Begriffes dies:

„Die australischen Stämme zerfallen in kleinere Sippen oder Clans, von denen sich jeder nach seinem *Totem* benennt. Was ist nun der Totem? In der Regel ein Tier, ein eßbares, harmloses oder gefährliches, gefürchtetes, seltener eine Pflanze oder eine Naturkraft (Regen, Wasser), welches in einem besonderen Verhältnis zu der ganzen Sippe steht. Der Totem ist erstens der Stammvater der Sippe, dann aber auch ihr Schutzgeist und Helfer, der ihnen Orakel sendet, und wenn er sonst gefährlich ist, seine Kinder kennt und verschont. Die Totemgenossen stehen dafür unter der heiligen, sich selbstwirkend strafenden Verpflichtung, ihren Totem nicht zu töten (vernichten) und sich seines Fleisches (oder des Genusses, den er sonst bietet) zu enthalten ... Der Totem ist entweder in mütterlicher oder väterlicher Linie erblich; die erstere Art ist möglicherweise überall die ursprüngliche und erst später durch die letztere abgelöst worden." (12)

Claude Lévi-Strauß hingegen sieht im Totemismus nicht eine Institution, sondern eine Denkweise (13) und erklärt, daß die dabei erfolgende Klassifizierung von Pflanzen und Tieren ein Modell für die Herkunft des Individuums, der Verwandtschaft und der Stammesgesellschaft liefere. Die Übertragung des klassifizierenden Denkens vom Natürlichen auf das Kulturelle sei Totemismus.

Eine genauere Orientierung über die Vorstellungswelt der Menschen aus einem Naturvolk gewinnen wir durch Robin und Tonia Ridingtons Ausführungen in ihrem Aufsatz „The Inner Eye of Shamanism and Totemism":

„Mythische Kosmologien sind nicht der Versuch von

Wilden, dort etwas mit Phantasie zu erklären, wo das empirische Wissen nicht vorhanden ist, sie sind im Gegenteil Feststellungen in allegorischer Form über das Wissen der Zusammenhänge zwischen dem, was wir natürliche (objektive), psychische (psychologische) und kulturelle (erlernte) Aspekte nennen würden.

Mythe und Wissenschaft sind polare Gegensätze, nicht, weil das eine falsch und das andere richtig ist, sondern weil die Mythe die Realität so abbildet, wie sie erfahren wird, während die Wissenschaft durch Experimente eine Realität aufzubauen versucht, die nicht unwahr ist. Mythen erlauben durch ihre Symbole dem Menschen direkt und experimentell in das Reich einer sinnvollen Wirklichkeit einzudringen, und Totemismus ist eine Form der symbolischen Kommunikation, die kategorisch menschliche Erfahrung mit Objekten in Zusammenhang bringt." (14)

„Mythische und totemistische Systeme enthüllen dem Menschen somit eine kosmische Struktur, die es ihm erlaubt, seine individuellen und kollektiven Erfahrungen miteinander in Einklang zu bringen und zu organisieren." (15)

Vor mehr als 80 Jahren (1912) veröffentlichte Jane Harrison eine Studie über den Ursprung der griechischen Götter.

Sie wies darin nach, daß der Stiergott zu Zeus wurde, daß das Konzept des Apollo aus dem Rehbock entstand, daß in die Gestalt der Artemis Eigenschaften der Pflanze *Artemisia* (Salbei) eingegangen sind.

„Das Abgehen von den Pflanzen- und Tierformen markiert den Abschluß einer Epoche des totemistischen Denkens und Fühlens. In vielen Fällen ist das wirklich ein Verlust. Die totemistische Einstellung gegenüber Tieren steckt voller Bewunderung und Verehrung. Die hochwohlgeborenen, schönen kleinen athenischen Mädchen, die als Bärinnen für die Artemis von Brauron, die Bären-Göttin tanzten, kamen nicht umhin, an die große Kraft des Bären zu glauben." (16)

Der Zusammenhang zum Schamanismus, der in seinen Einzelheiten später noch zu beschreiben sein wird, stellt sich von daher gesehen für die Ridingtons „als ein magischer Flug in ein übernatürliches Reich" dar. „Aber", so fragten sie weiter, „was meinen wir wirklich, wenn wir von einem übernatürlichen Reich sprechen? Gewiß doch nicht, daß sich Wilde nichtexistierende Welten vorstellen, weil sie ein unzureichendes Verständnis von physikalischer Wirklichkeit haben.

Die tatsächliche Bedeutung des Übernatürlichen muß symbolisch aufgefaßt werden, der schamanische Flug als eine innere Reise in ein Reich der Erfahrung, für das die Symbole stehen. Die drei Welten einer schamanischen Kosmologie sind keine geographischen Orte, sondern innere Zustände des Seins, repräsentiert durch eine geometrische Analogie. Der Schamane fliegt nicht wirklich abwärts oder aufwärts, sondern er fliegt in sich hinein, in eine verborgene, interne, experimentelle Dimension, in der die Vorstellungen von Zeit, Raum und Entfernung, wie wir sie kennen, wie auch die Unterscheidung zwischen Subjekt und Objekt zu einer Einheit verschmelzen." (17)

Sich dieser Erklärung stets eingedenk zu sein, kann dem Leser gar nicht nachdrücklich genug empfohlen werden.

Sie streicht all jenen faulen Zauber und New Age-Hokuspokus, jenen modischen Mißbrauch aus, der in letzter Zeit mit dem Wort „Schamane" getrieben worden ist, und definiert auf eine für jedermann vorstellbare Weise, was bei den Praktiken eines Schamanen geschieht, ein Vorgang, der freilich das Geschehen nicht weniger wunderbar macht.

2. Rituale

Der Mensch kann ohne Rituale nicht leben, ein Unternehmen ohne Rituale kann nicht zu einem guten Ende gebracht werden, ein Staat ohne Rituale kann keinen Frieden finden.
Hsün Tzu (298–238 v. Chr.) (1)

Rituale heilen immer wieder Welt, die an den durch ihre Benutzung entstehenden Verletzungen und durch die als Schläge wirkenden Unterscheidungen der Sprache auseinanderzubrechen droht.
Roy Rappaport (2)

Der Zweck des Rituals ist es, das alte Bewußtsein in uns aufzuwecken und es wieder in Gang zu setzen. Das Älteste in uns, das kollektive Unbewußte, die vielen Leben vor uns, die verschiedenen ewigen Anteile, die Sinne und Partien unseres Gehirns, die vernachlässigt worden sind. Diese Teile sprechen keine moderne Sprache. Sie kümmern sich nicht um Fernsehen. Aber sie verstehen Kerzenlicht und Farben. Sie verstehen die Natur.
Z. Budapest (3)

Was ist ein Ritual?

„Es gibt eine einzige entscheidende Definition über den Gegenstand aller magischen Rituale", behauptet Aleister Crowley. „Es geht dabei um die Vereinigung vom Mikrokosmos mit dem Makrokosmos." (4)

Spezifischer und rationaler äußerte sich Erik Erikson 1965 (5) bei einer Diskussion über die Ritualisierung des Verhaltens bei Tieren und Menschen.

Demzufolge lassen sich dabei vier Hauptfunktionen erkennen. 1) Rituale dienen einer besseren und eindeutigeren Vermittlung von Signalen, und zwar zwischen den einzelnen Menschen wie auch zwischen den Spezies Mensch und Tier. 2) Es geht dabei um Stimulation oder um Freisetzung wirksamer Handlungsmuster bei anderen Individuen. 3) Es wird dabei versucht, Schädigungen abzubauen. 4) Rituale dienen als sexueller oder sozialer Verbindungsmechanismus.

Sucht und liest man weiter, so stellt man fest, daß die Definitionen zu „Ritual", „Ritualisierung" und ähnlichen Worten in den verschiedenen soziologischen und völkerkundlichen Werken beträchtlich voneinander abweichen. Ritual wird auch definiert als eine verankerte Form einer Zeremonie, als ein formeller Vorgang in einer Religion.

In dem besagten Vortrag von Erikson und später in einer wichtigen Konferenz über „Formen der symbolischen Handlungen" treten drei wesentliche Kategorien des Rituals zu Tage:

1. Die biologische Ritualisierung bei Tieren und ihre Weiterentwicklung beim Menschen.

2. Die allgemeine menschliche Ritualisierung als gewohnheitsgemäß, in Wiederholung ablaufend, stereotyp, zwanghaft oder obligatorisch in Form von Haltungen, Gesten, Konventionen.

3. Das heilige Ritual, das menschlichen Wesen ermöglicht, das Heilige im weitesten Sinn aufzurufen und zu erleben.

Techniken der Rituale

Bei heiligen Ritualen werden unterschiedliche Techniken benutzt: Stimulation des Sehens und Hörens (Trommeln), Gerüche, Tanz und Wiederholung der Handlungen. Durch die Redundanz soll die Botschaft in alle Bereiche der Physis und Psyche eindringen und sich allen Teilnehmern des Rituals einprägen.

Rhythmen oder Wiederholungen lösen starke Aktivitäten jener Teile des Gehirns, die eine Lockerung der Glieder bewirken, aus. Dies wiederum führt dazu, daß das Bedürfnis nach Distanzierung abnimmt und das Verlangen nach sozialer Bindung wächst. Dieser grundlegende Effekt eines Rituals spielt sich beim Menschen wie beim Tier ab.

Ein besonderer Aspekt eines menschlichen Rituals, dessen Vollzug beim Tier nicht möglich ist, ist die Mythe. Die Mythe befriedigt unter anderem das menschliche Bedürfnis, unerklärliche äußere Reize zu erklären, während das Ritual, das aus der Mythe entsteht, die Lösung auf der Ebene des Handelns darstellt. (6)

Warum also Rituale?

Aus ihren Forschungsergebnissen über das Ritual kommen d'Aquili und Laughlin zu der Ansicht, daß funktionierende Rituale zu einer starken Verminderung der Existenzangst und dort, wo sie am kraftvollsten wirksam werden, sogar zur Verminderung der Todesangst führen und den Menschen in Harmonie mit dem Universum versetzen. (7) Tatsächlich scheint rituelles Verhalten eines der wenigen Mechanismen zu sein, das dem Menschen zur Verfügung steht, um die letzten Probleme und Paradoxien der menschlichen Existenz zu lösen.

Julian Huxley (1914) kommt nach seinen Untersuchungen bei Haubentauchern und deren Verhalten während der Balz zu der Ansicht, ihre dabei praktizierten Rituale stellten eine emotionale Verbindung zwischen dem sich suchenden Paar dar. Seine wichtigste Einsicht dabei war, daß „die Koordination des sozialen Verhaltens von Signalen beeinflußt wird, die ein besonderes Verhaltensmuster symbolisieren." (8) Ethologie benannte Konrad Lorenz dieses Wissenschaftsgebiet. Ihm zufolge war Julian Huxley der Gründervater dieses neuen Wissenschaftszweigs. Rituale, so Lorenz, hülfen die umfassendste Aufgabe in der menschlichen Entwicklung zu vollziehen, nämlich die Herstellung neuer Gedanken- und Vorstellungsmuster über den Platz des Menschen in der Natur. Rituale seien für Julian Huxley auch wesentlich für jede Form von transzendenter Erfahrung.

Rituale von Tieren als Ursprung menschlicher Rituale

Bei Tieren – und dieser Zusammenhang ist natürlich gerade bei der Betrachtung von Ritualen eines Naturvolkes von Bedeutung – sind von den Verhaltensforschern zwei Formen von Ritualen beobachtet worden, von denen sie annehmen, daß aus ihnen menschliche Rituale hervorgingen. Das eine dieser Rituale könnte man als „Meditation" bezeichnen.

Von einem solchen Ritual berichtet Harold Bauer, der einem männlichen Schimpansen durch den Wald folgte. „Das Tier hielt plötzlich vor einem Wasserfall inne, der zwanzig Fuß tief herabstürzte. Es schien plötzlich völlig in Nachdenklichkeit zu verfallen. Es bewegte sich langsamer und begann mit dem Körper zu schaukeln. Es stieß eine Folge von Rufen aus. Es wurde schließlich aufgeregter, rannte hin und her, trommelte mit den Fäusten gegen die Bäume." (9)

Bauer beobachtete, daß das Tier am anderen Tag zum Wasserfall zurückkehrte und die Zeremonie wiederholte. Offenbar wurde die Erregung des Tieres dadurch ausgelöst, daß es den Wasserfall als Gegenstand von Schönheit oder Objekt von Neugierde ansah.

Die vielleicht scharfsinnigste Betrachtung über den Zusammenhang zwischen dem Verhalten von Tieren und den daraus hervorgehenden menschlichen Ritualen findet sich bei

Konrad Lorenz. Er sieht in Ritualen „ein phylogenetisch adaptiertes motorisches Muster, das ursprünglich dazu diente, in einer Umgebung zurechtzukommen, in der eine neuartige Funktion, die der Kommunikation, notwendig wurde." (10)

Aus dieser Kommunikation entstehen dann zwei weitere wichtige Funktionen: Aggressionen können abgeführt werden, ohne die anderen Wesen der Spezie zu verletzen. So zu beobachten in den Ritualkämpfen von Vögeln, Fischen und Säugetieren. Die zweite Funktion besteht darin, zwei oder mehr Einzelwesen aneinander zu binden. Dies wird durch sogenannte Begrüßungszeremonien erreicht. Sie sind nicht der Ausdruck einer schon bestehenden Bindung, sondern stellen diese erst her.

Den nicht-menschlichen Ursprung bestimmter ritueller Handlungen zu ignorieren, heißt einer Form von Anthropozentrismus zu huldigen.

Wie nachdrücklich Rituale von Naturvölkern selbst dann noch wirken, wenn sie von Menschen des 20. Jahrhunderts als quasi wissenschaftlicher Versuch nachgestellt werden, erwies sich bei einer ebenso merkwürdigen wie originellen Lehrveranstaltung, die Professor Victor Turner mit anderen Mitgliedern des Lehrkörpers der Anthropologischen Fakultät der Universität von Virginia im Keller seines Privathauses durchführte.

Die dabei gemachten Erfahrungen stellten sich als weit eindrucksvoller und emotionsgeladener heraus, als irgendeiner der Beteiligten das zunächst erwartet hatte.

Professoren und Studenten spielten in besagtem Keller die von Franz Boas bei den Indianern der Nordwestküste der USA aufgezeichnete Hamatsa-Kannibalen-Zeremonie nach.

Ehe ich auf die dabei gemachten Erfahrungen der Anthropologen eingehe, ist es nötig, den Leser mit dem Ablauf und dem Kontext des Originals vertraut zu machen. Philip Drucker hat es in seiner Studie „Indianer der Nordwestküste" beschrieben:

„In einem dieser Tanzzyklen wurde die Scheinentführung einer Person von höchstem Rang und deren Rückkehr, die der

Kannibalengeist bewirkte, dargestellt. Während des Tanzes verfiel der Tänzer des Kannibalengeistes zeitweilig in Raserei. Um zu verhindern, daß er seine Genossen tötete und auffraß, wurde er mit besonders dazu zubereiteten Leichen gefüttert. Es ist höchst unwahrscheinlich, daß es sich um reale Leichen handelte. Wie schon zuvor angemerkt, waren die Kwakiutl Meister in der Ausführung von realistisch wirkenden Bühneneffekten. Der geräucherte Kadaver eines kleinen schwarzen Bären, mit einem aufgesetzten, aus Holz geschnitzten Kopf versehen, sieht aus einiger Entfernung und den Feuerschein in Rechnung gestellt, überzeugend einer mumifizierten menschlichen Leiche ähnlich.

Nach seinem abstoßenden Mahl wurde der *tanis* (oder *hamatsa*, wie die südlichen Kwakiutl ihn nennen), also die Person, von der der Kannibalengeist Besitz ergriffen hatte, von den Teilnehmern beruhigt und tanzte dann friedlich. Nach einer Weile konnte ihn wieder die Besessenheit überkommen, er mochte dann den anderen Tänzern entkommen, ins Publikum stürmen, dort jemanden packen, ihn am Arm fassen und ein großes rundes Stück seiner Haut abbeißen. Das war nun kein Trick, wenn man auch sagt, daß gewöhnlich der Tänzer das Stück Haut mit einem scharfen Messer, das er unter der Handfläche verborgen hielt, abschnitt. Die Person, die dabei das Opfer war, wurde nicht zufällig ausgewählt. Man hatte sie vorher davon verständigt, daß sie gebissen werden würde, und man belohnte sie später dafür, daß sie sich zur Verfügung gestellt hatte, mit besonderen Geschenken. Nachdem schließlich über einen langen Zeitraum hin getanzt worden und der vom Kannibalengeist Besessene immer wieder entkommen war, war der *tanis* oder *hamatsa* hinreichend besänftigt, und man konnte ihn, ohne daß er eine Gefahr für die Gemeinschaft darstellte, ins normale Leben zurückkehren lassen.

Andere Geister, die in demselben Zyklus auftraten, waren die Kriegsgeister, der Zerstörer des Guten, der Feuerwerfer und andere. Gewöhnlich traten mehr als ein Tänzer oder Novize auf, denn die jüngeren Verwandten des wichtigsten Tänzers wurden – so stellte man sich vor – von Geistern geringerer Wichtigkeit entführt. Als erfahrene Dramatiker steigerten die Kwakiutl die Wirkung der Schrecken verbreitenden Szenen, indem sie diese mit eher ruhigeren Tänzen abwechseln ließen, mit Auftritten von Clowns und Spaßmachern, denen jede Art von *practical joke* gestattet war und an denen niemand Anstoß nahm." (11)

Stanley Walens' Bericht über das, was sich in Turners Keller abspielte, wird von der auf Distanz bedachten Haltung eines Wissenschaftlers bestimmt, hingegen gehen die Aussagen eines bei dem Experiment anwesenden Studenten näher darauf ein, was jene, die daran teilnahmen, emotional empfanden.

„Während die Zeremonie ablief, fühlte ich nicht so sehr die darin sich ausdrückende Rivalität zwischen dem Klan des Bären und dem des Killerwals, sondern die Tatsache, daß wir kollektiv etwas wirklich Wichtiges taten – etwas, das wesentlich war. Viel Kraft floß durch den Raum in dem Langhaus (tatsächlich aber der Keller des Hauses in Charlotteville) in dieser Nacht. Die Geister waren wirklich da in dieser Nacht, und wir mußten gewaltig aufpassen, um alles im Lot zu halten, damit die Energie nicht alles zerstörte." (12)

Walens selbst wiederum berichtet:

„Man hat den Eindruck, daß Rituale magisch sind; aus einem Grund, der für die Wissenschaft bisher nicht einsichtig ist, beeindrucken sie den Menschen, nicht trotz ihrer Künstlichkeit, sondern gerade wegen ihr. Rituale sind wirksam, und wir fragen uns, wie." (13)

Die Quintessenz seiner Forschungen über das Wesen von Ritualen drückt Walens so aus:

„Religion stellt nicht so sehr eine Verlautbarung über Glauben dar, aber dort, wo sie am wirksamsten ist, hilft sie uns zu leugnen, daß es Dinge gibt, die mächtiger sind als wir, ob es sich dabei nun um Gottheiten handelt oder um die Natur.

Gerade so wie die Teilnehmer an einem solchen Ritual zeitweilig davon überzeugt sind, daß etwas Größeres da ist als nur eine Gruppe von Leuten, die an einer Zeremonie teilnehmen und den Kannibalentanz aufführen, so läßt sich behaupten, daß etwas, das die Grenzen einer Lehrveranstaltung an der anthropologischen Fakultät der Universität von Virginia übersteigt, sich dort ereignet hat. Man vergleiche das Finale mit dem Sprung Daltons (der vorhin erwähnte Student) in das, was er als die Sicht der Kwakiutl von der *hamatsa*-Zeremonie ansieht: ,Der *potlatch* [siehe S. 176] endete in der Tat mit der Versicherung, die Kwakiutl würden die Welt bis zur Zeremonie im nächsten Jahr in Ordnung halten. Die bittere Rivalität, die sich im ersten Teil der Zeremonie zeigte, war im Finale einem Gefühl der Versöhnung, der Ganzheit mit den Kräften des Universums gewichen.'" (14)

3. Schamanen und Schamanismus

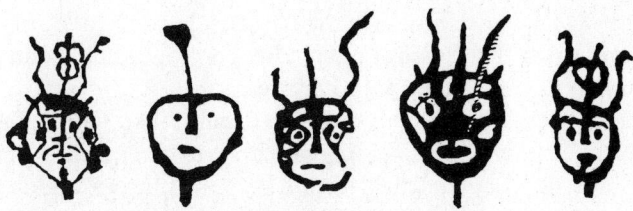

Vom Standpunkt unserer Spezialisierung aus wage ich – nach der Erfahrung vieler Jahre – zu behaupten, daß wir von unseren „Kollegen", den Heilern der Naturvölker, den Zauberern und Schamanen, viel lernen können. Nicht nur in der Pharmakologie ... bei der Benutzung von psychotropischen Pflanzen und Drogen, sondern auch in Bereichen, die die Psychiatrie in unserer Zeit erst entdeckt, zum Beispiel auf dem Feld der Gruppendynamik, der Familientherapie wie auch im Bereich der Manipulation sozialer und kommunaler Probleme. Das ist neu für uns, aber die Heiler und Schamanen der Naturvölker sind dort immer mit beneidenswerten Fähigkeiten tätig geworden.
Carlos Alberto Seguin (1)

❖ ❖ ❖

Ursprung und Verbreitung des Schamanismus

Das Wort Schamane kommt aus dem Tungusischen *shaman* und aus dem Sanskrit *sramana*, asketisch. Die Haupteigenschaft des Schamanen besteht darin, sich in Trance versetzen zu können. Dann bricht er auf zu einer seiner Jenseitsfahrten. Dabei gewinnt er Schutzgeister, vereinnahmt die Kräfte eines Tieres oder gewinnt einen magischen Gegenstand. Mit diesen Hilfen ist er in der Lage, Heilungen auszuführen. Der Schamane kann Heiler, Weissager und Seelenführer sein.

Offenbar liegt das ursprüngliche Zentrum bei der Entstehung des Schamanismus im östlichen Sibirien und in der Mandschurei.

Ein Hinweis darauf sehen Wissenschaftler in gewissen koreanischen Felszeichnungen, die vor mehreren zehntausend Jahren entstanden sein könnten.

Der Schamanismus breitete sich durch Tibet, China, Japan und Korea zu vielen mongolischen und turkmenischen Stämmen aus. Der japanische *yambushi*, dem man in buddhistischen Tempeln und Shinto-Schreinen begegnet, praktiziert die ganze Vielzahl magischer Aktivitäten, allerdings ohne sich in Trance zu versetzen: Wahrsagen, Exorzismus, Heilen, Fruchtbarkeitszauber, Regenzauber und die Herstellung einer Verbindung zwischen Menschen und Tieren. Magische Heilung findet sich beim chinesischen *wu-i*, bei den ceylonesischen Teufelsdoktoren und den maskierten Teufelstänzern im südwestlichen Indien.

Die Symptome der Trance trifft man beim *sanghyang* und anderen balinesischen Tänzen sowie bei den wirbelnden Derwischen. Die Finnen, Lappen, Esten und Ungarn bilden die westliche Grenze des Schamanismus in der Alten Welt.

„Die Bestimmung der Entstehungszeit", schreibt Mihály Hoppál, „führt zu ziemlich unsicheren Ergebnissen. Deshalb läßt sich eher nur theoretisch darauf schließen, daß sich in den Jägerkulturen des späten Paläolithikums durch soziale Funktion und Arbeitsteilung – und nicht zuletzt durch die Bekanntschaft mit Pflanzen und Pilzen, die Halluzinationen auslösen – in Horden mit geringer Kopfstärke der Wirkungskreis eines intellektuellen Anführers entwickelte. In dieser frühen Zeit war der Animismus für die Jägerkulturen kennzeichnend. Der Animismus stattete die gesamte Natur, also alles Lebende und Leblose mit einer Seele aus; daran knüpfte dann der Glaube an, man müsse den bei der Jagd getöteten Tieren ihre Seele zurückgeben, weshalb von Zeit zu Zeit Tier-Zeremonien veranstaltet wurden, die die Kräfte der Natur versöhnen sollten.

Die unter dem Eindruck der Visionen erlebte Seelenreise

war die Quelle für den Glauben, der Mensch habe zwei Seelen: die eine steht mit dem Körper, dem Leben in Verbindung
und verläßt den Körper erst mit dem Tod; die andere nimmt
man wahr, wenn sie sich im Zustand des Schlafes bzw. der
Ekstase entfernt. Diese Seelenzweiheit, die Tier-Zeremonien
an den Felsen mitsamt der Seelenreise, halten verschiedene
Forscher für die Grundelemente des im Paläolithikum wur-
zelnden eurasischen Schamanismus." (2)

In Nordamerika

Wohl durch die frühe Einwanderung von Teilen dieser Völ-
kergruppen über die in der letzten Eiszeit „trockene" Land-
enge zwischen Sibirien und Alaska gelangte der Schamanismus auf den nordamerikanischen Kontinent.

Der Begriff „Schamane" wird heute von der Wissenschaft
in bezug auf die Naturvölker Amerikas für Männer oder
Frauen angewandt, die durch den Erwerb übernatürlicher
Kräfte entweder eine Krankheit heilen oder verursachen können. Im Unterschied zu Priestern werden die Schamanen
nicht in einem Kanon formalen Wissens unterwiesen, sondern erlangen Wissen individuell und während der schamanistischen Prozeduren, die den üblichen Mustern im betreffenden Stamm oder in der Region folgen. Die Einzelheiten des
Vorgangs können sich beträchtlich je nach Lust und Laune
des jeweiligen Schamanen ändern. In den Berichten der
frühen Amerika-Reisenden werden Schamanen häufig als
„Medizinmänner" bezeichnet, eine Wortwahl, die nicht sehr
glücklich ist.

Schamanistische Praktiken trifft man bei den Eskimos in
den USA, an der nördlichen Pazifikküste, unter den Nationen
des Plateaus, in Kalifornien und bei den Stämmen des Großen
Beckens, der Ebene und des östlichen Waldlandes an, jedoch
eben nicht bei den Stämmen des Südwestens, wo Geheimge-
sellschaften, Bünde, Bruderschaften oder eine Priesterschaft
Heilungen durchführen und es Hexen gibt, die zwar keine

Heilkraft besitzen, aber dafür verantwortlich gemacht werden, wenn jemand erkrankt oder ihm Unglück zustößt.

Die Stämme des Südostens hingegen hatten eine wesentlich andere Vorstellung von Krankheit und Schaden; sie glaubten daran, daß der Vorgang im Körper durch das Vorhandensein eines Schadstoffes oder einer schädigenden Sache hervorgerufen werde und daß die die Schädigung bewirkende Sache entweder von einem Tiergeist oder einem Schamanen in den Körper des Betreffenden praktiziert worden sei. Um die Krankheit zu heilen, wird im Südosten der heutigen USA ein „Schamane" zur Diagnose des Falles und zu dessen Heilung durch geheime Methoden gerufen, oder aber er wird Lieder oder Formeln sprechen, die das Tier, welches die Krankheit bewirkt, vertreiben.

Die Schamanen des Südostens kombinieren das Vorgehen von Kräuterdoktoren aus anderen Landesteilen mit denen der Priesterschaft des Südwestens und dem Verhalten der echten Schamanen, die als Teil ihrer Praktik erst einmal die Art der Krankheit oder Schädigung diagnostizieren und dann zur Heilung schreiten.

Die Schamanen der Eskimos *(Angagok)* sind zumeist Personen, die nicht nur für ihre Heilungsmethoden, sondern auch durch ihre von Trommeln und Tanzen begleiteten Auftritte berühmt sind, bei denen sie ihre unglaubliche körperliche Gewandtheit unter Beweis stellen. Sie unterscheiden sich von den zuvor skizzierten Typen, indem sie tatsächlich von den Hilfsgeistern besessen werden. Teil dieser Besessenheit ist es, daß sie dann in einer privaten, der *„angagok"*-Sprache reden.

In anderen Teilen Amerikas, aus denen schamanistische Praktiken bekannt sind, beispielsweise an der nördlichen Pazifikküste, sind die Schamanen Männer, die auf der *Queste* (Suche) nach einem Schutzgeist den Beistand oder die Freundschaft von magischen Wesen erwerben, die keiner außer ihnen selbst sieht. Die Macht dieser Wesen läßt sie gefährlich werden. Manchmal fürchtet sogar der Schamane selbst, daß diese ihn dazu benutzen, ein menschliches Wesen zu töten oder es zu schädigen. Deswegen wartet in diesem Kulturgebiet wie auch in den meisten anderen der Schamane, bis er ein Mann in den besten Jahren geworden ist, ehe er seine Heilungskünste ausübt und die Einflüsse, die auf ihn einwirken, voll und ganz beherrscht. Das Muster des schamanistischen Vorgehens ist die Diagnose und die Ausschaltung der Krankheitsursache (gewöhnlich ein „fremder" Gegenstand im Körper des Patienten, den der Schamanen durch Gesang oder Saugen entfernt). Der Glaube an den Verlust der Seele wie auch an das Eindringen schädlicher Gegenstände, die Krankheit und Tod herbeiführen, veranlassen die Schamanen, ihre besonderen Kräfte dazu einzusetzen, in das Land der Seelen zu reisen und die dorthin verschleppte Seele des Kranken zurückzuholen.

Im Küstengebiet von Oregon und im nördlichen Kalifornien sind die Schamanen entweder Frauen oder seltener Transvestiten. Sie unterziehen sich, sobald klar ist, daß sie zum Schamanen geeignet sind, einem Training oder „Doktorentänzen".

Mittel- und Südamerika

In Mittelamerika (Mexiko bis Panama) tritt der Schamanismus neben zeremoniellen Praktiken auf, und zwar besonders in den Mais anbauenden Hochkulturen. Die Anführer der Huichol- und Tarahumara-Zeremonien beispielsweise beschwören Regen durch Lieder und rituelle Handlungen, die schon der Priesterfunktion recht nahekommen. Gegen heidnische Vorstellungen und Ängste wie den bösen Blick, den bösen Wind, Zaubersprüche und Hexenglauben treten in Mexico, Yucatán und Guatemala Zauberer an, die alte Mittel und Formeln kennen. Die Schamanen der Lacandonen und der Maya murmeln noch immer ihre alten Lieder zur Beschwörung von Gesundheit und Regen. In vielen Gemeinden aber haben sich diese heidnischen Vorstellungen mit dem Katholizismus vermischt. Die *chimanes* (Großväter) von Chimaltenango in Guatemala opfern Weihrauch und heilen auf eine uralte Art, aber sie tun dies im Namen des christlichen Gottes.

Die Schamanen in Südamerika sind Personen, die durch ihren Kontakt zu übernatürlichen Wesen und eine besondere Ausbildung zu Vermittlern zwischen der übernatürlichen Welt und der Gemeinschaft bestimmt werden. Durch sie als Medium sprechen die Geister zu den Menschen und helfen ihnen bei ihren Unternehmungen. Ihre wichtigste Funktion besteht darin, Kranke zu heilen, aber sie sagen auch die Zukunft voraus, finden verlorengegangene Gegenstände wieder, praktizieren Regenzauber und führen die religiösen Zeremonien der Gruppe an. Im Unterschied zu den Schamanen des Nordens waren in Südamerika die als Schamanen wirkenden Personen meist Männer, aber auch Frauen übten manchmal solche Tätigkeiten aus. Die araukanischen Schamanen oder *machi* wurden in der Regel unter Personen ausgewählt, die unter nervösen Störungen litten.

Bei anderen Stämmen, so bei den Ona, Toba und Campa, wurde ein Mann nur dann ein Schamane, wenn er den Ruf aus dem Bereich des Übernatürlichen erhielt. Ein Geist erschien ihm im Traum und verlieh ihm ein Lied oder eine übernatürliche Waffe, die benutzt wurde, um den Feind zu vernichten. Die Sherente-Indianer wählten ihre Schamanen unter jenen Menschen aus, die eine Vision von einem mit menschenähnlichen Wesen bewohnten Planeten hatten. Selbst heute noch behaupten die Schamanen der Araukaner, die Götter hätten sie gezwungen, ihre heilenden Praktiken auszuüben.

Der Schamane in den tropischen Regionen Südamerikas durchläuft eine lange und schmerzhafte Initiation. Auf den Karibischen Inseln und in Guyana gibt es regelrechte Schamanenschulen. Mit Tabaksaft und starken Narkotika wie *ayahuasca* versetzen sich die Novizen in einen Trancezustand, in dem sie Visionen einer übernatürlichen Welt erleben. Sie stellen freundschaftlichen Kontakt mit Geistern her, und diese lehren sie magische Gesänge. Der ausgebildete Schamane erweist sich dadurch, daß sein Lehrer Pfeile in seinen Körper einstechen oder in diesen Steine oder andere Substanzen einführen kann, die einen normalen Sterblichen töten würden.

Wir haben gesagt, die Kraft des Schamanen beruhe auf seiner Fähigkeit, Geister herbeizurufen und Aufgaben auszuführen, zu denen ein normaler Mensch nicht fähig wäre.

Manchmal aber ist der vom Schamanen gerufene Geist auch dessen eigene Seele, die sich aus dem Körper lösen kann. In anderen Fällen stehen dem Schamanen Geister toter Kollegen oder Tiergeister bei.

Die Macht des Schamanen wird oft mit seinem Atem oder mit dem Tabakrauch, der sich in seinem Atem materialisiert, gleichgesetzt. Es gibt aber auch die Vorstellung von einer geheimnisvollen Substanz, die der Schamane nach seinem Willen benutzt. Die Pfeile und Steine in seinem Körper stellte man sich als Materialisationen seiner magischen Kräfte vor.

Auch die meisten südamerikanischen Schamanen versetzen sich in einen Zustand der Trance, um so mit den Geistern Verbindung aufzunehmen. Sie rauchen, bis sie an den Rand der Bewußtlosigkeit geraten, oder trinken Brühen aus *ayahuasca* oder *flori pondio* (bewußtseinsverändernde Pflanzen der Region). Ihre wesentlichen Insignien sind die Kürbisrassel und in tropischen Regionen ein hölzerner Thronsitz.

Initiation

Bei der Auswahl und Einweisung eines Menschen in das Amt des Schamanen spielt es offenbar eine entscheidende Rolle, daß der Betreffende durch eine seelische und körperliche Krise gegangen ist. Er muß die Seinsbedingung des Sterbens intensiv erfahren haben. Und er muß eine gewisse Begabung dazu mitbringen, in Trance zu verfallen. Oft sind die Voraussetzungen zum Amt des Schamanen ein längerer Aufenthalt in der Einsamkeit, das Fasten, das Ertragen von Schmerzen und das Verweilen in extremen Zuständen der Existenz. Bezeichnend sind auch die Berufung durch eine innere Stimme oder durch eine Traumvision, durch den Glauben und den Kontakt zu mächtigen Geistern.

Wie ein Initiationstraum aussieht, schildert in einem Bericht aus den dreißiger Jahren vom Stamm der Samojeden in Sibirien A. A. Popow:

„Er (die zur Initiation bestimmte Person) lag an den Pocken erkrankt drei Tage lang ohne Bewußtsein und gleichsam tot da, so daß man ihn am dritten Tag schon beerdigen wollte. Während dieser Zeit hörte er die Stimme der Krankheit (also der Pocken), die ihm sagte: ‚Vom Herrn des Wassers wirst du das Geschenk des Schamanentums bekommen. Dein Schamanenname wird *Huttari* (Schwimmer) sein!' Danach wühlte die Krankheit das Wasser des Meeres auf. Er kam heraus und stieg auf einen Berg. Hier traf er eine nackte Frau und er fing an, an ihrer Brust zu saugen. Die Frau, die wahrscheinlich die Wasser-Mutter war, sprach zu ihm: ‚Du bist mein Kind, deshalb lasse ich dich an meiner Brust saugen. Du hast viele Schwierigkeiten vor dir und wirst sehr müde werden.' Dann gab ihm der Mann der Wasser-Mutter zwei Helfer zur Seite, eine Marderin und eine Maus, damit sie ihn in die Hölle führten. Sie kamen auf einen hohen Berg, wo seine Helfer ihm sieben oben zerrissene Zelte zeigten. Er drang in das erste und begegnete hier den Bewohnern der Hölle und den Leuten der Krankheit (der Pocken). Sie rissen ihm das Herz aus dem Leib und warfen es in einen Topf. In den anderen Zelten lernte er den Herrn des Wahnsinns und die Herren aller Nervenkrankheiten sowie die schlechten Schamanen kennen ... Der Anwärter kam danach, noch immer seinen Helfern folgend, in das Land der Schamaninnen, die seine Kehle und Stimme stärkten. Hierauf wurde er an die Ufer der Neun Meere gebracht. In der Mitte des einen war eine Insel, und in der Mitte der Insel ragte eine junge Birke bis zum Himmel auf. Das war der Baum des Herrn der Erde. Daneben wuchsen neun Kräuter, die Vorfahren aller Pflanzen der Erde. Den Baum umgaben die Meere, und in jedem Meer schwamm eine Vogelart mit ihren Jungen ... Der Anwärter besuchte alle diese Meere; manche waren salzig, andere so warm, daß er nicht einmal in

die Ufernähe konnte. Nachdem er diesen Rundgang gemacht hatte, hob er den Kopf und erblickte oben auf dem Baum Menschen aus mancherlei Nationen: Tawgi-Samojeden, Russen, Dolganen, Jakuten und Tungusen. Er hörte eine Stimme: ‚Es ist beschlossen, daß Trommel und deine Schlegel aus diesem Baum sein werden!' Er begann mit den Vögeln des Meeres zu fliegen: ‚Gleich fällt ein Ast von mir ab, nimm ihn und mach eine Trommel daraus, sie wird dir dein ganzes Leben lang dienen.' Der Weg, den er erreicht hatte, gabelte sich nun dreifach, und der Herr des Baumes bestimmte, daß er sich drei Trommeln machen und sie bei den drei Frauen verwahren und jede Trommel zu bestimmten Zeremonien verwenden sollte …
Die Maus und der weibliche Marder, seine beiden Helfer, die ihm den Weg wiesen, führten ihn hernach auf einen hohen, runden Berg. Er bemerkte eine Öffnung vor sich und drang in eine sehr helle Höhle ein, sie war von Eis überzogen, und in der Mitte befand sich etwas wie ein Feuer. Er sah zwei nackte, aber wie die Rentiere mit Fell überzogene Frauen. Dann erkannte er, daß gar kein Feuer brannte, daß die Helligkeit von oben kam, durch eine Öffnung. Die eine der beiden Frauen erklärte ihm, sie sei schwanger und werde zwei Rentiere gebären; das erste war das Opfertier der Dolganen und Ewenken, das andere das der Tawgi. Sie gaben ihm ein Tierhaar, das werde für ihn wertvoll sein, wenn er für Rentiere schamanisieren müsse. Auch die andere Frau würde zwei Rentiere zur Welt bringen, solche, die dem Menschen bei allen Arbeiten helfen und ihm als Nahrung dienen würden. Die Höhle hatte zwei Öffnungen, eine nach Norden und eine nach Süden, durch jede ließen die Frauen ein junges Rentier hinaus, damit die Tiere den Menschen des Waldes (den Dolganen und Ewenken) dienten. Auch die andere Frau gab ihm ein Tierhaar, damit er sich in der Seele zur Höhle hinwandte, wenn er schamanisierte.

Dann kam der Anwärter in eine große Einöde und bemerkte weit in der Ferne einen Berg. Nach drei Tagen Fußmarsch erreichte er ihn, drang durch eine Öffnung ein und begegnete einem nackten Mann, der mit einem Blasebalg arbeitete. Auf dem Feuer stand ein Kessel, so groß wie die halbe Erde. Der (nackte) Mann bemerkte ihn und schnappte ihn mit einer riesigen Beißzange ..., da schnitt ihm der Mann den Kopf ab, schnitt ihn in kleine Stücke und warf alles in den Kessel. So kochte er seinen Körper drei Jahre lang. Er hatte drei Ambosse, und der nackte Mann hämmerte seinen Kopf auf dem dritten, der dazu diente, die besten Schamanen zu schmieden. Dann warf er den Kopf in einen der drei Töpfe, die da waren, in den, worin das Wasser am kältesten war ...

Hierauf fischte der Schmied seine Knochen, die in einem Fluß schwammen, wieder heraus, setzte sie zusammen und überzog sie mit Fleisch. Er zählte sie und klärte ihn auf, er habe drei mehr: er müsse sich also um drei Schamanengewänder kümmern. Er hämmerte seinen Kopf und zeigte ihm, wie er einen Brief lesen kann, ohne zu sehen, was darin steht. Er tauschte seine Augen aus, deshalb sieht er beim Schamanisieren nicht mit seinen körperlichen, sondern mit seinen mystischen Augen. Er durchbohrte seine Augen, so befähigte er ihn, die Rede der Pflanzen zu verstehen. Dann fand sich der Anwärter auf der Spitze eines Berges wieder, und schließlich erwachte er bei den Seinen in der Jurte. Jetzt ist er imstande, zu singen und zu schamanisieren, ohne jemals müde zu werden." (3)

Insignien, Werkzeuge und der Zustand der Trance

Insignien des Schamanen sind zumeist eine Schamanenkrone aus tierischen Bestandteilen, zum Beispiel aus Geweihteilen oder Pelzstreifen, die den uralten Bezug des Schamanen zur „Anderswelt" der Tiere andeutet, schließlich die Trommel, die geschlagen wird, um den Zustand der Trance herbeiführen, aber auch um Nachrichten über das zu übermitteln, was der Schamane auf seiner Jenseitsfahrt erlebt.

Bezeichnend für die Vorgänge des Schamanismus ist das Baumsymbol. Der Baum oder die Zeltstange werden als Symbole für einen heiligen Gegenstand, für die Weltachse, angesehen. Der Baum, der in vielen Mythologien als Wohnort einer Göttin erscheint, symbolisiert einen Kernbereich des Kosmos, zudem ist er auch real ein Gegenstand, der von unserer Welt in die beiden anderen Welten des Oben und des Unten hineinreicht.

Bei Mircea Eliade hören wir, wie der sibirische Schamane bei der Initiation eine Birke besteigt und dort mit den Geistern spricht. Im Zustand der Ekstase nimmt er die Verbindung zur anderen Welt auf und steigt eingeweiht herab. Es wird auch berichtet, wie der schon praktizierende Schamane einen höheren Baum besteigt, der mit dem, auf dem der Adept sitzt, mit einer Schnur verbunden ist, über die er dem zu Initiierenden jene Gegenstände herabläßt, die er für seine Tätigkeit braucht: die Trommel oder einen Gürtel. (4)

Dabei kann die Jenseitsreise – wie das im Kapitel über das Ritual schon gesagt worden ist – als eine Reise in die eigene Psyche verstanden werden, als eine Reise nach innen, die durchaus heilende Wirkung haben kann.

Die Jenseitsreise

Wie sich so eine Jenseitsreise in Wort und Bild ausnimmt, stellt sich uns in der nachfolgenden Zeichnung und dem sie erklärenden Reisebericht des Schamanen Itil'gun aus der Sippe der Kondurjal dar. Er war unterwegs in die Welt der Toten, um die Seele eines Verwandten dorthin zu begleiten.

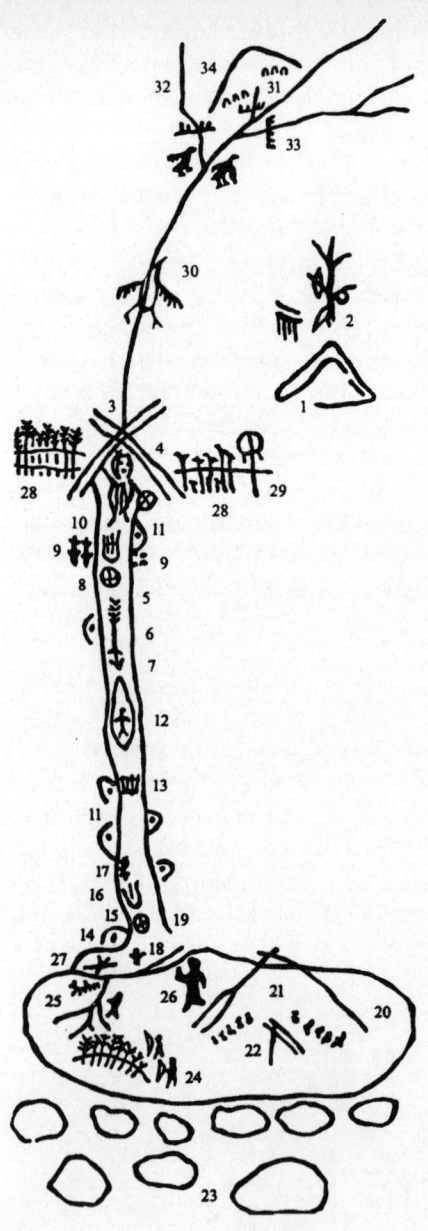

1) Das verlassene Zelt des verstorbenen Verwandten;
2) Grabpodest, am Holz/Baum hängen Gegenstände, die den Toten auf seiner weiten Reise begleiten;
3) Schamanenzelt;
4) Der älteste Schamane der Sippe „trägt" die Körperseele des Toten in die untere Welt;
5) Der mythische Sippenfluß;
6) Lärche, der Schamanengeist;
7) Tauchervogel, ein anderer Schamanengeist, der den Weg zeigt;
8) Schamanentrommel, die das Boot ersetzt;
9) Schützende Schamanengeister;
10) Die Körperseele folgt dem Schamanen auf seiner „Bahre", dem Floß;
11) Aufenthaltsort der alten Frauen der Sippe, der Herrscherinnen über den Weg in die untere Welt;
12) Rastplatz des Schamanen ist die Schamaneninsel in der Mitte des Weges; davor bleibt der Schamane bei den mythischen Sippenmütterchen stehen und fragt nach dem Weg in die Welt der Toten; dann ist er Gast bei der Herrscherin über den Wasserweg in die „Untere Welt" der Schamaneninsel und erkundigt sich nach dem weiteren Weg;
13) Einengung mit Klippen, eine Falle, die der Schamane aus Geistern errichtet hat;
14) Letzte Station bei den Herrinnen des Weges in die „Untere Welt", den Sippenmütterchen; der Schamane legt an und ruft über die Bucht zur Siedlung der toten Verwandten, man möge die hingebrachte Körperseele des toten Verwandten ergreifen;
15) Schamanentrommel-Boot;
16) Körperseele des Verwandten;
17) Opferhirsch;
18) Tauchervogel als Geistbegleiter des Schamanen;
19) Bucht in der Mündung des mythischen Sippenflusses, hier beginnt das „Untere Land";
20) Siedlung der toten Verwandten;

21) Aufenthaltsort der Toten der Sippe;

22) Die weiblichen Toten sitzen am Feuer;

23) Neun Schamanenländer, wo die Geister der Ahnen des Schamanen leben;

24) Männliche Tote, die sich mit Tieren beschäftigen;

25) Im Fluß werden Fischfallen gestellt;

26) Das Mütterchen, das Oberhaupt der Siedlung der Toten ist, steigt das Steilufer hinauf und sieht nach, wer an der Klippe ruft; als es erfährt, worum es sich handelt, gibt es einem Mann ein Zeichen, die Körperseele des Toten zur Siedlung zu bringen;

27) Ein Toter überquert im Boot die Bucht, um den mit dem Floß gekommenen toten Verwandten zu holen;

28) Die Geisthelfer des Schamanen versperren den Zugang zur Unteren Welt;

29) Fell des Opferhirsches;

30) Sippenaufbewahrungsort der *omi*-Seelen;

31) *omi*-Seelen;

32) Nebenzweig des Oberlaufes des mythischen Sippenflusses;

33) Falle, Barriere, die der Schamane aus seinen Geisthelfern errichtet, um den Krankheitsgeistern den Eingang in den Sippenaufbewahrungsort der *omi*-Seelen zu verwehren;

34) Schamanengeiser in Vogelgestalt schützen diesen Ort vor der Luft;

35) Schamanische Geistforellen bewachen die Passage zum Oberlauf des mythischen Sippenflusses;

36) *omi*-Seele, die sich in einen Tauchervogel verwandelt und in den Sippenaufbewahrungsort der *omi*-Seelen fliegt. (5)

Dem stellen wir eine typische Geschichte von der Jenseitsreise eines arktischen Schamanen *(angagok)* gegenüber: Interessant ist hier, daß die Lebensmittel ursprünglich aus einer Jenseitswelt, in diesem Fall vom Mond, geholt werden. Der *tornaq* (d. h. der Schutzgeist des Schamanen) tritt bei den Eskimos, die ja ethnisch zu den Indianern gerechnet werden, häufig in der Gestalt eines Eisbären auf.

Der Flug zum Mond

Ein mächtiger *Angagok*, der einen Bären als *tornaq* besaß, beschloß einst, den Mond zu besuchen. Er setzte sich in den Hintergrund seiner Hütte und kehrte den Lampen, die ausgelöscht waren, den Rücken zu; seine Hände waren zusammengebunden, und ein Strick lief ihm um Knie und Hals. So vorbereitet, rief er seinen *tornaq* herbei, der ihn rasch durch die Lüfte trug und zum Mond brachte. Er sah, daß der Mond ein Haus war, sauber bedeckt mit weißen Rentierfellen, die der Mann im Mond in der Nähe zu trocknen pflegte. Zu jeder Seite des Eingangs bemerkte er ferner den Oberkörper eines riesigen Walrosses, das den Kühnen, der hier einzudringen wagte, in Stücke zu reißen drohte. Obwohl es also recht gefährlich war, an den wilden Tieren vorbeizukommen, gelang es dem *Angagok* doch, unter dem Schutz seines *tornaq* im Haus einzutreten.

Im Türgange erblickte der den einzigen Hund des Mannes im Mond, der *tirietiang* hieß und weiß und rot gefleckt war. Als er den Hauptraum betrat, wurde er eines kleines Anbaus zur Linken gewahr, in dem eine schöne Frau, die Sonne, vor ihrer Lampe saß. Sobald sie den *Angagok* eintreten sah, blies sie ihr Feuer aus und verbarg sich hinter dem aufsteigenden Qualm. Der Mann im Mond kam freundlich auf den *Angagok* zu, nachdem er sich von seinem Sitz auf der Schlafbank erhoben hatte, und hieß ihn willkommen. Hinter den Lampen waren hohe Haufen von Wildbret und Seehundfleisch aufgestapelt, doch bot ihm der Mann im Mond vorerst noch nichts davon an, sondern sagte vielmehr: „Mein Weib wird gleich hereinkommen, und wir werden dann einen Tanz aufführen. Gib acht, daß du nicht lachst, sonst schlitzt sie dir den Bauch mit ihrem Messer auf, nimmt dir die Eingeweide heraus und wirft sie meinem Hermelin vor, das draußen, in jenem kleinen Haus dort lebt." Nicht lange danach trat eine Frau ein, die einen rechteckigen Kessel trug, in dem ihr *ulo* lag. Sie stellte ihn auf den Boden und beugte sich vorn über, wobei sie den Kessel wie einen Kreisel herumwirbelte. Dann begann sie zu tanzen. Als sie dem *Angagok* ihren Rücken zuwandte, stellte es sich heraus, daß sie hinten hohl war. Rücken, Rückgrat und Eingeweide fehlten ihr ganz, sie besaß nur Herz und Lunge. Der Mann im Mond begann nun mitzutanzen; ihre Körper und Gesichtsverrenkungen sahen so komisch aus, daß sich der *Angagok* das Lachen nur mit Mühe verbeißen konnte. Aber gerade im richtigen Augenblick rief er sich die Warnung des Mannes im Mond ins Gedächtnis zurück und sprang aus dem Haus hinaus. Der Mann rief hinter ihm her: „Versieh dich mit deinem großen Eisbären, *tornaq*!" So entkam er unverletzt.

Bei einem erneuten Besuch gelang es ihm, seiner Lachlust Herr zu werden, und er wurde, nachdem die Vorführung zu Ende war, gastlich von dem Mann im Mond aufgenommen. Dieser zeigte ihm das ganze Haus und ließ ihn auch einen Blick in einen kleinen Anbau nahe dem Eingang tun. Da sah er große Herden von Rentieren, die allem Anschein nach über weite Ebenen schweiften. Der Mann im Mond gestattete ihm, sich ein Tier auszusuchen, das sogleich durch eine Öffnung auf die Erde hinabfiel. In einem anderen Gebäude sah er eine Unmenge von Seehunden, die in einem Ozean umherschwammen, und wieder durfte er sich einen von diesen herausgreifen. Schließlich entließ der Mann im Mond ihn, und sein *tornaq* trug ihn mit derselben Schnelligkeit, mit der er zum Himmel aufgestiegen war, wieder zu seiner Hütte zurück. Während seines Besuches beim Mond hatte sein Körper unbeweglich und unbeseelt dagelegen. Nun aber erwachte er wieder zum Leben. Die Stricke, mit denen seine Hände gebunden waren, fielen zu Boden, obwohl sie zu festen Knoten geschürzt waren. Der *Angagok* war völlig erschöpft; erst, als die Lampen wieder angezündet waren, konnte er den aufmerksam lauschenden Männern von seinen Abenteuern beim Flug zum Mond berichten. (6)

Hier soll noch einmal daran erinnert werden, daß Schamanismus mit einem bestimmten Gesellschaftszustand, dem der Jäger und Sammler, Hand in Hand geht. Was bei dem darauf folgenden Schritt der gesellschaftlichen Entwicklung geschieht, hat Joseph Campbell so umschrieben:

„Das oberste Anliegen der Mythologien, Zeremonien, Moralsysteme und Sozialordnungen von Ackerbaugesellschaften ist es von jeher gewesen, die Äußerungen des Individualismus zu unterdrücken. Im allgemeinen wurde dies dadurch bewerkstelligt, daß man die Leute zwang oder überredete, sich nicht mit ihren eigenen Interessen, Institutionen oder Erfahrungsweisen zu identifizieren, sondern mit Verhaltenstypen und Gefühlsordnungen, die im öffentlichen Bereich entwickelt und aufrechterhalten wurden." (7)

Dieser Schritt von den Ich-Erfahrungen zum Vorrang der Gemeinschaftserfahrungen gilt es als entscheidend festzuhalten. Er ist der Schritt vom Schamanen der Jäger und Sammler zum Priester der Pflanzer oder Ackerbauern.

Ein Wort auch noch zu der Tatsache, daß sich der Schamane auf einen Flug begibt. C. G. Jung sieht darin einen regressiven Vorgang, und die Verbindung Vogel-Flug-Schamane reicht bis in die paläolithischen Höhlen von Lascaux zurück, wo eine Figur abgebildet ist, neben der auf einem Stab ein Vogel hockt. Sibirische Schamanen tragen Vogelkostüme, und ein solches ist auch in der im folgenden Kapitel erzählten Mythe vom Übergang des Raben bzw. Riesen aus der einen Welt in die andere notwendig. Campbell weist darauf hin, daß in vielen Ländern die Seele als Vogel dargestellt wird und daß Vögel häufig als Geisterboten auftreten (man denke nur an das Symbol der Taube bei Noach oder in bezug auf den Heiligen Geist). Vögel übernehmen eine rettende und seinsstiftende Funktion, indem sie in einer Mythe der Waldindianer die schwangere, von ihrem Mann aus dem Himmel verstoßene Frau auffangen und sicher auf eine von einer Schildkröte gebildete Insel im Ozean herabtragen. Tatsächlich kann wohl auch die den Geisterflug des Schamanen symbolisierende Vogelfigur mit der Gestalt des *tricksters*, des titani-

schen Feuerbringers und dämonischen Widersachers der Götter, in Verbindung gebracht werden – vermutlich reicht diese
Verknüpfung bis in die Zeit der Entstehung des Schamanismus im Paläolithikum zurück. Auch dies erweist sich in der
Geschichte des Raben, der zwar nicht das Feuer, wohl aber das
Tageslicht aus einer anderen Welt herbeiholt und dessen Darstellung in der entsprechenden Mythe eigenartig zwischen
der Gestalt des Schamanen und der des *tricksters* changiert,
also einer mythologischen Gestalt, die mit List und Tücke ein
für die Menschheit notwendiges Kulturgut in einer Anderswelt erobert (siehe dazu im folgenden Kapitel „Die Abenteuer
des Raben").

4. Die Jenseitswelt der Tiere

Nach Vorstellung der Skagit waren die Tiere früher nicht nur in menschlicher Gestalt präsent, auch heute leben sie nicht das ganze Jahr über in ihrer tierischen Verkleidung. Außer während der Zeit des Laichens existiert der Lachs als menschliches Wesen in einer Welt, die jenseits des Ozeans liegt. Er verläßt dann sein Dorf in der Welt, besteigt ein Kanu und fährt durch die Öffnung in der Wand. An dieser Stelle stürzt er aus dem Kanu und wird, sobald er auf dem Wasser auftrifft, ein Lachs.
June McCormick Collins (1)

Wir wissen, was die Tiere tun, welches die Bedürfnisse des Bibers, des Bären, des Lachs und anderer Wesen sind, denn vor langen Zeiten heirateten sie die Menschen, und die erwarben solches Wissen von ihren Tier-Frauen. Heute sagen die Priester, wir würden lügen, aber wir wissen es besser. Der Weiße Mann ist erst kurze Zeit in diesem Land und weiß sehr wenig über die Tiere: Wir leben hier seit Tausenden von Jahren und sind vor langer Zeit durch die Tiere selbst belehrt worden. Der Weiße Mann schreibt alles in ein Buch, damit es nicht vergessen wird, aber unsere Vorfahren heirateten Tiere, lernten dadurch deren Lebensweise und reichten dieses Wissen von Generation zu Generation weiter.
Aus dem Stamm der Carrier (2)

... da fragte ihn der Vater: „Nun, was hast du gelernt?" Der Sohn antwortete: „Vater ich habe gelernt, was die Hunde bellen." – „Daß Gott erbarm!" sprach der Vater, „das ist alles, was du gelernt hast?"

Brüder Grimm, aus dem Märchen „Die drei Sprachen" (3)

Wer immer der Schlange Fleisch ißt, versteht die Sprache der Tiere.

James G. Frazer (4)

Tier und Mensch

Von den Eskimos stammt folgender Text:

> In der allerfrühesten Zeit,
> als sowohl Menschen und Tiere auf der Erde lebten,
> konnte eine Person jederzeit ein Tier werden,
> wenn sie das wollte,
> und ein Tier ein menschliches Wesen.
> Manchmal waren sie Menschen.
> Und manchmal Tiere, es gab da keinen Unterschied.
> Alle sprachen dieselbe Sprache.
> Das war die Zeit, als die Worte Magie besaßen.
> Der menschliche Geist hatte geheimnisvolle Kräfte.
> Ein Wort, zufällig ausgesprochen,
> konnte seltsame Konsequenzen haben.
> Es konnte plötzlich lebendig werden.
> Und was die Menschen wünschten, daß es geschehen sollte, konnte geschehen –
> man mußte es einfach nur sagen.
> Niemand vermochte das zu erklären:
> Es war eben so. (5)

Knut Rasmussen schreibt interpretierend dazu: „Von allen Quellen der Kraft waren magische Worte am schwierigsten zu erlangen. Aber sie sind auch die stärkste aller Quellen ... Magische Worte, magische Lieder oder magische Gebete sind Fragmente alter Lieder, die von früheren Generationen stammen ... Es kann sich dabei durchaus auch um völlig bedeutungslose Sätze handeln, die einst gehört wurden, als die Tiere noch sprechen konnten, die man sich merkte und die von Generation zu Generation weitergereicht wurden. Manchmal kann nämlich auch scheinbar sinnloses Gemurmel jene mystische Kraft enthalten, die, als es zum ersten Mal artikuliert wurde, sich mit ihm verband. An dem Tag, an dem ein Mensch Hilfe durch magische Worte zu erlangen versucht, darf er nicht die Innereien irgendeines Tieres essen. Ein Mann muß, wenn er die magischen Worte ausspricht, seinen Kopf mit seiner Kapuze verhüllen; eine Frau muß die Kapuze so herunterziehen, daß ihr gesamtes Gesicht bedeckt ist." (6)

Viele Mythen und Geschichten der *Native Americans* kreisen um die Verbindungen zwischen Menschenwelt und Tierwelt. In früher Zeit scheint keine Grenze zwischen der Welt der Menschen und der der Tiere bestanden zu haben. Jedenfalls aber haben sich die Naturvölker von der Aufhebung dieser Grenze einen Zuwachs an Seinserfahrung versprochen. Warum?

Zunächst einmal wohl wegen der Andersartigkeit der Tierwelt, die Angst machte. Für den, der sich dort auskannte, verlor sich diese Angst.

Zum anderen, weil in der frühen Religionsform des Animismus die gesamte Natur in all ihren Erscheinungsformen, also das Lebendige und Leblose, als mit einer Seele begabt vorgestellt wurde.

In diesem Zusammenhang ergab sich die Vorstellung, man müsse den bei der Jagd getöteten Tieren ihre Seele wiedergeben.

In den Versöhnungszeremonien für die Tierwelt sehen verschiedene Forscher die Ausgangspunkte des sich im Paläolithikum entwickelnden Schamanismus.

Unter den Tsimshian-Indianern kann man noch heute Stammesangehörige erzählen hören, daß wir Menschen die Tiere nicht so sehen, wie sie wirklich sind, sondern lediglich in einer Art Verkleidung, die sie anlegen, wenn sie unsere Welt besuchen. Wieder in ihre eigene Welt zurückgekehrt, legen sie diese Kostümierung ab und nehmen wieder ihre tatsächliche Gestalt an – eine Gestalt, die sich in den meisten Fällen nicht wesentlich von der der Menschen unterscheidet (siehe dazu auch das Zitat über die Vorstellung der Skagit im Motto).

Andrew Garcia, ein junger mexikanischer Händler, der 1870 durch Montana reiste, fand neben der Wegspur überall an Bäumen die Hufe von Rehen aufgehängt. Die Indianer hatten sie dort befestigt, um, wie sie erzählten, dem Rehvolk zu verstehen zu geben, daß sie von der erlegten Jagdbeute alles aufgebraucht hätten, mit Ausnahme der nicht verwendbaren Hufe.

Bei den Stämmen in Alaska und Britisch-Kolumbien, für deren Ernährung der Lachs unersetzlich ist, bestand gewissermaßen stillschweigend ein ökologischer Vertrag zwischen Mensch und Fisch, der sich in den Mythen manifestierte. Der Mensch durfte die Fische fangen, um sich von ihrem Fleisch zu ernähren. Die Gräten hingegen, als Sitz der Seele des Fisches, mußten unbedingt wieder ins Wasser geworfen werden, um so die Unsterblichkeit der Art zu sichern.

Tiere treten als kulturbringende Helden auf wie beispielsweise beim Volk der Tsimshian an der Pazifikküste der Rabe, der den Menschen das Licht bringt.

Die Abenteuer des Raben

Einst lag über der ganzen Welt Dunkelheit. Auf der Südspitze einer Insel hoch im Norden war die Stadt, in der die Tiere lebten. Der Ort hieß Kungalas. Ein Häuptling und seine Frau wohnten dort und mit ihnen ein Junge, ihr einziges Kind, das die Eltern sehr liebten. Deswegen versuchte der Vater jegliche Gefahr von ihm fernzuhalten. Er baute für ihn im hinteren Teil des Hauses ein Bett über dem seinen. Er wusch das Kind regelmäßig, und es wuchs zu einem hübschen jungen Mann heran.

Als der Junge schon fast erwachsen war, wurde er krank – sehr krank, so krank, daß er schließlich starb. Da wurden die Eltern sehr traurig. Sie weinten über den Verlust des geliebten Kindes. Der Häuptling lud den ganzen Stamm und alle Tierleute in sein Haus ein. Als sie alle versammelt waren, hieß er den Schamanen, aus der Leiche das Herz, die Leber und die Gallenblase zu entfernen. Man verbrannte diese Organe hinter dem Haus des Häuptlings. Der Häuptling und seine Frau hörten nicht auf, über ihren toten Sohn zu weinen und zu klagen, und alle Angehörigen des Stammes weinten und klagten mit ihnen. So ging das viele Tage.

Eines morgens, ehe es hell wurde, stand die Häuptlingsfrau auf, um wieder vor der Leiche des Sohnes mit ihren Wehklagen zu beginnen. Sie schaute hinauf zu dem Hochbett, auf dem der Tote hätte liegen sollen. Da sah sie einen jungen Mann, umgeben von strahlender Helle. Sie rief ihren Mann und sagte zu ihm:

„Unser geliebtes Kind ist uns wieder geschenkt worden."

Auch der Häuptling stand auf und trat an den Fuß der Leiter, die zu dem Hochbett hinaufführte. Er fragte: „Bist du es wirklich, mein Sohn? Bist du es?" Da antwortete der strahlende junge Mann: „Ja, ich bin es."

Die Stammesangehörigen fanden sich wieder ein, um mit dem Häuptlingspaar zu trauern. Als sie nun hereinkamen, waren sie sehr erstaunt, den leuchtenden Jungen dort zu sehen. Er sprach zu ihnen:

„Die im Himmel wohnen, haben sich von euren ständigen Klagen erweichen lassen. Sie haben mich herabgeschickt, um euch zu trösten."

Da waren alle sehr froh, daß der Häuptlingssohn wieder unter ihnen lebte. Seine Eltern liebten den Jungen noch mehr als schon zuvor. Der leuchtende junge Mann blieb lange Zeit dort. Er aß sehr wenig. Er kaute nur ein bißchen Fett, sonst aß er nichts. Der Häuptling hatte zwei kräftige Sklaven. Sie hießen der Elende und seine Frau. Die Sklaven wurden auch

„Mund an beiden Enden" genannt. Jeden Morgen brachten sie jede Art von Nahrungsmitteln in das Haus. Eines Tages kamen sie und trugen ein großes Stück Walfisch-Fleisch herein. Sie legten es auf den Rost, ließen es braten und aßen es dann. So verfuhren sie von nun an immer, wenn sie von der Jagd zurückkamen. Die Frau des Häuptlings wollte dem Sohn, der ihnen wiedergegeben worden war, etwas zu essen geben, der aber mochte nichts essen. Die Frau des Häuptlings bekam Angst, daß ihr Sohn wieder sterben werde. Eines Tages unternahm der leuchtende Junge einen Spaziergang. Sobald er aus dem Haus war, stieg der Häuptling die Leiter zu dem Hochbett hinauf. Und siehe da – dort fand er die Leiche seines Sohnes. Dennoch liebte er auch sein neues Kind. Eines Tages gingen der Häuptling und seine Frau einen anderen Stamm besuchen. Da kamen wieder die beiden kräftigen Sklaven in die Hütte. Sie trugen ein großes Stück Walfisch-Fleisch bei sich. Sie ließen es über dem Feuer braten. Da kam der leuchtende Junge hinzu und fragte sie:

„Wie kommt es, daß ihr immer so hungrig seid?"

Die beiden Sklaven erwiderten:

„Wir sind so hungrig, weil wir abgescheuerte Haut von unseren Schienbeinen gegessen haben."

Der leuchtende junge Mann fragte:

„So etwas mögt ihr essen?"

„Oh ja", erwiderten sie. „Es macht guten Hunger."

„Dann möchte ich es auch einmal probieren", sagte der Häuptlingssohn. Darauf erwiderte die Sklavenfrau:

„Nein, mein Lieber. Du solltest dir nicht wünschen, so zu werden, wie wir sind. Denn wir sind Sklaven und haben ein elendes Leben."

Der Häuptlingssohn aber sagte:

„Ich will nur einmal davon probieren. Ich kann es ja wieder ausspucken."

Darauf schnitt der Sklave ein Stück Walfisch-Fleisch ab und legte ein bißchen abgeschürfte Haut darauf. Seine Frau schimpfte mit ihm:

„Was tust du dem armen Jungen an!" Der strahlende Prinz

nahm das Fleisch mit der abgeschürften Haut, kostete und spuckte es wieder aus. Dann legte er sich wieder ins Bett.

Als seine Eltern von dem Besuch zurückkamen, sagte er zur Häuptlingsfrau:

„Mutter, ich bin sehr hungrig."

Sie rief ganz erstaunt:

„Ach mein Lieber, ist das wahr? Ist das wirklich wahr?"

Dann befahl sie ihren Sklaven, ihrem geliebten Sohn so viel zu essen zu geben, wie er wollte. Er aß und aß und blieb doch immer hungrig. Er aß weiter und aß noch mehr, und das ging so fort mehrere Tage, bis alle Vorräte im Haus des Häuptlings durch seine Freßsucht aufgebraucht waren.

Das alles kam von dem Zauber, der in der abgeschürften Haut des Sklaven steckte. Der leuchtende junge Mann aß und aß. Schließlich waren auch die Vorräte des ganzen Stammes aufgebraucht. Da schämte sich der Häuptling sehr ob seines Sohnes. Er rief alle Leute zusammen und sagte:

„Ich habe mich entschlossen, mein Kind fortzuschicken, ehe es auch noch unsere letzten Vorräte verschlingt und wir ganz ohne Nahrung sind." Man kann sich vorstellen, daß die Leute ihm zustimmten.

Der Häuptling sagte zu seinem Sohn:

„Ich schicke dich jetzt landeinwärts auf die andere Seite des Meeres."

Er gab seinem Sohn einen kleinen runden Stein, eine Decke mit Rabenfedern und die getrocknete Blase eines Seelöwen, die mit verschiedenen Arten von Beeren gefüllt war, mit.

Weiter sprach der Häuptling zu seinem Sohn:

„Wenn du dann über das Meer hinfliegst, so laß den runden Stein ins Wasser fallen. Du hast dann einen Platz, an dem du dich etwas ausruhen kannst, und wenn du zum Festland kommst, so verstreue alle diese Beeren über das Land. Verstreue auch den Lachsrogen, den ich dir mitgebe, in all die Flüsse und Bäche und den Forellenrogen, damit es dir nie an Nahrung mangelt, wenn du in dieser Welt lebst." Der Sohn legte die Decke aus Rabenfedern um, und er verwandelte sich in einen Raben. Er flog davon. Sein Vater aber nannte ihn den

Riesen. Der Riese flog über das Wasser nach Osten. Er flog lange Zeit, und endlich war er so müde, daß er den kleinen runden Stein in die See fallen ließ. Im Meer wurde daraus ein mächtiger Felsen. Der Riese rastete, erfrischte sich und legte das Rabenkleid ab.

Zu dieser Zeit lag, wie gesagt, alles im Dunkeln. Es gab kein Tageslicht. Der Riese streifte schließlich das Rabenkleid wieder über und flog nach Osten. Er erreichte das Festland dort, wo der Skeena-Fluß in den Pazifik mündet. Er sprach, während er dabei den Rogen von Lachs und Forelle verstreute:

„Möge in allen Flüssen und Bächen immer jegliche Art von Fisch sein."

Dann holte er die Seelöwenblase hervor und streute die Früchte über das Land. Und dazu sprach er:

„Möge jedes Gebirge, jeder Hügel, jedes Tal, jede Ebene, möge das ganze Land immer voller Früchte sein."

Immer noch lag Dunkelheit über der Erde. Wenn der Himmel klar war, hatten die Leute ein bißchen Licht, so viel eben, wie von den Sternen herab auf die Erde gelangt. Wenn aber Wolken am Himmel standen, war es im ganzen Land völlig dunkel. Das verdroß die Leute sehr. Der Riese aber überlegte sich, daß es schwierig sein werde, Nahrung zu finden, wenn es ständig dunkel wäre. Er erinnerte sich daran, daß es im Himmel, woher er kam, ein Licht gegeben hatte. Darum entschloß er sich, das Licht für unsere Welt zu holen.

Am nächsten Tag legte der Riese wieder sein Rabenkleid an, das sein Vater, der Häuptling, ihm gegeben hatte, und flog himmelwärts. Schließlich fand er auch ein Loch im Himmel und flog hindurch. Als er im Himmel war, legte er sein Rabenkleid ab und verwahrte es an einer Stelle in der Nähe des Loches. Dann schritt er aus und kam an die Quelle, nahe dem Haus, in dem der Häuptling des Himmels wohnte. Dort setzte er sich hin und wartete.

Die Tochter des Häuptlings kam daher. Sie trug einen kleinen Eimer bei sich, um damit Wasser zu schöpfen. Als der Riese sie kommen sah, verwandelte er sich in eine Zedernnadel, die auf dem Wasser trieb. Die Häuptlingstochter schöpfte mit ihrem Eimer und trank dann von dem Wasser. Dann kehrte sie in das Haus ihres Vaters zurück.

Nach einiger Zeit merkte sie, daß sie ein Kind bekommen würde, und bald brachte sie einen Knaben zur Welt. Der Häuptling und seine Frau freuten sich. Sie wuschen den Jungen regelmäßig. Er wuchs heran. Er begann herumzukriechen. Das Kind wurde immer kräftiger. Es rief: *„Hama, hama!"* Es schrie immerzu. Da begann der große Häuptling im Himmel sich Sorgen zu machen. Er rief einen seiner Sklaven und hieß ihn, das Kind umherzutragen. Das tat der Sklave auch, aber über mehrere Nächte hin schlief das Kind nicht ein, sondern rief immerfort: *„Hama, hama!"*

Da lud der Häuptling alle weisen Männer ein und sagte zu ihnen, er könne sich nicht vorstellen, wonach das Kind verlange. Die Weisen sagten:

„Es will den Kasten, der im Haus des Häuptlings hängt." In dem Kasten aber war das Tageslicht, und er hing am Ende eines Balkens außen am Haus. Einen solchen Kasten heißt man *ma*. Der Riese wußte davon, weil er ja im Himmel gewesen war, ehe er auf unsere Erde herabkam. Das Kind schrie und verlangte weiter nach dem Kasten. Da ließ der Häuptling das *ma* abhängen und ins Haus tragen. Vier Tage ging das so. Am vierten Tag, als der Häuptling schon gar nicht mehr auf den Kasten achtete, nahm ihn der Junge doch tatsächlich auf die Schulter und rannte damit davon. Jemand rief:

„Das ist doch der Riese, der da mit dem *ma* davonrennt."

Und tatsächlich, so war es. Denn es war ja der Riese gewesen, der sich in eine Zedernnadel verwandelt hatte. Die Häuptlingstochter hatte die Zedernnadel verschluckt. In ihrem Leib war daraus ein Kind gewachsen. Sie hatte es zur Welt gebracht, und so waren der Riese und das Kind ein und dasselbe Wesen.

Der Riese rannte mit dem *ma* davon, und der Stamm des Häuptlings im Himmel verfolgte ihn. Der Riese kam zu dem Loch im Himmel. Rasch warf er sich das Federkleid über und flog mit dem *ma* im Schnabel hinab zur Erde.

Zu dieser Zeit war es auf der Erde immer noch finster. Der

Riese landete auf der Erde ein Stück weiter flußabwärts. Er machte kehrt, flog den Fluß hinab. Er kam an die Mündung des Nass-Flusses. Es war immer noch dunkel, und er trug das *ma* mit sich. Er flog weiter und hörte die Geräusche von Leuten, die Fische mit Beutelnetzen von ihren Kanus aus fingen. Es gab viele Geräusche auf dem Fluß, denn sie arbeiteten hart. Der Riese saß am Ufer und sprach:

„Werft mir einen von den Fischen her, die ihr gefangen habt, liebe Leute."

Die auf dem Fluß aber schimpften ihn aus:

„Wo kommst du denn her, du großer Angeber."

Die Tierleute wußten, daß es der Riese war. Deswegen neckten sie ihn. Der Riese sagte wieder: „Ich bitte euch wieder, werft bitte etwas von eurem Fang an das Ufer, oder ich zerbreche das *ma*."

Die auf dem Fluß fischten, antworteten: „Wo hast du denn das Ding her, von dem du redest?" Und wieder beschwor sie der Riese: „Werft mir ein paar von den Fischen, die ihr gefangen habt, hier ans Ufer, oder ich zerbreche das *ma*."

Die Leute neckten ihn weiter. Da zerbrach der Riese den Kasten, und hervor schoß das Tageslicht. Der Nordwind begann scharf zu wehen, und alle Fischer wurden vom Nordwind vertrieben. Auch die Frösche, die den Riesen zuvor ausgelacht hatten, wurden den Fluß hinabgetrieben und endlich auf einer gebirgigen Insel an Land geschwemmt. Hier versuchten sie, den Felsen zu ersteigen, aber sie schafften es nicht. Sie erfroren und verwandelten sich in Steine. Und man kann sie immer noch dort sehen. Die Frösche aber hatten den Riesen „*chemsem*" genannt. So hat jener, der dieser Welt das Tageslicht brachte, einen Namen. (7)

Tiere, die für das Überleben der Nationen der *Native Americans* wichtig waren, kommen aus einem Jenseits und werden von götterähnlichen Wesen aus dem Jenseits den Menschen geschenkt.

„Das schwankende Zelt"

Die Cree-Indianer glaubten, daß, sofern sie bei der Tötung von Tieren alle Tabus beachteten, die Herrin oder der Herr der Tiere sich freuten und geneigt sein würden, ihnen weitere Tiere zu schenken. Einmal freigesetzt, stand es im Ermessen der Tiere, ob sie sich töten lassen wollten. Wenn die Menschen die Tiere beleidigten, würde die Herrin oder der Herr, die sie geschaffen hatten und über sie Macht besaßen, sie zurückhalten, und das Volk würde verhungern. Im Herbst wurden Rituale ausgeführt, um den Ort einer Bärenhöhle zu bestimmen und zu erkunden, ob man im nächsten Jahr einen Bär erlegen werde. Ein Schamane oder Jäger sandte eine Nachricht an *memekwesiw*, den Geisterherren der Bären. Wenn dieser den Jägern gewogen war, schickte er ihnen eine Antwort und ließ sie wissen, wo sie die Bären finden und wie viele sie töten würden.

Bei dieser Weissagungszeremonie, die „das schwankende Zelt" genannt wurde, betrat der Schamane ein kleines Tipi und rief seine Geisterhelfer herbei. Sobald sie kamen, bewegte sich das Tipi. Durch den Mund des Schamanen beantworteten die Geister die Fragen der Cree über weit entfernt lebende Verwandte, über Kranke und über das Wetter. Sie erklärten den Cree auch, wo sie nach verlorengegangenen Gegenständen suchen sollten, und unterwiesen die Jäger über ihr Verhalten auf dem Jagdzug.

Bei diesen Riten rief der Schamane oft *memekwesiw* in sein Zelt. Sobald dieser kam, sahen jene, die draußen warteten, die Umrisse einer Bärenklaue, die sich gegen die Zeltwand preßte. *Memekwesiw* pflegte dann zum Schamanen zu sagen: „Wenn du mich niederwerfen kannst, ist es gut. Mir würde es gefallen. Und jene Männer, die draußen stehen, werden Bären erlegen. Aber wo nicht, sind die Geister, die du gerufen hast, einfach nicht stark genug. Dann werden die Männer auch keine Bären töten." Darauf kämpften der Schamane und der Bärengeist gegeneinander, und das Zelt wackelte heftig. Nach einiger Zeit war es dann vorbei, und *memekwesiw* rief den Sieger aus. Falls er gewonnen hatte, würden die Jäger keine Bären erlegen. Aber wenn der Schamane gewann, dem seine Hilfsgeister beistanden, verhieß das eine gute Jagdsaison. *Memekwesiw* war nicht erbittert darüber, wenn er verlor. Man sagte, er kämpfe mit dem Schamanen nur, um festzustellen, ob dessen Kräfte auch stark genug seien und ob der Stamm es verdiene, Bären zu erlegen.

Ein anderes Ritual des Wahrsagens bestand darin, daß der Jäger die Kniescheibe eines Bären auf einen heißen Felsen legte. Wenn der Knochen wackelte, war das ein gutes Zeichen. Oder man legte einen Knochen auf den Boden der Hütte, und der Jäger mußte mit verbundenen Augen nach ihm greifen. Fand er ihn sofort, hieß das, er werde einen Bären töten. Wo nicht, hatte er auf der Bärenjagd wahrscheinlich kein Glück. (8) Stark war die Verlockung, die Grenze zwischen der Welt der Menschen und der Welt der Tiere zu überschreiten. Aber die Mythen wissen auch, daß ein solcher Versuch wegen seiner Gefährlichkeit und seiner magischen Aspekte jenseits der Möglichkeiten des Menschen lag.

Der Schmetterlingsmann

Es war Frühling am Fluß, und die Tolowin-Frau war ruhelos und einsam. Der Tolowin-Mann war den Fluß hinuntergezogen, um Lachse zu stechen. Sie wußte, wenn er zurückkam, würde er zu den anderen Männern ins Schwitzhaus gehen. Dies war die Zeit des Rehtanzes, die Zeit, in der eine Frau als unrein gilt und ihr Mann sie meidet, wenn er an diesem Tanz teilnehmen will. Der Tolowin-Mann mußte sich reinhalten, denn er gehörte zu den Tänzern, die die Rehe verkörpern. Dies ist eine gefährliche Angelegenheit. Um diese Zeit bleibt eine gute Frau daheim und achtet gewissenhaft darauf, daß sie kein Tabu verletzt, denn das könnte Auswirkungen auf das Jagdglück der Männer haben.

Die Tolowin-Frau war eine gute Frau. Aber sie wußte auch, daß im Frühjahr die wilden Schwertlilien in den Bergen blühen. Die Tolowin-Frau konnte das Geschwätz der anderen

Frauen nicht mehr hören. Frauenstimmen waren ihr plötzlich verhaßt. Sie setzte ihren Korbhut auf, nahm das Wiegenbrett mit dem Baby auf ihren Rücken und kroch durch die Vordertür aus der Hütte.

Draußen richtete sie sich dann auf, blickte noch einmal zum Fluß hinab, wandte sich dann um und lief hinauf in die Berge.

Die Sonne war hell und heiß. Nachdem sie ein Stück des Weges bergauf gegangen war, kam sie außer Atem. Sie streifte das Wiegenbrett ab, stellte es in den Schatten eines Manzanita-Busches und setzte sich auf den Boden, um auszuruhen.

Wie sie dort saß, flatterte ein Schmetterling herbei. Er strich dem Baby über den Arm. Das Kind lachte und versuchte, ihn zu erhaschen.

Der Schmetterling strich der Tolowin-Frau über die Wange. Auch sie lachte und versuchte, ihn zu fangen. Der Schmetterling ließ sich einen Augenblick lang auf dem Zweig eines Manzanita-Busches nieder. Die Tolowin-Frau lachte wieder. Sie beugte sich vor, um den Falter mit ihrem Hut zu bedecken. Aber er flog zum nächsten Busch. Sie stand auf und lief ihm nach.

Sie wünschte sich diesen Schmetterling. Er war groß, mit starken Flügeln und sehr schön. Die Schwingen waren mit Bändern gezeichnet. Die hatten das Schwarz von Muschelschalen, und die Streifen glänzten scharlachrot wie die Federn auf dem Schopf eines Spechtes.

Sie wünschte sich so sehr, diesen Schmetterling zu besitzen. Er war immer ganz nahe vor ihr, und immer schien es, daß sie ihn beim nächsten Schritt fangen werde. Immer wieder aber huschte er fort und entkam.

Sein Fluchtweg war nicht vom Zufall bestimmt. Er lockte sie immer weiter vom Fluß fort und immer weiter hinauf in die Berge.

Die Tolowin-Frau sah sich um. Ihr Kind schlief friedlich im Schatten des Manzanita-Busches. Der Schmetterling würde bald ermüden. Sie wollte ihm noch über den nächsten Hügel folgen und dann zu ihrem Kind zurückkehren.

Aber der Schmetterling ermüdete nicht, und ihr gelang es nicht, ihn zu fangen, ihn zu besitzen. Den ganzen Nachmittag über lockte er sie weiter und weiter. Ihr Lederhemd war schmutzig und zerfetzt von den Dornen an den Büschen. Sie hatte ihren Hut verloren, aber sie war nicht stehengeblieben, um ihn aufzuheben. Die Muschelkette um ihren Hals war zerrissen. Endlich ging die Sonne unter. Weit landeinwärts in den Bergen, die sie nicht kannte, sank die Tolowin-Frau erschöpft zu Boden. Da machte der Schmetterlingsmann sofort kehrt und flog zu ihr hin. Er ließ sich neben ihr nieder. In der Abenddämmerung sah sie, wie er sich in einen schönen jungen Mann verwandelte, nackt, nur mit einem Gürtel aus Schmetterlingen um seine Hüfte, mit langem Haar, das von einem schwarz-roten Stirnband gehalten wurde.

Zusammen verbrachten sie die Nacht. Am Morgen fragte der Schmetterlingsmann die Tolowin-Frau:

„Willst du mit mir gehen?"

Sie antwortete: „Ja, ich will."

Dann sagte er zu ihr: „Das ist gut. Wir müssen noch einen Tag reisen, dann sind wir in meinem Land, und dort werden wir glücklich leben. Aber es ist eine lange und gefährliche Reise, meine Geliebte. Wir werden das Tal der Schmetterlinge durchqueren, und sie werden versuchen, mich dir zu entreißen. Du mußt genau das tun, was ich dir sage, dann werden wir die Gefahr überstehen."

Das versprach sie, und er sagte: „Bleibe dicht hinter mir. Tritt dorthin, wohin ich getreten habe. Halte dich mit beiden Händen an meinem Gürtel fest. Laß auch nicht einen Augenblick los. Und sieh keinen Schmetterling an, ehe wir nicht das Tal hinter uns gelassen haben. Gehorche mir nur dieses eine Mal, und du wirst für immer sicher sein. Und denke daran, ich verliere die Kraft, die dich schützt, wenn deine Hände nicht auf meinem Gürtel liegen."

Sie brachen auf. Der Schmetterlingsmann ging voran. Die Tolowin-Frau folgte. Sie faßte den Gürtel fest mit beiden Händen und sah zu Boden. So kamen sie in das Tal der Schmetterlinge und gingen eine Zeitlang im Tal dahin. Der

Boden war hart, aber der Schmetterlingsmann lief mit schnellen, sicheren Schritten.

Schmetterlinge saßen auf den Felsen, über die sie klettern mußten. Schmetterlinge schlugen gegen ihre Beine, setzten sich ihr ins Haar und flatterten vor ihren Gesichtern. Das ganze Tal war voller Schmetterlinge. Lange Zeit dachte die Tolowin-Frau daran, was der Schmetterlingsmann ihr gesagt hatte. Sie hielt ihre Hände auf seinem Gürtel und blickte zu Boden. Aber dann tanzte plötzlich ein Schmetterling, schwärzer noch als ihr Schmetterlingsmann und strahlend wie eine Krone, vor ihr. Er tänzelte um ihre Brüste, vor ihren niedergeschlagenen Augen und ließ sich für Augenblicke auf ihren Lippen nieder. Dann flog er langsam fort. Sie stöhnte vor Erregung. Ihre Augen verfolgten seinen Flug, und sie nahm eine Hand vom Gürtel und griff gierig nach ihm.

Er war fort.

Aber sogleich tanzten hunderte, tausende anderer Schmetterlinge vor ihr. Sie schlugen gegen ihre Augen, ihre Wangen, ihren Mund. Sie waren tief schwarz und schimmernd weiß, blaß-golden und sumpfgrün und purpurrot.

Sie wollte sie alle, und so ließ sie den Gürtel des Schmetterlingsmannes los und griff nach ihnen mit beiden Händen. Nicht einen konnte sie erhaschen.

Der Schmetterlingsmann blieb weder stehen, noch sah er sich um. Und während sie einmal diesem, einmal jenem Schmetterling nachjagte, stolperte, hinfiel, sich wieder aufraffte und doch nie eines der Tiere fing, entfernte sich ihr Geliebter mehr und mehr, sie aber achtete nicht darauf. Wie im Wahnsinn jagte sie immer wieder von neuem den gaukelnden Schmetterlingen nach.

Ihre Zöpfe gingen auf. Ihr Rock verfing sich an einem Busch und zerriß. Sie warf ihn fort. Ihre Mokassins gingen in Fetzen. Nackt, mit aufgelösten Haaren, von den Felsen am ganzen Körper zerschunden, setzte sie ihre hoffnungslose Jagd fort. Der Schmetterlingsmann war verschwunden. Er hatte das Tal durchquert und sein Land erreicht. Die Tolowin-Frau folgte einem Schmetterling und verlor ihn aus den Augen. Sie

73

jagte einem anderen nach und verlor auch ihn. So ging es immer weiter, und immer unsicherer wurden ihre Schritte. Dann blieb ihr Herz stehen. Das war das Ende der Tolowin-Frau. (9)

Das enge Ineinander-Verwobensein der Welt der Menschen und der Welt der Tiere in der Einsamkeit ist die Voraussetzung der folgenden tragischen Liebesgeschichte:

Die Winterfrau

Abenaki war allein in den winterlichen Wäldern. Er fing Pelztiere und tauschte sie gegen Fleisch ein. Eines Tages nun fand er Elchspuren im Schnee und entschloß sich, auf die Jagd zu gehen, denn vom Fleisch eines Elchs würde er sich den ganzen Winter über ernähren können.

Bald kam er zu einem Baum, von dem der Elch gefressen hatte, und bald darauf zu dem Lager des Tieres. Ein Geräusch in den Büschen ließ ihn zusammenzucken. Er sah sich um. Dort stand eine schöne junge Elchkuh. Er war erstaunt, denn statt fortzulaufen, stand sie dort und schaute ihn an, und erst nach einer Weile sprang sie davon. Abenaki kehrte zu seiner Hütte zurück, ohne ein Tier erlegt zu haben. „Nun", dachte er, „morgen ist auch noch ein Tag."

Die Nacht war kalt und schweigend, aber er fürchtete sich nicht. Schwer zu ertragen war nur, daß er allein war. Er legte sich schlafen und wünschte sich, ehe er einschlief, eines Tages eine Frau zu finden.

Am nächsten Tag ging er wieder auf die Jagd. Er fing einen Biber und lief heim, um ihn zu verspeisen. Als er an seine Hütte kam, erkannte er, daß drinnen Licht brannte, und er dachte: „Oh weh, nun steht meine Hütte in Flammen!"

Doch als er nun näher kam, erkannte er, daß es ein weicher Lichtschein war. So trat er, immer noch verwundert, ein. Drinnen brannte ein kleines Feuer, und auf den Steinen stand eine Mahlzeit, die offenbar jemand für ihn gekocht hatte.

„Nun", dachte er, „das lasse ich mir gefallen."

Am nächsten Tag ging er wieder auf die Jagd, und diesmal erlegte er einen Nerz.

„Ich bin reich", dachte er, denn er wußte, daß das Fell des Tieres kostbar war. Am Abend brannte in seiner Hütte wiederum ein Feuer, und eine Mahlzeit stand auf der Feuerstelle. Und diesmal saß eine Frau mit am Feuer.

Sie sagte nichts, sondern starrte ihn nur an. Sie lächelte und legte ihm Speisen vor. Später in der Nacht wurde sie seine Frau.

Für den Rest des Winters blieb sie bei ihm, und er war glücklich. Aber sie redete nie. Obwohl ihre Augen immer weich und freundlich dreinblickten, schien sie oft traurig zu sein.

Als der Frühling kam, packte Abenaki seine Felle zusammen und schickte sich an, in das Dorf zurückzukehren. Er sprach zu seiner Frau: „Komm doch mit mir."

Da redete sie zum ersten Mal und sprach: „Ich will lieber hier auf dich warten. Aber komm wieder im Winter und nimm daheim keine andere Frau." Abenaki kehrte heim in das Dorf seines Stammes, und sein Vater war froh, daß er wieder da war.

„Du bist jetzt reich", sprach er, „du mußt dir eine Frau suchen und heiraten."

Abenaki ging im Dorf umher. Vor der Hütte des Häuptlings blieb er stehen. Dort sah er die Tochter des Häuptlings, die ein Pelzkleid nähte. Sie schaute ihn an. Sie lächelte ihm herausfordernd zu, aber er wandte sich ab.

Der Sommer verstrich. Abenaki dachte nur an seine Frau in den Wäldern. Ihr Name war Brennende Fackel.

Dann war es wieder an der Zeit, fortzuziehen und in den Wäldern auf die Jagd zu gehen, denn der Winter kam heran. Abenaki sagte seinem Vater Adieu und brach auf.

Als er seine Hütte in den Wäldern erreichte, sah er, daß da die Frau wieder vor dem Feuer saß. Sie redete nichts, sondern stellte ihm nur das Essen hin. Aber auf dem Schoß hatte sie einen kleinen Jungen, der hatte dieselben lächelnden Augen wie seine Mutter. Er konnte erstaunlicherweise schon laufen.

Noch nie hatte Abenaki ein so kleines Kind gesehen, das sich schon auf den Beinen halten konnte.

Es war ein glücklicher Winter, und Abenaki erlegte viele Pelztiere. Als das Frühjahr kam, sagte er zu seiner Frau: „Komm mit mir in mein Dorf, Brennende Fackel!"

Aber sie schüttelte den Kopf und antwortete: „Vergiß mich nicht und heirate keine andere Frau."

Abenaki kam heim zu seinem Vater, und der alte Mann sprach: „Du bist jetzt reich. Du mußt jetzt endlich heiraten."

Eines Tages kam sie der Häuptling besuchen und sagte: „Ich habe gehört, du hast es zu etwas gebracht. Möchtest du mein Schwiegersohn werden?"

Die Tochter war mit ihm gekommen. Sie trug den Kopf hoch erhoben, und Abenaki entdeckte Stolz und Härte in ihren Augen. Höflich, aber entschieden lehnte er es ab, die Tochter des Häuptlings zu heiraten.

Wieder kam ein Winter, und voller Freude kehrte er in die Hütte in den Wäldern zurück. Seine Frau saß dort am Feuer. Sie lächelte, sie stellte ihm eine Mahlzeit hin, und jetzt saß ein zweiter kleiner Junge neben ihr. Er sah dem ersten sehr ähnlich. In diesem Winter erlegte der Jäger mehr Pelztiere als je zuvor. Und als der Frühling kam, sagte er zu seiner Frau: „Komm mit mir in mein Dorf. Es wird dir dort gefallen!"

Aber wiederum lehnte sie ab. Abenaki ging heim zu seinem Vater.

„Aber mein Sohn", sagte der Alte, „du bist so reich geworden. Du mußt jetzt die Tochter des Häuptlings heiraten!"

Und so wurde die stolze Schöne seine Sommerfrau. Ihr Name war „Kaltes Wasser". Als es aber Winter wurde, fürchtete Abenaki, seine Sommerfrau würde mit ihm kommen wollen, wenn er auf Jagd ging. Und so war es denn auch. Mit schwerem Herzen führte Abenaki seine Sommerfrau durch die Wälder zu seiner Winterhütte. Als sie näher kamen, sahen sie, daß dort ein Feuer brannte.

Die Sommerfrau rief erschrocken: „Deine Hütte steht in Flammen!" Aber dann, als sie hineingingen, sah die Sommerfrau die Winterfrau mit den beiden Söhnen und der Tochter, die im zurückliegenden Sommer zur Welt gekommen war. Die Sommerfrau sprach: „Du hast mir nie davon erzählt, daß du noch eine Frau hast."

Sehr leise und ängstlich erwiderte er: „Ich habe keine andere Frau außer dir."

Kaum hatte die Winterfrau diese Worte gehört, da war sie auch schon verschwunden. Die drei Kinder aber blieben zurück. Die Sommerfrau stieß sie fort vom Feuer.

Den nächsten Tag verbrachte Abenaki damit, Fallen zu stellen. Und das kleine Mädchen half der Sommerfrau, eine neue Hütte zu bauen.

„Deine Tochter ist stark, aber sie ist zu dünn", sagte die Sommerfrau am Abend nach dem Essen zu Abenaki. In dieser Nacht hatte Abenaki einen Traum. Er träumte, seine kleine Tochter wecke ihre Brüder und sage zu ihnen: „Ich bin hungrig. Ich will zu meiner Mutter."

Und der ältere der beiden Brüder antwortete darauf: „Komm, wir gehen unsere Mutter suchen."

In seinem Traum sah Abenaki, wie der Junge ein Loch in die Wand der Hütte bohrte. Kurz darauf verließen die drei Kinder die Hütte durch diese Öffnung.

Er selbst, immer noch im Traum, trat vor die Hütte hinaus, um nach den Kindern zu sehen. Da trotteten drei junge Elche durch den Wald.

Am anderen Morgen weckte ihn die Sommerfrau und sagte: „Deine Kinder sind verschwunden."

„Ich weiß schon", antwortete er. Und weiter sprach er zu ihr: „Richte meinem Vater aus, wenn du ihn siehst, daß ich meine Kinder suchen gehen mußte."

Dann griff er nach seiner Axt und lief in den Wald hinein. Drei Tage verfolgte Abenaki die Spur der Elche. Er fand Schneewehen, in denen sie sich gewälzt, und Bäume, deren Rinde sie abgenagt hatten. Als am dritten Tag der Schnee an den Rändern der Spuren besonders hell funkelte, wußte er, daß er nun den Tieren nahe war.

Bei Sonnenuntergang stand Abenaki unter einem Ahornbaum und sah auf einer Lichtung zwei junge Elche, die dort ruhig weideten. Sie schauten zu ihm hin und liefen nicht fort. Ein staksiges junges Kalb lag im Schnee. Nicht weit davon äugte eine Kuh zu ihm herüber. Dann schien sie ihn erkannt zu haben. Sie setzte sich inTrab und kam ihm entgegen. Als sie heran war, stellte sie ihre Ohren auf und schaute Abenaki ruhig und liebevoll an.

Abenaki holte mit der Axt aus und schlug die Schneide in den Stamm des Ahornbaumes. All dies war eine Botschaft an seinen Vater. Dann ging er zu der Elchkuh hin und berührte ihre weichen Nüstern und legte den Kopf an ihre Flanken.

„Vergib mir, Winterfrau", sagte er, „und laß mich von nun an immer bei dir bleiben." Der Kopf des Jägers veränderte sich. Bald wuchs ihm ein Geweih. Seine Schultern wurden zu einem Buckel, und Stärke floß durch seine Beine. Als die Verwandlung vollendet war, wanderten fünf Elche zusammen fort von der Lichtung. Sie trieben dahin wie ein Schatten und verschwanden in den Wäldern, über denen sich die Dunkelheit senkte. (10)

Bären und Menschen

Bezeichend für das besondere Verhältnis der *Native Americans* zum Tier und insbesondere zum besonders machtvollen Bären ist ein Satz aus einem Eskimomärchen:

„... denn wenn Bären getötet werden, geschieht das fast immer, weil der Bär sich töten läßt, weil er sich ein Geschenk für sein Fleisch und seine Haut wünscht ... und wenn später die Seele des Bären mit anderem Fleisch und anderer Haut aufersteht, nimmt sie die Geschenke mit." (11)

Bären und Menschen haben auf dem nordamerikanischen Kontinent für Tausende von Jahren zusammen gelebt. Beide gingen auf denselben Pfaden, fischten in denselben Lachsflüssen, gruben Wurzeln, ernteten dieselben Beeren und Nüsse. Bären und Menschen begegneten sich, wenn sie denselben Fleck, auf dem Beeren wuchsen, aufsuchten, wenn Jäger, nachdem sie einen Elch erlegt hatten, im Dorf Hilfe holten, nur um festzustellen, daß der Bär den Kadaver vergraben und sich auf dem entstandenen Erdhügel niedergelassen hatte. Manchmal floh der Jäger, manchmal der Bär. Die Beziehung war die gegenseitiger Achtung und manchmal auch mehr.

Bären spielten bei den wichtigsten Ritualen vieler Stämme eine Rolle: bei der Initiation der Jungen, bei den heiligen Praktiken der Schamanen, bei der Heilung der Kranken und Verletzten. Bei bestimmten Stämmen unterlag schon das Reden über Bären einem Tabu.

Die Sammlerin der nachfolgenden Geschichte schickt ihr voraus:

Die Yukon-Indianer berichten von einer Zeit, in der es schwierig war, zwischen Tieren und Menschen zu unterscheiden, da jedes Tier als Mensch erscheinen oder seine Tiermaske oder seine Tierkleider anlegen konnte. In seltenen Fällen kann derartiges auch heute noch geschehen ... Tatsächlich legen die Yukon-Indianer großen Wert darauf, in bester Harmonie mit den Tieren zu leben, die grundsätzlich so viel mehr Kraft als die Menschen besitzen.

Das Mädchen, das einen Bär heiratete

Einige Leute lagerten eines Tages an der Mündung des Flusses und legten dort Fisch, nämlich Lachs, zum Trocknen aus. Nun, dann waren sie fertig. Sie sammelten den Fisch ein, verpackten ihn und wollten danach losziehen, um Beeren zu sammeln. Die Frauen also, es waren ihrer zehn, wollten Beeren sammeln. Ein junges Mädchen geht mit ihnen. Es sind zehn Frauen, und das Mädchen ist noch sehr jung.

Sie füllt einen Korb so groß (der Erzähler macht eine entsprechende Geste). Sie füllt zwei Körbe. 50 Pfund hat sie schon. Sie stellt einen Korb auf den anderen. Als sie zum Lager zurückgingen, war es schon dunkel. Die junge Frau war müde. Die Körbe waren schwer. Plötzlich stolperte sie und verschüttete die Beeren aus dem oberen Korb. Sie wollte wissen, worüber sie gestolpert war. Es war eine Stelle, an der der Bär sich erleichtert hatte. Das Mädchen will wissen, was da an ihrem Fuß klebt. Bärenscheiße. Ihr versteht, wie unten am Salzwasser, wo die Bären Beeren fressen und sich dann erleichtern. Viel Scheiße. So groß (zeigt die Größe mit einer Geste an).

Da wurde sie zornig auf den Bären. Sie gab diesem Bären böse Worte, möglich, daß der Bär es hörte. Also sammelte sie die Beeren wieder ein, die aus dem Korb gefallen waren, und einige Frauen halfen ihr dabei.

Sie läuft eine Weile mit dem einen Korb auf den anderen gestellt, da reißt plötzlich der Packriemen, der sich quer über die Schulter zieht. Diesmal fallen beide Körbe zu Boden und die Beeren schütten sich aus.

Das geschah nur, weil der Bär es so wollte.

Aber wieder kamen die anderen Frauen und halfen ihr, die Beeren einzusammeln. Der eine Korb war halb voll, der andere bis zum Rand. Das Mädchen weinte fast. Sie lud sich die Körbe wieder auf, und die Frauen gingen weiter.

Es ist dunkel.

Es ist Herbst.

Alle gingen sie wieder.

Sie waren noch nicht viel weiter, als der Riemen an beiden Seiten riß.

Den anderen älteren Frauen war es kalt. Es regnete, regnete heftig. Eine der älteren Frauen sagte: „Ich gehe jetzt heim, ich habe genug." Sehr bald waren alle Frauen fort, und das Mädchen mußte ganz allein all die Beeren wieder einsammeln. Sie hatte daheim einen Ehemann, und als die letzten Frauen gingen, sagte die junge Frau ihnen, sie sollten ihren Mann bitten zu kommen, um ihr zu helfen.

Als sich dann die junge Frau nach Hause auf den Weg machte, kommt ihr, nachdem sie ein kurzes Stück des Weges gegangen ist, jemand entgegen. Es war ein Mann. Er hatte ein kleines Stück Bärenhaut auf dem Rücken. Sie meinte, es wäre ihr Ehemann. Er pflegte ein Stück Bärenhaut auf dem Rücken zu tragen, wenn es regnete. Sie weinte immer noch. Und als er ihr entgegenkam, sagte er: „Warum weinst du denn? Ich bin ja hier." Er wischte ihr die Tränen aus den Augen. „Hör auf zu weinen und laß uns gehen."

Der Ehemann lud sich die Beeren auf, und sie gingen. Es war ein Bär, der sie jetzt entführte. Sie gingen und gingen. Nach einer Weile heißt er die junge Frau, rascher zu gehen. Es wird sonst zu dunkel.

Nach einer Weile sieht sie einen großen Windbruch. Ihr wißt, unten an der Küste gibt es sehr große Bäume. Sie betreten diese Gegend. Die junge Frau denkt: Es ist ein Windbruch. Aber der Bär weiß, daß es ein Gebirge ist. Sie gehen, und nach einiger Zeit gehen sie wieder irgendwo hinein. Wieder hält sie es für einen Windbruch. Dann kommen sie an den Abhang eines Gebirges und lagern dort.

„Wir haben uns verlaufen", sagt er. „Wir sind den falschen Weg gegangen", sagt er zu der Frau.

Am nächsten Morgen wacht sie auf. Sie hat gut geschlafen, aber am frühen Morgen wird sie munter, noch ehe ihr Mann aufwacht, und merkt, was geschehen ist. Sie schläft auf dem Erdboden, aber am Abend hat sie gemeint, sie befänden sich in einem Haus, in ihrem Haus.

Als sie am Morgen die Augen aufschlägt, merkt sie, sie befindet sich in einem Lager. Und sie sieht eine Kette aus Bärenklauen um ihren Hals. Nach einer Weile wacht auch der Bär auf. Sie schließt ihre Augen und wagt nicht, sich zu rühren. Als der Bär aufsteht, betrachtet sie ihn. Er sieht aus wie ihr Mann. Er macht Feuer und kocht. Als das Essen fertig ist, steht sie auf und ißt. So geht es auch zu Mittag. Immer kocht der Mann. Sie sieht nicht, wo er kocht.

Am Morgen, nachdem sie gefrühstückt haben, sagt der Mann: „Ich gehe jetzt auf Jagd nach Erdferkeln. Bleib du daheim und mach Feuer." Dann geht er.

Am Abend kommt er heim. Er hat einen ganzen Sack voller Erdferkel und Erdhörnchen. Er kocht sie, und als sie fortgehen, packt er alles ein.

Als sie abends heimkommen, legen sie sich wieder schlafen. In der Nacht wacht die Frau auf. Sie möchte wissen, warum sie sich so unbehaglich fühlt. Dann merkt sie, es ist der Bär, der mit ihr schläft. Sie ist wieder still und schläft weiter.

Am nächsten Morgen wacht sie wieder auf. Am Abend hatte er alles zusammengepackt, was er erlegt hatte, und es fortgebracht. Nichts ist übrig, alles fort. Sie sagt nichts. Sie sieht nichts, aber dennoch kocht der Mann irgendwo etwas. Dann stellt er es hin. Es ist schon gekocht. Sie nimmt es und ißt.

Darauf sagt er ihr wieder, sie solle daheim bleiben und Holz sammeln. „Ich gehe wieder ein Erdferkel töten." Am Abend kommt er wieder mit einem Sack voller Erdferkel und Erdhörnchen zurück. Und wieder kocht er, ohne daß sie etwas sieht.

So ging das etwa einen Monat. Spät im Herbst sagt der Mann: „Wir müssen uns um ein Winterlager kümmern und ein Haus bauen."

Sie gehen und haben einen großen Packen mit getrocknetem Erdferkel-Fleisch bei sich. Nie hat sie gesehen, daß er welches getrocknet hat. Aber nun ist welches da. Sie kampieren an vier Tagen an vier verschiedenen Orten. Sie waren in einem hohen Gebirge. Es liegt nahe einem großen Fluß auf der Alaska zugewandten Seite des Chilkat-Landes. Es hieß Tsum, was bedeutet: Dies ist das Höchste.

Ihr wißt, wo all der Schlamm und das Geröll aus dem Gebirge herkommen. Dort grub sich der Bär ein Loch.

Als er mit dem Graben fertig war, hieß er seine Frau Zweige zusammentragen.

„Hol sie nicht dort, wo der Wind Äste und Gestrüpp abreißt", sagte er zu ihr, „hole sie ganz unten." Also holt sie alles, was er von ihr verlangt hat. Der Bär kommt hervor und sagt zu seiner Frau, nachdem er daran gerochen hat: „Warum hast du es so weit oben abgebrochen? Sie werden das bemerken und uns aufspüren."

Er wird böse. Er schlägt seine Frau, er geht jetzt selbst Zweige und Gestrüpp suchen. Als er am Abend heimkommt, will er essen. Er kocht etwas. Es ist wieder Erdschwein-

Fleisch und Erdhörnchen, aber die Frau sieht nie eines dieser Tiere. Trotzdem kann der Mann sie kochen. Dann kampieren sie drei Nächte. Es scheint ihr wie drei Nächte, in Wirklichkeit sind es drei Monate. Der Mann sagt zu ihr: „Fühl mal, ob der Schnee schon weich ist!"

Die Frau gewöhnt sich daran, mit dem Bären zu leben. Sie merkt, daß sie schwanger ist. Es schienen nur drei Monate vergangen. Aber das Kind in ihr war schon so groß, als trage sie es schon sechs Monate. Das kam daher, weil die Bären ihre Jungen rascher bekommen als die Menschen. Sie war schon sehr dick. Man konnte deutlich sehen, daß sie schwanger war.

Sie spürt, wie ihr Mann sie umarmt. Sie streichelt sein Fell.

Dann ging sie nach draußen und griff in den Schnee. Er ist weich. Sie macht einen großen Schneeball. Sie weiß, der Schneeball wird zu Tal rollen. Sie weiß, ihr Lager liegt über einer Schneerutsche. Sie wirft den Schneeball zum Fuß des Hügels hinab zum Bach hin.

Das Mädchen hatte vier Brüder, die an der Flußmündung lebten.

Nach einer Weile, als der vierte Monat beginnt, ist dem Mädchen schlecht, denn sie wird das Kind bekommen. Mitten in der Nacht – in Wirklichkeit ist wieder ein halber Monat verstrichen – bringt sie zwei kleine Jungen zur Welt. Die Handflächen der Kinder sind glatt und weich wie beim Menschen, auf dem Rücken haben sie überall Fell. Ihre Bäuche waren die von Menschen und ihre Füße auch.

Im April, als sich eine Schneekruste in dem Schnee bildete, wollten ihre Brüder mit den Hunden auf Bärenjagd gehen. Der älteste Bruder besaß zwei Hunde, Bärenhunde, große Hunde, gute Jagdhunde.

Seit langem wußten die Brüder und alle Leute, daß das Mädchen von einem Bären verschleppt worden war, damals bei der Beerensuche. Die vier Brüder zogen zusammen aus. Der jüngste war noch ein Kind, die drei anderen hatten Frauen. Der älteste Bruder versuchte es zuerst, aber er kriegte nie einen Bären. Dann versuchte es der zweitälteste Bruder. Er kommt am Abend zurück, er hat nichts gefunden. Am nächsten Tag ist der dritte Bruder an der Reihe. Auch bei ihm – nichts.

Der Jüngste schläft immerzu. Als der älteste Bruder zurückkam, hat er geschlafen und gesagt: „Na wie? Glaubst du, du findest die Schwester?"

Er wartet nur darauf, daß er endlich an der Reihe ist. Er weiß, er wird die Schwester finden. Er geht und läuft geradewegs auf das hohe Gebirge zu. Er geht dorthin, wohin er im Sommer zu gehen gewohnt ist. Er hat zwei Hunde bei sich. Nach einer Weile sieht er diesen Schneeball. Die Hunde laufen hin und riechen den Bären. Er folgt ihnen dorthin, wo der Schneeball hergekommen ist. Die beiden Hunde rennen den Abhang hoch. Nach einer Weile hört er die Hunde oben bellen. Er geht ihnen nach. Nach einer Weile sieht er den Bären. Er sieht die Bärenhöhle, und die Hunde sind drinnen. Er sieht zwei Hundeschwänze. Sie bellen und bellen.

Er hat keine Möglichkeit, den Bären zu treffen. Er hat Pfeil und Bogen bei sich, aber er kann nicht schießen, die Hunde sind ihm im Weg. Er versucht, sie herauszuziehen. Nach einer Weile spricht da jemand im Loch. Die Stimme sagt etwas zu den Hunden. Die Person sagt: „Nun seid doch mal still. Hört doch mal auf zu bellen!" Sie kennt die Hunde ihres Bruders. Sie ist da drinnen. Und dann kommen die Hunde heraus.

Der Bärenmann sagt zu seiner Frau: „Das sind deine Brüder. Sie werden mich töten, aber wenn sie mich erlegt haben, schau, daß du meinen Schädel bekommst.* Den ganzen Schädel. Wenn sie mein Fell strecken, dann mach dort, wo sie das tun, ein Feuer, wirf meinen Kopf ins Feuer und laß ihn verbrennen."

An dem Tag, da die Brüder kamen, um ihn zu töten, kämpft der Bär nicht. Er warf sie nicht in den Bach. Er stieß sie nicht den Abhang hinunter. Er lag nur ruhig da. Die drei anderen Brüder kamen, um den vierten zu treffen. Sie hatten im Ge-

---

* Es ist für die aussparende Erzählweise charakteristisch, daß später nichts darüber berichtet wird, daß das Mädchen dieser Anweisung Folge leistet.

birge die Hunde bellen hören. Sie zogen aus, um den jüngsten Bruder zu suchen.

Als sie den Bären abhäuteten, hieß der älteste Bruder den jüngsten in die Höhle kriechen und den Pfeil holen, den er dort hinein geschossen hatte.

Als er in das Bärenloch ganz hineinschaute, saß da das Mädchen und hielt ihre beiden Jungen. Sie sagt zu ihm: „Häutet den Bären gut ab. Es ist euer Schwager. Behandelt ihn gut, man kann sein Fleisch gut essen."

Als sie ihn abgehäutet hatten, schnitten sie ein Stück von den Rippen heraus und rösteten es.

Als sie fertig sind, sitzt die Schwester immer noch im Bärenlager.

Als der jüngste Bruder sie dort sieht, kommt er heraus und sagt zu den anderen: „Ich habe unsere Schwester da in der Bärengrube gesehen."

Sie wollen ihm das nicht glauben.

„Das kann doch nicht sein."

„Ist aber so. Sie hat zwei Babys. Ich habe es gesehen."

Der älteste sieht sich also da drinnen um, und als er seine Schwester entdeckt, fängt er an zu weinen.

„Sei ruhig, Bruder. Jetzt ist ja alles gut." Da hört der Mann auf zu weinen, und das Mädchen sagt zu ihm: „Wenn du heimkommst, Bruder, so sag der Mutter, sie solle mich holen kommen und für mich Schneeschuhe mitbringen." So, als ob es gar nichts wäre, gehen sie rasch heim, ohne etwas zusammenzupacken. Sie haben es eilig heimzukommen.

Sobald sie das Lager erreichen, rufen sie: „Wir haben unsere Schwester gefunden!" Keiner glaubt es ihnen. Sie sagen es ihrer Mutter. „Die Schwester sagt, du sollst sie mit Schneeschuhen abholen kommen."

Als sie es sagen, will die Mutter es nicht glauben. Dennoch zieht sie ihre Schuhe an und geht. Sie nimmt ein Paar Extra-Schneeschuhe mit. Sie geht dorthin, wo die Tochter ist.

Als das Mädchen aus dem Loch herausgekrochen kommt, fängt sie an zu weinen und weint, bis sie daheim sind. Sie sagt zu ihnen: „Jemand muß mir abseits ein Lager machen."

Sie will allein wohnen.

Und sie machen ihr dort ein Lager. Sie kam heim und blieb dort. In diesem Frühjahr noch sagt sie zu ihrem jüngsten Bruder, dem, der sie aufgespürt hat, sie wolle auf Bärenjagd gehen.

„Ich wittere Bären", sagt sie.

„Wo?" fragte der Bruder.

„Da draußen. Siehst du die Bäume dort? Genau da. Geh und schau."

Er geht hin und tatsächlich: Da steht ein Bär. Jedes Mal, wenn sie es sagt, ist es so.

Nach einer Weile ist wieder Sommer, und sie fischen. Wieder vergeht Zeit. Es ist Herbst, und sie gehen wieder Beeren sammeln. Sie jagen auch den Bären im Herbst. Sie sehen am Abhang des Gebirges drei Grizzly-Bären, eine Familie. Es ist ein Weibchen mit zwei Jungen, anderthalb Jahre alt. Sie sieht sie zuerst und sagt zu dem Bruder: „Oben sind noch mehr Bären. Mindestrens drei. Wenn du sie erlegen willst, spiel nicht mit ihnen herum. Sonst holen sie mich wieder fort." Und dann gehen sie hinauf und töten die Bären – alle drei. Sie häuten sie ab und bringen ihre Füße und ihr Fell. Sie essen etwas von ihrem Fleisch am Abend. Ehe die Sonne untergeht, hören sie auf zu essen.

Dann sagen sie zu ihrer Mama: „Mama, rede mit unserer Schwester. Wir wollen mit ihr spielen. Wir wollen, daß sie das Bärenfell anlegt, und die Felle von den Kleinen sind für die Söhne unserer Schwester!" Und die Mutter weinte und weinte. Sie aber sagen ihr immer wieder, daß sie mit ihrer Schwester spielen wollen. Nur spielen. Nach einer Weile geht die Mutter und spricht mit ihrer Tochter.

Sie sagte: „Ich soll dir sagen, deine Brüder wollen mit dir spielen. Du sollst das Bärenfell anlegen und tun, als kämst du vom Gebirge herab."

Das Mädchen weint und weint. Nach einer Weile kommen die Männer und sagen: „Schwester, es ist nur ein Spiel! Wir legen dir das Bärenfell an, und diese Felle hier sind für unsere Neffen."

„Warum tut ihr das? Habe ich euch nicht gesagt, ihr sollt

mit den Bären keinen Spott treiben? Jetzt zieh ich das Fell an. Kommt und bringt uns ins Gebirge."

Sie nimmt die Bärenfelle mit sich. Sie nimmt die kleinen Felle und legt sie ihren Kindern an. Sie dreht sie viermal, nachdem sie die Felle ihnen übergestreift hat. Jetzt sind sie wieder richtige kleine Bären. Jetzt legt sie das große Fell an und ist eine Bärin. Der älteste Bruder sagt: „Schwester, wir werden jetzt mit Pfeilen auf dich schießen. Aber die Pfeilspitzen sind nur aus Rinde und nicht aus Eisen."

Als die Brüder sich anschleichen, dort, wo die Schwester Beeren ißt, meint der jüngere Bruder, das sei kein Mensch mehr, sondern eine Bärin. Als er das sieht, ersetzt er die Pfeilspitze aus Borke durch eine aus Eisen. Der älteste Bruder trifft sie zuerst. Sie stellt sich hinter einen Baum. Die anderen beobachten. Der jüngste Bruder hat einen guten Pfeil. Als sie wieder schießen, dreht sich die Bärin um und bekommt die drei Brüder zu fassen. Die jungen Bären kommen hinterdrein und reißen die Brüder in Stücke.

Der jüngste Bruder, der etwas Abstand gehalten hat, trifft die Schwester genau in den Hals. Er hat geschossen, weil die Schwester sich in eine Bärin verwandelt hat. Der Pfeil reißt ein Loch, so dick wie ein Finger. Er hat die Bärin erschossen.

Dann gingen die jungen Bären fort. Sie kamen nie mehr ins Lager zurück. Sie haben die anderen Brüder getötet. Nur der jüngste Bruder blieb am Leben. Das ist das Ende der Geschichte. (12)

Wenn man die weiteren Versionen dieser Geschichte betrachtet, die Catherine McClellan notiert hat, wird klar, daß der Bär ein mächtiger Schamane ist, der das Mädchen verschleppt, aber auch durch seine Traumfähigkeit in der Lage ist, das Kommen ihres Bruders und seinen eigenen Tod vorherzusehen. In einer Version heißt es: „Der Bär pflegte nachts zu singen. Wenn sie aufwachte, konnte sie ihn hören. Der Bär wurde zu einem Medizinmann, das Bedürfnis zu singen überkam ihn, wie es einen Heiler überkommt."

Gerardo Reichel-Dolmatoff reflektiert in seinem Buch

„The Amazonian Cosmos: The Sexual and Religious Symbolism of the Tukano-Indians" über den Ursprung solcher Geschichten. „Die Beziehung zwischen den Menschen als Jäger und der Beute ist von einer erotischen Komponente bestimmt. Die Jagd ist praktisch eine Brautwerbung und ein sexueller Akt, ein Ereignis, das mit großer Sorgfalt und in Übereinstimmung mit strikten Normen vorbereitet werden muß." (13)

Im Fall dieser Geschichte ist besonders auf den sich nach dem mündlichen Erzählen richtenden Erzählton und die Stilmittel von Aussparung, bewußtem Zeitenwechsel und Wiederholungen hinzuweisen. Was zunächst bei lesender Wahrnehmung vielleicht roh oder unbeholfen wirkt, erweist sich bei konzentriertem Hinhören als eine verblüffend differenzierte Ausdrucksform, die den Zuhörer dazu anstiftet, die ausgesparten oder nur knapp angedeuteten Handlungsteile durch eigene Vorstellungen zu ergänzen, und damit den Hörer in den dramatischen Ablauf der Geschichte mit einbezieht.

5. Traum- und Visionsrituale –Rituale der Einweihung und Initiationssuche

Und diese Medizinmänner, die aus Träumen sprachen, hatten ihre gemeinschaftstragende Weisheit durch eigene Erfahrung außerhalb des Gesellschaftsverbandes gewonnen, durch einen so oder so gearteten Kontakt mit den Geistern und zwar nach der Einteilung von Radcliff-Brown: a) durch Sterben und Rückkehr zum Leben, b) durch Begegnung mit Geistern im Dschungel oder c) durch außerordentliche Träume ...

Joseph Campbell (1)

Jetzt beginnst du, deine Hände, deine Füße zu bewegen. Du beginnst zu denken. Du beginnst, dich darauf vorzubereiten, fliegen zu lernen. Wie wird das Muster deines Lebens aussehen? Ein Tag oder zwei sind dir geliehen, die werden sein wie Juwelen oder der Kamm eines herrlichen Federkleides. Dies ist dir geliehen durch die Güte der Liebe. Wirst du Erfolg haben? Wirst du leben auf der Erde? Wirst du wachsen, zufrieden und gelassen sein? Mögest du nie eitel oder enttäuscht werden. Mögest du in der kurzen Zeit, die dem Menschen bleibt, immer unter uns sein, freundlich und erfüllt von Liebe.

Ein Vater zu seinem Sohn, Azteken (2)

Einweihungsrituale

Initiations-Riten gehören einer umfangreichen Kategorie von Ritualen an, die mit einem Fachbegriff als *rites de passage* bezeichnet werden. Sie dienen dazu, jene, die sich ihnen unterziehen, auf die sich in den verschiedenen Altersabschnitten des menschlichen Lebens abzeichnenden Veränderungen vorzubereiten.

Adoleszenz ist die Zeit, in der ein junger Mensch ermutigt werden muß, sich von seinen Eltern „abzunabeln", während die Eltern ihre bisherige Rolle im Leben des Kindes aufzugeben haben. Dazu dienen die sogenannten Initiations-Rituale.

Als eines der klassischen Werke zu diesem Thema gilt die 1908 erschienene Arbeit über Initiation von van Gennep (3), in der vorgeführt wird, daß sich solche Riten in drei Stadien vollziehen: Trennung, Übergang und Inkorporation in den neuen Zustand. Mit ihnen verbunden ist zumeist die Rezitation der Stammesmythe, die dem Leben des betreffenden jungen Menschen einen göttlichen Sinn geben soll.

Der erste Schritt bei vielen Initiationsriten war die Absonderung der Novizin oder des Novizen von ihrer oder seiner Familie. Das Individuum wurde zu einem besonderen Ort gebracht oder geschickt, irgendwohin in den Wald oder in die Wüste, an den Rand des Lagers. Sie oder er betraten eine abgeschlossene Hütte oder zogen sich lediglich eine Decke über den Kopf. In der Isolation, die einen Tag oder einen Monat dauern konnte, war der junge Mensch fastend von dem normalen Leben abgesondert. Manchmal wurde er Torturen ausgesetzt. Die Absonderung und die Belastungen des Kandidaten symbolisierten seinen rituellen Tod. Oft stellten sich Einzuweihende vor, sie würden von einem Tier, einem Bär, einem Berglöwen oder einem mythischen Wesen verschlungen. Bei einigen Stämmen wurde ein regelrechtes Sterben nachgespielt. Mit dem Ende des Rituals erwachte der Novize aus seinem Tod zu neuem Leben und war mit einem neuen Status in der Gemeinschaft wiedergeboren.

Die Abenteuer der Zwillinge mit den Herren von Xibalba (3)

Eines der eindrucksvollsten Einweihungsrituale, die aus Amerika bekannt sind, wird in einer Mythe der Maya aus Mexiko überliefert.. Es scheint sich dabei um die frühe Version einer Geschichte zu handeln, die später in den Südwesten der heutigen USA übertragen wurde, wo sie in abgewandelter Form in die Mythen über die Frühzeit der Navajo integriert worden ist. Dies hat zu der Vermutung geführt, die Navajo könnten aus Mexiko ins heutige Arizona eingewandert sein. Archäologische Funde und linguistische Forschungen widerlegen diese These. Die Vermittlung erfolgte wahrscheinlich über die Pueblo-Stämme, von denen die Navajo manche mythologischen Motive übernahmen. (Siehe dazu: Frederik Hetmann, Die Erde ist unsere Mutter, Herder Spektrum, Bd. 4636, Seite 195 ff.)

Wir haben hier eine Erzählung vor uns, die offensichtlich mehrere rituelle Funktionen erfüllt. Da ist zunächst einmal die *rite de passage,* die Einweisung der Jungen in die harte Welt der Erwachsenen. Diese ist durch das Ballspiel, bei dem es auch in der Realität um Leben und Tod ging – wer verlor, zahlte, zumindest in einer bestimmten Epoche, mit dem Leben –, eindrucksvoll symbolisiert.

Xibalba bedeutet in der Maya-Sprache „Unterwelt" oder „Teufel", Xib heißt „Penis".

Es handelt sich hier also auch um eine Art schamanistisches Abenteuer, jedenfalls um eine Unterweltfahrt.

Die zahlreichen Tode und Wiedergeburten der Zwillinge deuten zudem darauf hin, daß sie die Helden des Jahreskreislaufes sind und daß hier auch ein Ritual der Erneuerung erzählt wird. In dieser Beziehung wirkt die Geschichte wie ein konkretes Beispiel für das Muster, das Joseph Campbell in „Der Heros in tausend Gestalten" (1978) herausgearbeitet hat. Und zwar wiederholen sich in den Mythen aus aller Welt die Stationen in den Lebensläufen von Helden: die außergewöhnlichen Umstände ihrer Geburt, eine Folge von bestimmten Prüfungen, die zu bestehen sind, usw. Was wir hier also vor uns haben, ist ein kleiner mythologischer Entwicklungsroman, wie er in seiner facettenreichen Ausarbeitung wahrscheinlich nur in einer städtischen Hochkultur entstehen konnte.

Erwähnenswert zum genaueren Verständnis ist, daß die Maya über höchst differenzierte Methoden der Zeitmessung verfügten, die ihnen nötig erschienen, um den Neuanfang bzw. das Ende einer Epoche zu bestimmen.

Ich werde zum besseren Verständnis die verschiedenen Etappen mit kurzen Kommentaren in kursiver Schrift versehen.

Die Abenteuer der beiden Zwillinge und Halbgötter Hun-Hunahpú und Vucub-Hunahpú beginnen mit einem Ball- und Würfelspiel der beiden, bei dem es so laut hergeht, daß die Herren von Xibalba, Hun-Camé und Vucub-Camé *(zwei Götter der Unterwelt)*, die zugleich auch die Väter der Zwillinge sind, beschließen, sie zu sich rufen zu lassen. *(Zwillinge gelten in vielen Kulturen als besondere Menschen.)* Was symbolisch durch die Handlung der Geschichte ausgedrückt werden soll, ist eine Prüfung der beiden Heroen. Nur wenn sie diese bestehen, ist dies ein Zeichen dafür, daß sie tatsächlich göttlicher Herkunft sind. Zudem vermittelt die Handlung die optimistische Botschaft, daß im Kosmos am Ende immer das Prinzip des Lebens über das des Todes siegen wird.

Man geleitete sie also auf die Straße, die zur Unterwelt führt, und dann betraten sie das Ratszimmer der Herren von Xibalba.

Vorn hatten diese nur Holzfiguren hingestellt. Die begrüßten die Zwillinge zuerst: „Wie geht's, Hun-Camé?" sagten sie zu dem einen hölzernen Mann. „Wie geht's, Vucub-Camé?" sagten sie zu dem anderen.

Aber sie erhielten keine Antwort. Die Herren von Xibalba brachen in Gelächter aus. Alle lachten laut, weil sie nun den Sturz und die Niederlage von Hun-Hunahpú und Vucub-Hunahpú als sicher ansahen.

Dann sprachen Hun-Camé und Vucub-Camé: „Nun gut. Ihr seid gekommen. Morgen werden wir die Masken fertig machen, eure Ringe und eure Handschuhe. Kommt und setzt euch auf unsere Bank", sagten sie.

Aber der Platz, den man ihnen anbot, war aus heißem Stein und sie verbrannten sich. Sie begannen auf der Bank herumzurutschen, und wären sie nicht wieder aufgestanden, hätten sie sich ihren Hintern verbrannt.

Die Herren von Xibalba schütteten sich aus vor Gelächter.

„Geht jetzt zu diesem Haus", sagten sie, „dort werdet ihr Stecken fetten Pinienholzes und eure Zigarre bekommen. Dort sollt ihr schlafen."

Sofort kamen sie in das Haus der Düsternis. Dort war es ganz dunkel. Unterdessen berieten die Herren von Xibalba, was sie tun sollten.

„Laßt sie uns morgen opfern. Sie sollen rasch sterben, damit wir ihr Spielgerät für unsere Spiele bekommen", sagten die Herren von Xibalba zueinander. Nun, ihre fetten Pinienstöcke waren rund und wurden *zaquitoc* genannt, so heißen die Pinien in Xibalba. Ihre fetten Pinienstöcke waren spitz abgefeilt und hell wie Knochen, die Pinien von Xibalba sind sehr hart.

Hun-Hunahpú und Vucub-Hunahpú betraten das Haus der Düsternis. Als die Träger mit den Pinienstöcken und den Zigarren zu ihnen kamen, krochen die Zwillinge dort in der Dunkelheit herum. Als nun die Träger eintraten, wurde es drinnen hell, und die Boten sprachen:

„Jeder von euch zünde seinen Stock und seine Zigarre an, aber am Morgen sollt ihr vor Hun-Camé und Vucub-Camé hintreten. Stöcke und Zigarren dürfen nicht angebrannt sein, sie müssen noch ihre vollständige Länge haben. Das sollen wir euch von den Herren ausrichten." *(Eine Märchen-Aufgabe, die unmöglich zu erfüllen ist.)*

Es gab viele Bestrafungen in Xibalba. *(Die Orte der Prüfungen des Helden.)*

Eine Strafe bestand darin, im Haus der Düsternis *Quequma-ha* zu wohnen. Die zweite Strafe war ein Aufenthalt in *Xuxulim-há*, dem Haus, in dem jeder fröstelte, weil es dort so kalt war. Ein kalter, unerträglicher Wind blies dort drinnen.

Die dritte Strafe war das Haus der Jaguare, *Balami-há*, das voller Raubkatzen war, die herumsprangen, brüllten und spielten. Die Katzen waren in dem Haus eingesperrt.

Zotzi-há, das Haus der Fledermäuse, hieß der vierte Straf-Ort. Die Fledermäuse kreischten, quiekten und flogen darin herum.

Der fünfte Ort wurde *Chayim-há*, das Haus der Messer genannt, weil die Wände voll scharfer Klingen steckten.

Es gab viele Orte der Folter in Xibalba, aber Hun-Hunahpú und Vucub-Hunahpú betraten sie nicht. Wir erwähnen nur die Namen dieser Folterkammern, damit klar wird, in welcher Gefahr die Zwillinge schwebten.

Als Hun-Hunahpú und Vucub-Hunahpú vor Hun-Camé und Vucub-Camé kamen, sprachen diese: „ Wo sind unsere Zigarren? Wo sind unsere fetten Pinienstöcke, die wir euch gestern abend gegeben haben?"

„Sie sind alle verbrannt, Herr!"

„Nun, dann ist das euer Ende. Jetzt werdet ihr sterben. Wir werden euch vernichten. Wir werden euch in Stücke zerbrechen. Eure Gesichter werden hier versteckt bleiben. Ihr werdet geopfert", sagten Hun-Camé und Vucub-Camé.

Sie opferten die Zwillinge augenblicklich und verbrannten sie in der *Pucbal-Chah*. Aber ehe sie sie verbrannten, schnitten sie Hun-Hunahpú den Kopf ab und begruben den älteren Bruder zusammen mit dem jüngeren Bruder. „Nehmt den Kopf und tut ihn auf den Baum, der an der Straße gepflanzt ist", hießen Hun-Camé und Vucub-Camé ihre Diener. Kaum war dies geschehen, waren die Zweige des Baumes, der nie zuvor Früchte getragen hatte, über und über mit Früchten behängt. Und es ist der Kalabassenbaum, der heute noch deswegen Kopf des Hun-Hunahpú genannt wird. Hun-Camé und Vucub-Camé sahen voller Erstaunen die Frucht am Baum. Die runde Frucht war überall, aber sie erkannten nicht den Schädel des Hun-Hunahpú, weil er genau wie die Kalabassenfrucht aussah. So schien es auch allen Leuten von Xibalba, die schauen kamen. Sie hielten das, was geschehen war, für ein Wunder.

Und die Herren von Xibalba sagten: „Niemand soll diese

Frucht vom Baum pflücken. Keiner soll unter diesem Baum sitzen." *(Man denke an das Verbot Gottes gegenüber Adam und Eva in der Bibel!)*

Der Kopf des Hun-Hunahpú erschien nicht mehr, denn er war eins geworden mit den Früchten des Baumes. Ein Mädchen hörte die wunderbare Geschichte. Nun werden wir erzählen, was mit ihr geschah.

Der Vater des Mädchens hieß Cuchumaquic, und der Namen des Mädchens war Xquic. Als ihr Vater die Geschichte von dem Baum erzählte, verwunderte sie sich. „Warum können wir nicht zu dem Baum gehen, von dem sie erzählen?" rief das Mädchen aus. „Gewiß sind die Früchte, die er trägt, sehr gut."

Endlich ging sie allein und kam zu dem Baum. „Ah!" rief sie. „Ist es nicht wunderbar, wie der Baum über und über mit Früchten behängt ist. Und wenn ich sterbe, ich muß eine dieser Früchte pflücken." *(Fruchtbarkeit als Wertprinzip, gegen das kein Verbot etwas ausrichtet.)*

Da sprach der Schädel, der unter den Zweigen des Baumes hing, dies: „Was willst du? Die runden Gegenstände, die an den Ästen hängen, sind nichts als Schädel."

Also sprach der Kopf des Hun-Hunahpú zu dem Mädchen gewandt. „Möchtest du sie vielleicht?" fügte er hinzu.

„Ja, ich möchte sie", antwortete das Mädchen.

„Sehr gut", sagte der Schädel, „strecke deine Hand hierher aus."

Das Mädchen tat, wie ihm geheißen. Augenblicklich ließ der Schädel ein paar Tropfen Speichel auf die Handfläche des Mädchens fallen. Es sah genau auf die Handfläche, aber den Speichel des Schädels sah es nicht. *(Jungfräuliche Zeugung eines Helden)*

„Mit meinem Speichel habe ich dir meine Nachkommen gegeben", sagte die Stimme im Baum. „Jetzt ist der Schädel nichts mehr als Knochen ohne Fleisch. So ist es mit den Schädeln der großen Prinzen. Nur das Fleisch läßt sie so hübsch aussehen. Wenn sie sterben, erschrecken die Menschen über ihre Knochen. So ist auch die Wesensart der Söhne, die wie Speichel sind. Sie verlieren nicht ihre Substanz, wenn sie abtreten, sie vererben sie weiter. Das Ebenbild des Herrn, des Weisen oder des Redners verschwindet nicht, noch ist es verloren, es wird hinterlassen den Töchtern und Söhnen, die gezeugt werden. Ich habe es genauso gemacht. Geh denn zur Erdoberfläche, damit du nicht stirbst. Glaub meinen Worten, daß es so sein wird", sagte der Schädel des Hun-Hunahpú und des Vucub-Hunahpú.

Und alles, was sie taten, geschah im Auftrag von Hunacán-chipi-Caculhá und Raxta-Caculhá *(Es ist unklar, wer damit gemeint ist.)* Nach diesem Gespräch kehrte das Mädchen nach Hause zurück, und von dem Speichel hatte sie zwei Söhne empfangen.

So wurden Hunahpú und Xbalanqué erzeugt.

Sechs Monate vergingen. Dann sah der Vater des Mädchens, daß sie schwanger war.

Da hielten die Herren Hun-Camé und Vucub-Camé Rat mit Cuchumaquic..

„Meine Tochter ist schwanger, Ihr Herren. Sie ist entehrt worden", rief Cuchumaquic aus, als er vor den Herren erschien.

„Nun denn gut", sagten sie. „Befiehl ihr, die Wahrheit zu sagen, und wenn sie sich weigert zu sprechen, bestrafe sie. Man soll sie fortbringen von hier und sie opfern." „Ganz recht, ehrenwerte Herren!" antwortete er. Und er befragte seine Tochter.

„Wessen Kinder trägst du da in deinem Bauch, meine Tochter?"

Und sie antwortete: „Ich habe kein Kind, Vater. Ich habe noch nie mit einem Mann geschlafen."

„Na schön", erwiderte er. „Du bist tatsächlich eine Hure. Nehmt sie und opfert sie. Ahpop und Achih, bringt mir ihr Herz in einem Krug und beeilt euch. Ich erwarte euch noch heute zurück", sprach er zu den zwei Eulen. *(Auch das ist ein weitverbreitetes Märchenmotiv.)*

Die Boten nahmen den Krug. Das junge Mädchen hielten sie in den Armen, und ein Feuersteinmesser hatten sie bei sich, um Xquic zu opfern.

Und sie sprach zu ihnen: „Es kann doch wohl nicht sein, daß ihr mich tötet, Kundschafter, denn was ich in meinem Bauch trage, ist keine Schande, sondern wurde gezeugt, als ich hinging, um den Schädel des Hun-Hunahpú anzuschauen in *Pucbal-Chah*. Also dürft ihr mich nicht opfern, ihr Boten."

„Aber was sollen wir statt deines Herzens hineintun? Dein Vater befahl uns: Bringt mir das Herz. Tut eure Pflicht. Bringt mir den Krug bald und legt das Herz auf den Boden. Hat er nicht so zu uns gesprochen? Wir möchten auch nicht, daß du stirbst", sagten die Boten.

„Mein Herz gehört ihnen nicht. Ihr müßt euch auch nicht zwingen lassen, mich zu töten. Später werden die wahren Verbrecher euch überantwortet werden, und ich werde Hun-Camé und Vucub-Camé besiegen. Laßt uns ihnen Blut und nur Blut geben. Mein Herz soll nicht vor ihnen verbrannt werden. Sammelt die Früchte dieses Baumes", sagte das Mädchen.

Der rote Saft lief in den Krug und verdickte sich zu einem Klumpen und nahm die Form eines Herzens an. Der Baum hatte Saft, der aussah wie echtes Blut.

Unterdessen erglühte der Baum, als er für das Mädchen den Ersatz für ihr Blut schuf. Er wurde seither roter Cochinillen-baum genannt.

„Dort auf der Erde wird man euch lieben", sagte das Mädchen zu den Eulen.

„Nun gut, Mädchen. Wir werden gehen. Wir kommen und werden dir dienen. Geh du weiter. Wir bringen diesen Baum-saft statt deines Herzens zu den Herren", sagten die Boten.

Als sie vor die Herren traten, warteten diese schon. „Habt ihr euren Befehl ausgeführt?" fragte Hun-Camé. „Es ist geschehen, o Herren! Hier auf dem Grund des Kruges liegt das Herz."

„Nun gut. Laßt es uns sehen", rief Hun-Camé, und als er mit den Fingern danach griff und es hochhob, zerbrach das Geronnene und das Blut floß.

„Facht das Feuer an und legt es auf die Glut", sagte Hun-Camé.

Und als sie es ins Feuer geworfen hatten, begannen die Männer von Xibalba zu schnüffeln und rückten näher ans

Feuer, denn sie fanden, daß es gut roch. Und wie sie in Gedanken verloren dasaßen, stahlen sich die Eulen davon und flogen wie ein Schwarm Vögel vom Abgrund auf die Erde und wurden die Diener des Mädchens.

So wurden die Herren von Xibalba von einem Mädchen hereingelegt.

Nur Hunbatz und Hunchouén waren bei ihrer Mutter, als jene Frau, die Xquic genannt wurde, daherkam.

Als Xquic vor die Mutter von Hunbatz und Hunchouén trat, trug sie ihre Söhne in ihrem Bauch, und es war nicht lange vor der Zeit, da Hunahpú und Xbalanqué, wie sie genannt wurden, zur Welt kamen.

Das Mädchen kam zu der alten Dame und sagte zu ihr: „Ich bin gekommen, Mutter. Ich bin deine Schwiegertochter und deine Tochter." So sprach sie, als sie der Großmutter Haus betrat.

„Wo kommst du her? Wo sind meine Söhne? Sind sie etwa in Xibalba gestorben? Siehst du nicht hier die zwei, die von ihnen abstammen, Hunbatz und Hunchouén? Fort von hier. Hinaus!"

„Trotzdem ist es wahr, daß ich deine Schwiegertochter bin. Ich gehöre zu Hun-Hunahpú. In dem, was ich in meinem Leib trage, leben Hun-Hunahpú und Vucub-Hunahpú fort. Sie werden zurückkehren und sich zeigen, meine Schwiegermutter. Und du wirst ihr Ebenbild in dem erkennen, was ich dir bringe!" Dies sagte sie zu der alten Frau.

Dann wurden Hunbatz und Hunchouén zornig. Sie taten nichts als den ganzen Tag Flöte spielen und singen, malen und modellieren und waren der Trost der alten Frau.

Die alte Frau sagte: „Ich will dich nicht als Schwiegertochter, denn was du in deinem Leib trägst, ist die Frucht deiner Schande. Außerdem lügst du: Meine Söhne, von denen du sprichst, sind schon längst tot." Und sogleich fügte sie noch hinzu: „Das was ich sage ist wahr, aber gut und schön, nach dem, was mir zu Ohren gekommen ist, bist du vielleicht meine Schwiegertochter. Geh dann, bringe denen, die speisen wollen, das Essen. Geh und sammle ein großes Netz voller Mais und komm dann wieder zurück."

„Sehr gut", erwiderte das Mädchen, und es ging fort zu dem Maisfeld, das Hunbatz und Hunchouén angelegt hatten. Sie hatten die Straße geöffnet, und das Mädchen kam zu dem Maisfeld, aber sie fand nur einen Stengel Mais. Es waren nicht zwei oder drei, es war nur ein einziger da mit Sprossen dran, da bekam das Mädchen Angst.

„Ach, Sünderin, die ich bin! Ich Unglückliche! Wohin soll ich denn, um ein Netz voller Mais zu bekommen, wie mir aufgetragen worden ist?" rief sie aus, und sie begann um Mais zu bitten.

„Xtoh, Xcanil, Xcacau, die ihr den Mais kocht, und du, Chahal, Wächter der Nahrung von Hunbatz und Hunchouén!" rief das Mädchen. Und dann ergriff sie die Bärte, die roten Fäden des Kolbens, riß sie ab, ohne den Kolben zu brechen und bettete sie im Netz hin wie Kolben. Und das große Netz füllte sich ganz.

Das Mädchen kehrte zurück, die Tiere des Feldes kamen mit und trugen das Netz, und als sie ankamen, schütteten sie die Ladung in eine Ecke des Hauses, so als habe das Mädchen sie getragen.

Die alte Frau kam, und als sie den Mais in dem großen Netz sah, rief sie: „Wo hast du all diesen Mais her? Hast du etwa unser ganzes Feld abgeerntet und mit hereingebracht? Ich werde sofort nachschauen gehen", und sie machte sich auf zu dem Maisfeld. Aber der eine Stengel Mais stand noch dort, und sie sah auch, wo das Netz vor dem Stengel gelegen hatte. Da lief sie rasch wieder heim und sagte zu dem Mädchen: „Dies ist Beweis genug, daß du wirklich meine Schwiegertochter bist. Ich werde für deine Kinder sorgen, und sie werden auch Zauberer werden." Also sprach sie zu dem Mädchen.

Und jetzt erzählen wir von der Geburt Hunahpús und Xbalanqués. *(Wiedergeburt der Zwillinge unter anderem Namen)*

Als der Tag kam, gebar das Mädchen, das Xquic hieß; aber die Großmutter sah sie nicht, als sie geboren wurden. Die zwei Knaben, die Hunahpú und Xbalanqué hießen, wurden geboren. Dort im Wald wurden sie geboren.

Dann kamen sie zu dem Haus, aber sie konnten nicht schlafen.

„Werft sie hinaus", sagte die alte Frau, „denn wahrlich, sie schreien zu sehr."

Man warf die Neugeborenen hinaus und legte sie auf einen Ameisenhaufen. Dort schliefen sie friedlich. Dann nahm man sie von dem Ameisenhaufen fort und legte sie unter Disteln.

Nun, was Hunbatz und Hunchouén im Sinn hatten, als sie sie auf den Ameisenhaufen und in die Disteln legten, war, daß die beiden stürben. Sie haßten sie. Sie waren neidisch auf sie. Sie weigerten sich, ihre jüngeren Brüder im Haus aufzunehmen. Sie wollten sie nicht anerkennen, und sie wuchsen auf den Feldern auf.

Hunbatz und Hunchouén waren Musikanten und Sänger, und sie waren unter großen Schwierigkeiten und in Armut aufgewachsen, aber sie waren sehr klug. Sie hatten von der Geburt der beiden Knaben gehört, und sie wußten auch, daß sie die Nachfolger jener beiden Kinder waren, die nach Xibalba gegangen und dort gestorben waren. Hunbatz und Hunchouén waren Zauberer, und in ihrem Herzen wußten sie alles, was die Geburt ihrer beiden jüngeren Brüder betraf. Trotzdem waren sie neidisch. Sie benahmen sich wenig einsichtig. Ihr Herz war erfüllt von bösem Willen und dies, obgleich Hunahpú und Xbalanqué sie in keiner Weise beleidigten oder erzürnten. *(Märchenmotiv: Verwandtschaftskonflikte)*

Die Nachgeborenen taten den ganzen Tag über nichts als mit ihren Blasrohren zu schießen. Ihre Großmutter mochte sie nicht, die beiden älteren Brüder mochten sie nicht. Man gab ihnen nur das zu essen, was übrig blieb, wenn die beiden älteren Brüder sich satt gegessen hatten. Aber sie wurden nicht zornig, sondern litten es schweigend, weil sie um ihren Rang wußten und alles klar verstanden. Sie brachten ihre Vögel mit heim, wenn sie welche erlegt hatten, und Hunbatz und Hunchouén verzehrten sie, ohne den beiden etwas abzugeben.

Hunbatz und Hunchouén spielten immer nur Flöte und sangen. Und als einmal Hunahpú und Xbalanqué ohne Jagdbeute heimkamen, wurde ihre Großmutter zornig. „Warum bringt ihr keine Vögel?" sagte sie zu Hunahpú und Xbalanqué. Und sie antworteten: „Die Vögel blieben in den Zweigen des Baumes hängen, und wir konnten nicht heraufklettern, um sie zu holen, liebe Großmutter. Wenn es unseren älteren Brüdern gefällt, könnten sie mit uns kommen und die Vögel holen."

„Na schön", antworteten die älteren Brüder, „wir werden mit euch gehen bei Morgengrauen."

Die beiden jüngeren Brüder berieten sich, wie sie mit Hunbatz und Hunchouén fertig werden könnten. „Wir wollen ihre Natur und ihre Erscheinung verändern. Das soll geschehen für all die Leiden, die sie uns zugefügt haben. Sie wollten, daß wir sterben sollten. In ihrem Herzen meinten sie, wir seien gerade gut genug, um ihre Diener zu sein. Aus diesem Grund werden wir ihnen eine Lektion erteilen." So sprachen sie.

Dann gingen sie unter einen Baum, der Canté genannt wird. Ihre beiden älteren Brüder begleiteten sie, und sie schossen mit ihren Blasrohren. Es war unmöglich, die Vögel zu zählen, die im Baum sangen, und ihre beiden älteren Brüder wunderten sich über die vielen Vögel. Es gab so viele Vögel, aber kein einziger fiel herab.

„Unsere Vögel fallen nicht zur Erde. Ihr müßt hinaufsteigen und sie holen", sagten sie zu den beiden älteren Brüdern.

„Also gut", sagten die und erstiegen den Baum, aber der Baum wurde immer größer und der Stamm immer dicker. Darum wollten Hunbatz und Hunchouén wieder herab, aber es ging nicht.

Da riefen sie von oben herunter: „Was ist mit uns nur geschehen, Brüder? Unglückliche wir! Wir haben Furcht. Wir wagen es nicht, den Baum auch nur anzuschauen."

Und Hunahpú und Xbalanqué antworteten: „Löst die Tücher, die ihr um die Lenden tragt. Laßt sie hinten herunterhängen. Dann könnt ihr euch leichter bewegen."

„Also gut", antworteten die beiden und taten, wie ihnen geheißen, und sofort wuchsen ihnen daraus Schwänze, und sie nahmen das Aussehen von Affen an. Dann sprangen sie über die Äste der Bäume, in dem großen Wald und in dem

101

kleinen Wald. Sie versteckten sich im Wald, schnitten Fratzen und schaukelten an den Ästen.

Und so wurden Hunbatz und Hunchouén von Hunahpú und Xbalanqué besiegt, und nur mit Zauber ließ sich solches vollbringen.

Dann kehrten sie heim, und als sie ankamen, sprachen sie mit ihrer Großmutter und mit ihrer Mutter und sagten zu den Frauen: „Wie kann das nur zugehen, Großmutter, daß sich die Gesichter unser älteren Brüder plötzlich in die Gesichter von Tieren verwandelt haben?"

„Wenn ihr euren älteren Brüdern ein Leid angetan habt, wird mich das sehr traurig machen. Das dürft ihr nicht tun, Kinder", sagte die alte Frau zu den beiden.

Und sie antworteten ihrer Großmutter: „Sei nicht traurig, Großmutter. Ihr werdet die Gesichter unserer Brüder wiedersehen. Sie werden heimkehren. Aber es wird eine große Heimsuchung sein. Lach nicht über sie. Wir müssen unseren Weg gehen."

Darauf begannen sie Flöte zu spielen und spielten das Lied von Hunahpú-Quoy. Dann sangen sie, spielten Flöte und schlugen die Trommel. Sie setzten sich in die Nähe ihrer Großmutter und fuhren fort zu spielen. Sie riefen ihre Brüder zurück mit Musik und Gesang. Und endlich kamen Hunbatz und Hunchouén und begannen zu tanzen, aber als die alte Frau ihre häßlichen Gesichter sah, fing sie an zu lachen. Da liefen sie fort, und sie bekam sie nie mehr zu Gesicht.

„Da siehst du es, Großmutter. Fort sind sie in den Wald. Das ist deine Schuld. Nur viermal können wir so verfahren. Jetzt also noch dreimal." *(Vier ist in diesem Kulturbereich die heilige Zahl.)*

Und dreimal geschah immer wieder das gleiche. Sie lockten die Affen an. Die Tiere kamen, aber wenn die Großmutter sie sah, mußte sie lachen, und die Tiere flohen wieder in den Wald.

Die Jungen aber sprachen zu ihrer Großmutter: „Wir haben alles, was in unserer Macht stand, getan, liebe Großmutter. Mach dir nichts daraus. Es gibt ja uns. Wir sind deine Enkel. Freue dich über uns."

Musikanten, Sänger und weise alte Leute versuchten sich darauf, die älteren Brüder zurückzuverwandeln, aber sie hatten keinen Erfolg. Sie waren Affen geworden wegen ihres Hochmuts und weil sie ihre Brüder so schlecht behandelt hatten. Also fanden sie keine Gnade mehr und blieben Tiere.

Hunahpú und Xbalanqué begannen zu arbeiten, damit die Großmutter und die Mutter ihnen wohlgesinnt seien.

Als erstes legten sie ein Maisfeld an. *(Das Motiv des kulturgutbringenden Helden)*

„Wir gehen jetzt ein Maisfeld pflanzen, Großmutter und Mutter", sagten sie, „macht euch keine Sorgen. Wir sind eure Söhne und Enkel. Wir treten an die Stelle unserer Brüder", so sprachen Hunahpú und Xbalanqué.

Sofort nahmen sie ihre Äxte und Hacken, und jeder trug ein hölzernes Blasrohr auf seiner Schulter.

Als sie aufbrachen, baten sie ihre Großmutter, ihnen am Mittag etwas zu essen zu bringen.

Bald kamen sie zu dem Feld. Und sie hieben ihre Hacken in die Erde. Die Hacken bearbeiteten den Boden. Sie arbeiteten von allein. Sie schlugen mit der Axt auf die Baumstümpfe ein. Und auch die Axt, mit der die Bäume gefällt wurden und das Unterholz geschlagen, arbeitete von allein.

Und der Pickel tat ebenfalls gute Arbeit. Keiner konnte die Disteln und Brennesseln zählen, die der Pickel beseitigte. *(Zauberutensilien)*

Und sie hießen ein Tier, das *Xmucur* (Turteltaube) genannt wurde, auf einen hohen Baum fliegen. Sie sagten ihm: „Wenn die Großmutter unser Essen bringt, dann fange an zu singen, dann wollen wir wieder selbst den Pickel und die Axt in die Hand nehmen." *(Ein Tier als Helfer)*

„Das will ich tun", antwortete *Xmucur*.

Und sie fingen an, mit ihren Blasrohren zu schießen. An der Arbeit des Rodens beteiligten sie sich nicht. Etwas später sang die Taube, dann liefen sie und griffen sich Axt und Pickel. Und einer von ihnen beschmierte sich Hände und Gesicht mit Erde, damit es aussehen sollte, als hätten sie eifrig gearbeitet. So sah die Großmutter sie. Sie aßen sogleich, aber in Wahrheit hatten sie ja gar nicht gearbeitet, und ohne es verdient zu haben, hatten sie ihr Mittagsmahl erhalten. Nach einer Weile gingen sie heim.

„Wir sind wirklich müde, Großmutter", sagten sie, als sie ankamen, und streckten Arme und Beine aus.

Am nächsten Tag zogen sie wieder aus, und zu ihrem Erstaunen standen die Bäume und Ranken wieder, und die Dornen und Disteln waren auch wieder zusammengewachsen.

„Wer hat uns diesen Streich gespielt?" sagten sie, „bestimmt waren das die kleinen und großen Tiere, der Puma, der Jaguar, das Reh, das Kaninchen, die Gebirgskatze, der Koyote, der wilde Eber, die kleinen Vögel und die großen Vögel. Sie müssen es gewesen sein. In einer einzigen Nacht haben sie das fertiggebracht." *(Ein weiteres Märchenmotiv: Hinderung)*

Sie begannen wieder zu roden und die Bäume zu fällen. Sie besprachen sich, was mit den Bäumen geschehen sollte, die sie gefällt hatten, und mit dem Unkraut, das ausgerissen worden war. „Jetzt werden wir über unser Maisfeld wachen. Vielleicht können wir jene, die den Schaden anrichten, hier überraschen", sagten sie. Und später gingen sie heim.

„Was hältst du davon, Großmutter. Sie haben uns zum besten gehalten. Das Feld, das wir gerodet und gesäubert hatten, war plötzlich wieder mit Unkraut überwuchert und dicht bewaldet. So fanden wir es, als wir vor einer Weile hinkamen, Großmutter. Aber wir gehen jetzt zurück und passen auf, denn es ist nicht recht, daß man uns solche Streiche spielt."

Dann zogen sie sich an, gingen zu dem Feld und versteckten sich.

Und alle Tiere versammelten sich wieder. Eines von jeder Art, von den großen und von den kleinen, kam herbei. Es war gerade um Mitternacht, als sie kamen, und sie murmelten in ihrer eigenen Sprache: „Steht auf, ihr Bäume! Steht auf, ihr Ranken!"

Sie kamen näher, bis Hunahpú und Xbalanqué sie deutlich erkennen konnten. Der Puma und der Jaguar waren die ersten, und Hunahpú und Xbalanqué wollten sie ergreifen, aber die

Tiere entkamen ihnen. Dann kamen das Reh und das Kaninchen nahe, und sie konnten sie nur an ihren Schwänzen packen und sie ihnen abreißen. Deswegen haben diese beiden Tiere bis auf unsere Tage ganz kurze Schwänze.

Weder die Gebirgskatze noch der Koyote, noch der wilde Eber fielen ihnen in die Hände. Alle diese Tiere entkamen, und Hanahpú und Xbalanqué waren wütend, daß sie ihnen entkommen waren.

Aber endlich kam noch ein anderes Tier. Es war eine Ratte. Sie ergriffen es und packten es in ein Tuch. Und als sie es hatten, würgten sie es und versuchten, es zu ersticken, sie verbrannten den Schwanz im Feuer, und deswegen ist am Schwanz der Ratte kein Haar.

Die Ratte sagte: „Ich werde nicht von eurer Hand sterben. Und es ist auch nicht eure Sache, hier ein Maisfeld zu pflanzen."

„Was redest du da?" fragten die Jungen die Ratte.

„Laßt mich los, denn es gibt da etwas, was ich euch sagen will. Ich sage es euch auf der Stelle, aber erst gebt mir etwas zu essen."

„Du bekommst erst dann etwas, wenn du geredet hast", antworteten sie.

„Nun denn, wißt ihr, daß das Eigentum eurer Väter Hun-Hunahpú und Vucub-Hunahpú, wie sie genannt wurden, jene, die in Xibalba starben, daß also jene Gerätschaften, mit denen sie Ball spielten, immer noch vom Rand des Daches herabhängen: der Ring, die Handschuhe und der Ball? Freilich will eure Großmutter euch die Sachen nicht zeigen, denn durch sie sind ja eure Väter zu Tode gekommen."

„Stimmt das auch?" fragten die Jungen die Ratte. Und sie waren sehr glücklich, als sie von dem Gummiball hörten. Und da die Ratte nun geredet hatte, zeigten sie ihr auch, was ihre Nahrung sein sollte. „Das soll dein Fressen sein: Mais, Chilisaat, Bohnen, Kakao! All dies gehört dir, und wenn etwas weggeräumt oder vergessen werden sollte, dann soll es auch dir gehören. Friß es!"

„Wunderbar, Jungen", sagte die Ratte, „aber was sage ich eurer Großmutter, wenn sie mich entdeckt?"

„Mach dir nur darüber keine Sorgen. Wir sind ja da. Wir werden schon wissen, was man der Großmutter sagt. Komm, wir wollen gehen. Gehen wir rasch dorthin, wo die Sachen hängen."

Die Nacht hindurch sprachen sie miteinander, und am Mittag kamen sie heim. Einer von beiden ging geradewegs ins Haus, und der andere ging in die Ecke und ließ die Ratte hinaufklettern.

Sie fragten die Großmutter nach etwas zu essen. „Mach uns Essen. Wir wollen Chili-Soße", sagten sie. Und sogleich wurde etwas gekocht, und ein Teller wurde vor sie hingestellt.

Aber dies geschah nur, um die Großmutter und die Mutter zu täuschen.

Nachdem sie das Wasser in dem Wasserkrug durch Zauber hatten verschwinden lassen, sagten sie: „Wir sterben fast vor Durst. Geh und bring uns Wasser."

Die Großmutter gehorchte. Dann fingen sie an zu essen. Sie waren nicht wirklich hungrig. Es war nur ein Trick. Mit dem Teller voll Chili verlockten sie die Ratte, rasch auf das Dach zu steigen und den Ball zu holen, der vom Dach herabhing.

Dann schickten sie ein Tier, das *xan* heißt und wie ein Moskito aussieht, zum Fluß und es bohrte ein Loch in den Krug, mit dem die Großmutter Wasser holte. Sie konnte das Loch in dem Krug nicht stopfen.

„Was ist nur mit unserer Großmutter? Unsere Münder sind ganz verdorrt vor Durst", sagten die Jungen zu ihrer Mutter und schickten sie nachsehen.

Gleich darauf sprang die Ratte hinzu und biß die Schnur durch, an der der Ball hing, und zusammen mit dem Ring und den Handschuhen fiel er herab. Die Jungen brachten die Dinge an sich und versteckten sie an der Straße, die zum Spielfeld führt.

Danach gingen sie zum Fluß, wo sich die Großmutter und die Mutter immer noch mit dem Krug abmühten.

„Was ist denn nur los", riefen sie, „wir waren es leid, länger zu warten. Wir sind gekommen, um nach euch zu schauen."

„Nun seht euch nur dieses Loch im Krug an. Wir können damit kein Wasser schöpfen", sprach die Großmutter. Sie aber stopften augenblicklich das Loch, und zusammen liefen sie heim.

Und so kam es, daß der Ball gefunden wurde.

Nachdem die beiden Brüder nun mit dem Ballspiel begonnen haben, hören die Herren der Unterwelt den Lärm über ihren Köpfen. (Wiederkehr des Gleichen) Sie schicken Boten zur Großmutter und lassen die beiden Brüder zum Ballspiel nach Xibalba laden. In sieben Tagen sollen sie sich dort einfinden. Die beiden Knaben nehmen Abschied von ihrer Großmutter und pflanzen mitten im Haus ein Rohr. Wenn es vertrocknet, ist dies ein Zeichen für ihren Tod.

Dann brechen sie mit ihren Blasrohren über der Schulter auf. Sie überqueren den Eiterfluß und den Blutfluß, wo sie nach dem Willen der Xibalba-Herrscher schon vernichtet werden sollten.

In der Unterwelt dann wiederholt sich, was schon vor ihnen Hun-Hunahpú und Vucub-Hunahpú geschehen ist. Aber sie, die Wiedergeborenen oder Söhne der Getöteten, durchschauen, daß sie bei der Begrüßung nur vor Bildern aus Holz stehen. Sie durchschauen, daß die Bank glühender Stein ist.

Es gelingt ihnen auch, die eingefetteten Pinienstöcke (Fackeln) und die Zigarren unberührt zu erhalten. Unter den Herren von Xibalba bricht daraufhin beträchtliche Bestürzung aus. Jetzt fordern sie die beiden Jungen zum Ballspiel heraus. Wir blenden hier wieder ein in den Text des IX. Kapitels:

„Verlaßt uns nicht, Jungen. Wir wollen Ball spielen. Wir werden euren Ball benutzen", sagten die Herren von Xibalba.

„Na gut", antworteten die Jungen, und dann trieben sie ihren Ball durch den Ring von Xibalba, und damit war das Spiel beendet.

Bestürzt von dieser Niederlage, sagten die Herren von Xibalba: „Was sollen wir nur tun, um sie zu besiegen?"

Sie wandten sich an die Jungen und sagten zu ihnen: „Geht, und bringt uns morgen früh zeitig vier Krüge mit Blumen."

„Gut und schön, aber was für Blumen?"

„Einen Zweig von der roten Chipilin, einen Zweig von der weißen Chipilin, einen Zweig von der gelben Chipilin und einen Zweig der Carinimac", sagten die Herren von Xibalba. *(Märchenmotiv: eine scheinbar unlösbare Aufgabe)*

„Wir werden es versuchen", antworteten die Jungen. Damit endete die Unterhaltung, Selbstsicher und aufrichtig hatten die Worte der Jungen geklungen. Sie schienen arglos.

Die Herren von Xibalba aber waren glücklich, denn sie meinten, nun sei ihnen etwas eingefallen, um mit ihnen fertig zu werden. „Das ist ja noch einmal gutgegangen. Erst müssen sie nun die Blumen schneiden", flüsterten die Herren von Xibalba miteinander. „Wohin werden sie wohl gehen, um die Blumen zu besorgen?"

Laut aber sagten die Herren von Xibalba zu Hunahpú und Xbalanqué: „Nun macht euch auf und schneidet sie!"

„Sehr gut", erwiderten die Zwillinge. „Bei Morgengrauen werden wir wieder Ball mit euch spielen." *(Die Stationen der Gefahren, die zu bestehen sind)*

Sofort betraten die Jungen das Haus der Messer, den zweiten Platz der Marter in Xibalba. Und die Herren wünschten sich, daß die Messer sie zerstückeln sollten, damit es rasch mit den Jungen ein Ende habe. Aber die Jungen sprachen zu den Messern: „Ihr sollt das Fleisch von allen Tieren bekommen." Und die Messer bewegten sich nicht und taten den Jungen nichts zuleide.

Also verbrachten sie die Nacht im Haus der Messer, und dann riefen sie alle Ameisen und sagten zu ihnen: „Kommt, ihr Ameisen, kommt ihr *zompopos*. Zieht aus und schafft die Blumen herbei, die wir für die Herren besorgen müssen."

„Gut", sagten die Ameisen, und alle gingen, um die Blumen aus dem Garten von Hun-Camé und Vucub-Camé herbeizutragen.

Die Herren aber hatten die Wächter der Blumen gewarnt, doch diese hörten nichts.

Sie waren die ganze Nacht auf. Sie riefen hinauf in die Bäume und wiederholten dieselben Lieder.

Fast lautlos schnitten die Ameisen die Blumen ab, trugen sie fort und füllten vier Krüge damit, die waren feucht vom Tau, als es tagte. Eben da trafen die Botschafter der Totengötter ein. „Sie fordern euch auf zu kommen", richteten sie den beiden Brüdern aus, „und ihr sollt mitbringen, was ihr abgeschnitten habt."

„Ja", antworteten die Jungen, und sie trugen die Blumen in den vier Krügen, und als sie vor den Herren von Xibalba erschienen, war es eine Freude, wie die Blumen in allen Farben leuchteten.

So wurden Hun-Camé und Vucub-Camé besiegt von Hunahpú und Xbalanqué. Dies war der Anfang ihrer Taten.

Später gingen sie hinunter in die Totenwelt, um dort Ball zu spielen. Mehrere Spiele endeten unentschieden. Dann hörten sie auf und kamen überein, am folgenden Morgen, wenn es tagte, das Spiel fortzusetzen.

Die nächste Nacht verbringen die Jungen in der Folterkammer der Kälte. Auch dort überleben sie. Sie überleben das Jaguarhaus und das Feuerhaus. (Man denke an die Feuer- und Wasserprobe in der „Zauberflöte"!) *Auch im Fledermaushaus können sie sich mit ihren Blasrohren gegen den Ansturm der Tiere verteidigen. Dann aber kommt die Todesfledermaus, der Todesvampir, und reißt Hunahpú den Kopf ab. Der Kopf wird am Ballspielplatz auf Befehl der Herren von Xibalba ausgestellt. Während des Spiels wird der Kopf auch einmal als Ball benutzt. Mit Hilfe der Tiere wird der Kopf gegen einen Kürbis vertauscht und dem Getöteten wieder auf den Rumpf gesetzt. Der Kürbis wird zerschmettert. Seine Samen verstreuen sich in alle Winde. Trotz aller Leiden und Folter überleben Hunahpú und Xbalanqué am Ende, und abermals sind die Herren von Xibalba von ihnen besiegt worden.*

Die beiden Jungen starben nicht durch Folter, noch wurden sie von den wilden Tieren besiegt, von denen es in Xibalba gar viele gab. *(Motiv: Kampf von Tod und Leben)*

Sie schickten nach zwei Wahrsagern, welche Xulú und Pacam genannt wurden, und sprachen zu ihnen: „Die Herren von

Xibalba werden euch befragen, wie sie mit uns fertig werden können. Wir haben so eine Ahnung, daß sie es mit Verbrennen versuchen werden. Alle Leute von Xibalba sind versammelt, aber wir werden nicht sterben. Hier nun raten wir euch, was ihr ihnen sagen sollt. Wenn sie euch fragen: Sollen wir nicht ihre Knochen in eine Schlucht werfen? So sagt ihnen: Nein, denn danach werden sie wieder lebendig werden. Wenn sie euch fragen, ob sie uns aufhängen sollen, dann sagt ihnen: auf keinen Fall, denn danach würden sie unsere Gesichter wieder sehen. Und wenn sie euch fragen, ob sie uns in den Fluß werfen sollen, dann sagt ihnen: Ja, es wäre gut, wenn sie auf diese Art stürben. Ihr müßt ihre Knochen auf einem Mahlstein zerkleinern, so wie man es mit Maismehl tut. Die Knochen eines jeden müssen getrennt zermahlen werden, werft sie dann in den Fluß an jener Stelle, an der die kleine Quelle hervortritt, damit sie fortgetragen werden durch die kleinen und die großen Hügel. Dies sollt ihr ihnen antworten, wenn sie euch nach einem brauchbaren Plan fragen", erklärten ihnen Hunahpú und Xbalanqué. Und dann trennten sich die Jungen von ihnen. Und jetzt wußten sie um ihren Tod. *(Wie die Schamanen müssen sie die Erfahrung des Todes machen!)*

Die Leute von Xibalba machten ein großes Feuer in einer Art Ofen, den sie mit dicken Zweigen vollstopften.

Die Boten kamen und hießen die Jungen, ihnen zu Hun-Camé und Vucub-Camé zu folgen.

„Laßt uns einen Maisschnaps trinken, und dann wollen wir jeder viermal über das Feuer fliegen, Jungens", sagte Hun-Camé.

„Versucht nur nicht, uns zu täuschen", antworteten die Jungen, „vielleicht sind wir nicht auf unseren Tod vorbereitet, aber vielleicht erwartet er uns deshalb gerade hier."

Sie umarmten sich, streckten dann die Arme aus, beugten sich vor zum Boden und sprangen in das Feuer, und so starben die beiden zusammen.

Alle in Xibalba freuten sich. Sie brüllten und pfiffen, sie riefen: „Jetzt sind wir doch noch mit ihnen fertig geworden."

Sie riefen Xulú und Pacam, denen die Jungen die Anweisung

gegeben hatten, und fragten sie, wie sie mit den Knochen verfahren sollten. Sie mahlten die Knochen und schickten sich an, sie in den Fluß zu streuen. Aber die Knochen trieben nicht weit, und schon setzten sie sich wieder zusammen. Und da standen wieder die beiden stattlichen Jungen. Und als sie sich den Leuten zeigten, hatten sie wieder ihre bekannten Gesichter.

Am fünften Tag erschienen sie wieder. Die Leute sahen sie im Wasser. Sie glichen Fischen, und die Leute jagten ihnen nach.

Am folgenden Tag tauchten zwei arme Männer auf. Sie sahen sehr alt aus und elend und trugen zerfetzte Kleider. Alle in Xibalba sahen sie.

Und was sie taten, war nicht viel. Sie führten den Tanz der Eule auf, den Tanz des Wiesels, den Tanz des Gürteltiers, den Tanz des Tausendfüßlers und den Stelzentanz. *(Fähigkeit zur Verwandlung als Ausdruck ihrer Göttlichkeit)*

Sie bewirkten viele Wunder. Sie verbrannten Häuser, und später standen diese unversehrt da, als sei nichts geschehen. Viele der Leute in Xibalba sahen ihnen verwundert zu.

Darauf schnitten sie sich in Stücke. Sie töteten einander. Aber wenn sie wie tot wirkten, standen sie gleich wieder auf, und die Leute in Xibalba sahen es voller Staunen, und so begann ihr Triumph über jene aus Xibalba.

Hun-Camé und Vucub-Camé hörten von diesen Tänzen, und sie fragten: „Wer sind diese zwei Waisen? Macht euch das wirklich solches Vergnügen, ihnen zuzuschauen?"

„Gewiß, denn ihre Tänze sind eindrucksvoll", antwortete jener, der diese Nachricht den Herren gebracht hatte.

Die Herren schickten Boten zu den Jungen und trugen ihnen auf: „Sagt ihnen, daß wir sie bewundern, daß ihr Ruhm bis zu uns gedrungen ist, daß wir uns mit eigenen Augen überzeugen wollen."

So richteten es die Boten aus, aber die Jungen antworteten: „Wir wollen nicht. Wir schämen uns. Wir sind so häßlich. Wir haben so riesige Augen. Wir haben so schäbige Kleider. Wir sind schließlich nur arme Tänzer. Was sollen wir denn den anderen Armen sagen, die mit uns kommen und die wir durch unsere Vorführungen unterhalten? Wie können wir vor so hohen Herren tanzen? Nein, nein, da wollen wir lieber nicht hingehen."

Endlich aber, mit sauren Mienen und zögernd, gingen sie doch.

Sie traten vor die Herren, schüchtern, die Köpfe gebeugt. Sie grüßten und warfen sich in den Staub. Sie sahen schwach, zerlumpt und wie Vagabunden aus, als sie ankamen.

Man befragte sie über das Land, aus dem sie stammten, über ihr Volk, man fragte sie auch aus nach Vater und Mutter.

„Woher wir kommen, wissen wir nicht. Wir kennen nicht die Gesichter unserer Mutter und unseres Vaters. Wir waren noch klein, als sie starben." Dies antworteten sie und nicht ein Wort mehr.

„Dann führt eure Tänze auf, damit wir uns daran ergötzen. Was wollt ihr dafür haben, was sollen wir zahlen?"

„Wir wollen nichts dafür. Wir haben große Angst", antworteten sie den Herren.

„Nur zu, tanzt. Und führt zuerst vor, wie ihr euch gegenseitig tötet, zeigt alles, was ihr könnt. Wir wollen staunen."

Dann begannen sie zu tanzen und zu singen. Alle Leute von Xibalba kamen, um ihnen zuzuschauen. Sie zeigten den Tanz des Wiesels, den Tanz der Eule und den Tanz des Gürteltiers.

Dann sagte der Herr zu ihnen: „Jetzt zerschneidet meinen Hund und erweckt ihn dann wieder zum Leben."

Das taten sie. Und der Hund war voller Freude, als er wieder lebendig war, und wackelte mit dem Schwanz.

Der Herr forderte sie auf: „Verbrennt jetzt mein Haus!"

Sie zündeten das Haus an, und obwohl all die Herren sich darin befanden, verbrannte doch keiner. Rasch jedenfalls waren sie wieder lebendig und heil.

All die Herren waren erstaunt. Dann sagten sie zu den Jungen: „Jetzt tötet einen Mann, opfert ihn, aber er darf nicht sterben." *(Herrschaft über Leben und Tod)*

„Gut", antworteten sie. Sie ergriffen einen Mann, opferten ihn, zeigten sein Herz und hielten es so, daß es all die Herren sehen konnten.

Wieder waren Hun-Camé und Vucub-Camé erstaunt. Einen Augenblick später war der Mann wieder am Leben, und er freute sich darüber.

Die Herren von Xibalba waren jetzt völlig verblüfft. „Opfert euch jetzt selbst. Das wollen wir auch sehen. Eure Tänze haben uns gefallen."

Da opferten sie einander. Hunahpú wurde von Xbalanqué geopfert. Seine Arme und Beine wurden aufgeschnitten, sein Kopf wurde vom Rumpf getrennt und fortgetragen, sein Herz wurde ihm aus der Brust gerissen und ins Gras geworfen. Alle Herren von Xibalba waren fasziniert. Sie sahen sich verwundert an.

„Steh auf", rief Xbalanqué seinem Bruder zu, und sofort kehrte dieser zum Leben zurück. Die Jungen waren sehr froh, und die Herren waren es auch.

„Jetzt opfert uns", befahlen Hun-Camé und Vucub-Camé den beiden Jungen.

„Gut. Danach machen wir euch wieder lebendig."

Und so geschah es, erst opferten sie den einen, der der oberste Herr von Xibalba war, nämlich Hun-Camé, König von Xibalba.

Und als er tot war, überwältigten sie Vucub-Camé, und beide brachten sie nicht wieder ins Leben zurück.

Die Leute von Xibalba flohen, als sie sahen, daß ihre Herren tot waren. Und ein anderer Herr stellte sich vor die Tänzer hin. „Habt Gnade mit mir", rief er.

Und alle Söhne und Vasallen von Xibalba flohen in eine große Schlucht und drängten sich an einen engen, tiefen Ort zusammen. Dort fanden sie die Scharen von Ameisen, und die Tiere trieben sie auf die Straße. Die Leute unterwarfen sich. Immer noch wehklagten sie.

So wurden die Herren von Xibalba besiegt. Durch ein Wunder und durch die Verwandlung, zu der die Jungen fähig waren.

Darauf nannten die beiden ihre Namen und gaben sich dem Volk von Xibalba zu erkennen.

Sofort fielen alle vor ihnen auf die Knie und weinten. „Habt Gnade mit uns, Hunahpú und Xbalanqué! Es ist wahr, daß wir gegen eure Väter gesündigt haben und daß diese begraben sind in Pucbal-Chah."

„Nun gut. Das ist unser Spruch. Hört ihn, ihr alle in Xibalba: Weder eure große Macht noch eure Rasse sollen länger bestehen, und da ihr keine Gnade verdient, sollt ihr in Rang und Würden herabgesetzt werden. Nicht für euch wird in Zukunft das Ballspiel sein. Ihr sollt eure Zeit damit verbringen, irdene Töpfe, Fässer und Steine zum Maismahlen herzustellen. Nur die Kinder der Wüste und der Dickichte werden mit euch reden. Die edlen Söhne, die zivilisierten Vasallen werden sich mit euch nicht gemein machen. Sie werden eure Gegenwart meiden. Die Sünder, die Bösen, die Unglücklichen, jene, die sich dem Laster ergeben haben, werden euch willkommen heißen. Nicht länger werdet ihr Menschen einfach ergreifen, um sie zu opfern. Denkt daran, daß euch Rang und Würden genommen sind."

Also sprachen sie zu dem Volk von Xibalba.

Und so begannen ihre Erniedrigung und ihre Klagen. Die Macht der alten Tage war nicht mehr. In jenen Zeiten hatten sie den Menschen immer nur Böses zugefügt. Tatsächlich waren sie in den alten Tagen keine Götter. Ihre schrecklichen Gesichter ließen die Menschen sich vor ihnen fürchten. Sie waren die Feinde, die Eulen. Sie brachten das Böse, die Sünde, die Zwietracht. Sie waren falsch in ihrem Herzen, schwarz und weiß gleichzeitig, neidisch, tyrannisch, wenn es zutrifft, was man von ihnen erzählt. Sie strichen ihre Gesichter mit Fett und Farbe ein.

So ging ihr Reich unter. *(Sieg des Lebensprinzips über das des Todes)*

Und Hunahpú und Xbalanqué hatten das zuwege gebracht.

Die visionären Landschaften der traditionellen Plains-Religionen

Während Visionen und Träume als Initiationsrituale über den ganzen nordamerikanischen Kontinent hin verbreitet sind, spielen sie bei den Nationen der *Native Americans* der

Großen Ebene (Prärieindianer) eine ganz besondere Rolle. Hier geht es um die Erlangung persönlicher Macht durch Träume und Visionen.

Die Quelle dieser Visionen sind eine komplexe Vielzahl machtvoller Wesen, die die Welt mit ihren geheimnisvollen und unvorhersehbaren Eigenschaften durchdringen.

Einer der wichtigsten Aspekte des religiösen, auf die Natur bezogenen Weltbildes ist seine ungeteilte Ganzheit. Diese Ganzheit stellt eine gegenseitige Beziehung zwischen den vielen sichtbaren und unsichtbaren Wesen her, deren Leben und Wirken mit der Landschaft in Zusammenhang gebracht wird. Im Mittelpunkt dieser Ganzheit steht die Erde selbst, die als ein lebendiges Wesen aufgefaßt wird – gewöhnlich, aber nicht immer – als eine lebenspendende Frau. Menschliche Wesen, die Zweibeiner, leben auf der Erde in aufeinander bezogener Gemeinschaft mit allen anderen Lebewesen, insbesondere mit den Grasfressern.

Unter – oder vielleicht genauer in – der Erde und im Wasser gibt es eine Gruppe von geisthaften Wesen mit besonderen oder einzigartigen Eigenschaften. Darüber existiert zwischen Erde und Himmel eine weitere Gruppe, die „Geflügelten", und darüber wiederum im Himmelreich: die Sonne, der Mond und die Sterne. Diese drei einander durchdringenden Schichten bzw. ihre entsprechenden Bezirke bilden die Einheit der natürlichen Welt: die Unterwelt, die Mittelwelt, die Oberwelt.

Der Wunsch von Menschen, zu den Sternen zu fliegen, wie ihn die folgende Geschichte schildert, kann als das Verlangen nach einer kosmischen Erfahrung interpretiert werden.

Die Pfeilkette

Zwei Jungen aus vornehmen Familien waren Freunde. Der Vater des einen war der Häuptling des Stammes. Das Haus, in dem der Vater des anderen wohnte, stand gerade am anderen Ende des Dorfes. Die beiden Jungen pflegten einander in den

Häusern der Eltern zu besuchen, und sie fertigten eine große Anzahl von Pfeilen an und spielten mit ihnen, bis alle zerbrochen waren. Unmittelbar hinter dem Dorf, auf einer Hügelkuppe, lag ein Fleck mit weichem Gras, den die Jungen als ihren Spielplatz betrachteten. In einer schönen mondhellen Nacht gingen sie dorthin. Während sie so liefen, sagte der eine Junge, der Sohn des niederen Häuptlings: „Sieh mal den Mond heute nacht. Er sieht aus wie ein Schmuckstück, das meine Mutter besitzt." Der andere erwiderte: „So etwas darfst du nicht sagen. So spricht man nicht über den Mond."

Dann wurde es plötzlich dunkel, und auf der Stelle sah der Sohn des Oberhäuptlings etwas, das ihm vorkam wie ein Regenbogen. Als er aber nichts mehr sah, war sein Kamerad verschwunden. Er rief ihn, bekam aber keine Antwort und konnte ihn nirgends entdecken. Er dachte: Er wird den Hügel hinaufgelaufen sein, weil er sich vor dem Regenbogen gefürchtet hat. Er schaute auf und sah den Mond am Himmel. Dann erklomm er den Hügel, schaute sich um, fand aber auch dort seinen Freund nicht. Nun, dachte er, vielleicht hat ihn der Mond mitgenommen. Vielleicht war es gar kein Regenbogen, was ich da gesehen habe, sondern der Mond ist auf die Erde herabgestiegen und hat ihn mitgenommen. Der Junge war ganz allein. Er setzte sich, und nach einer Weile begann er zu weinen. Er wischte sich die Tränen fort und nahm seinen Bogen. Er probierte mehrere Sehnen aus, um ihn damit zu bespannen, aber alle zerrissen. Dann nahm er den Bogen seines Kameraden, der aus härterem Holz war, und sprach bei sich: Jetzt will ich den Stern erschießen, der am nächsten beim Mond steht. Als er eine Weile damit zugebracht hatte, ihre Pfeile zu verschießen, sah er einen besonders hellen und großen Stern am Himmel. Er schoß einen Pfeil gegen den Stern hin ab, setzte sich wieder hin und schaute. Siehe da, er schien ihn getroffen zu haben, denn der Stern wurde dunkler. Danach schoß er alle Pfeile, die er und sein Freund mitgebracht hatten, gegen den Stern hin ab und war ganz zufrieden, denn keiner der Pfeile fiel zur Erde zurück. Als er eine Weile damit zugebracht hatte, ihre Pfeile zu verschießen, sah er nicht weit von sich entfernt etwas herunterhängen. Er schoß den nächsten Pfeil ab. So entstand eine Kette von Pfeilen, die vom Himmel bis zu ihm reichte.

Der Junge war immer noch sehr traurig über den Verlust seines Spielgefährten, und also legte er sich unter dieser Pfeilkette schlafen. Nach einer Weile erwachte er. Er lag immer noch auf dem Hügel. Er erinnerte sich, daß er vorhin alle Pfeile verschossen hatte. Aber statt der Pfeile hing nun in der Luft eine lange Leiter. Er stand auf, um sicherzugehen, daß er nicht träumte. Nein, da war tatsächlich eine Leiter. Da entschloß er sich, hinaufzusteigen. Zuvor aber brach er allerlei Zweige von Beerenbüschen und steckte sie sich in seinen Haarknoten. Er stieg auf der Leiter den ganzen lieben langen Tag aufwärts, und bei Nacht blieb ihm nichts anderes übrig, als sich auf eine Sprosse zu setzen und sich dort etwas auszuruhen. Als er zeitig am Morgen des zweiten Tages erwachte, fühlte er sich ganz zerschlagen. Er griff nach den Preiselbeer-Zweigen, die er sich in den Haarknoten gesteckt hatte, und fand, daß sie über und über mit Beeren behängt waren. Nachdem er die Beeren gegessen hatte, steckte er die Zweige wieder in sein Haar und fühlte sich gut gestärkt. Gegen Mittag dieses Tages bekam er abermals Hunger, und wieder war ihm der Kopf schwer; doch als er jetzt die Zweige hervorholte, hingen lauter Erdbeeren daran. Es war bereits Sommer dort im Himmel, und deswegen fand er diese reifen Beeren. Als er seine Reise am nächsten Tag wieder fortsetzte, stieg er so lange unverdrossen und ohne Hunger zu empfinden aufwärts, bis er oben angekommen war. Sehr müde war der Junge. Er sah sich um und schaute auf einen großen See. Er sammelte ein paar Reiser und etwas Moos, machte sich ein Lager und legte sich nieder. Er war schon eingeschlafen, als jemand herankam, ihn rüttelte und sagte:

„Steh auf. Ich suche dich." Er erwachte, sah sich um, aber da war niemand. Dann rollte er sich wieder auf die Seite und tat so, als ob er schlafe. In Wirklichkeit aber beobachtete er seine Umgebung durch die halb geschlossenen Augenlider hindurch. Nach einer Weile sah er ein ganz kleines, hübsches

Mädchen daherkommen. Ihre Lederkleider waren sauber, die Beinkleider waren mit Stachelschweinborsten verziert. Gerade als sie die Hand ausstrecken wollte, um ihn zu wecken, sagte er: „Ich habe dich schon gesehen."

Diesmal blieb das Mädchen stehen und sagte: „Ich bin dir nachgegangen. Meine Großmutter schickt mich. Ich soll dich in ihr Haus bringen." Also ging er mit ihr. Sie kamen an ein kleines Haus, in dem wohnte eine alte Frau.

Die alte Frau fragte:

„Wie bist du denn hier hereingekommen?"

„Auf der Suche nach meinem Spielgefährten", antwortete der Junge. „Er ist hierhin entführt worden."

„Das stimmt", sagte die Alte, „er ist gar nicht weit von hier. Ich höre ihn immer weinen. Er ist im Mondhaus."

Dann gab ihm die alte Frau etwas zu essen. Sie brauchte sich nur mit der Hand an den Mund zu fahren, und sogleich kam ein Lachs oder was immer sie ihm vorsetzen wollte zum Vorschein. Nach dem Lachs gab sie ihm Beeren, dann Fleisch, denn sie konnte sich vorstellen, daß er hungrig war nach so einer langen Reise. Darauf überreichte sie ihm einen Kiefernzapfen, einen Rosenbusch, eine Keule und ein Stück von einem Wetzstein und ließ ihn all diese Dinge mitnehmen.

Als der Junge zum Haus des Mondes kam, hörte er seinen Spielkameraden drinnen rufen. Man hatte ihn an eine Stelle neben dem Rauchloch gehängt. Als sein Retter kam, brauchte dieser nur auf das Dach der Hütte zu steigen und durch das Rauchloch hinabzulangen und ihn herauszuziehen. Er sprach: „Mein Freund, komm. Ich bin hier, um dir zu helfen." Dann warf er den Kiefernzapfen herab und ließ ihn das Schreien des Freundes nachahmen. Gleich darauf machten sich die beiden Jungen aus dem Staube.

Nach einer Weile jedoch fiel der Kiefernzapfen von der Stelle, an die der Junge ihn gelegt hatte, herab, und die Leute in der Hütte entdeckten, daß ihr Gefangener entkommen war. Da machte sich der Mond auf zur Verfolgung. Als der Sohn des Oberhäuptlings merkte, daß jemand hinter ihnen her war, warf er die Keule hinter sich. Sie stellte sich dem Mond in den

Weg und teilte Prügel aus, als stehe da ein ganzes Heer von Raufbolden. Aber der Mond mußte es dennoch fertiggebracht haben, ihnen zu entkommen, denn bald sahen ihn die Jungen dicht hinter sich. Da warf der eine den Rosenbusch über seine Schulter, und es wuchs ein Dickicht auf, durch das sich durchzukämpfen der Mond alle Mühe hatte. Dennoch war er bald wieder ganz nahe hinter den beiden. Da erinnerte sich der Junge des Stückchens Wetzstein! Er warf es über seine Schulter, und es wurde eine hohe Klippe daraus, an der der Mond immer wieder abprallte. Als die beiden Jungen das Haus der alten Frau erreichten, erzählten sie sich erst einmal, was sie alles erlebt hatten, denn vorher waren sie nicht dazu gekommen. Die alte Frau gab ihnen zu essen und zu trinken. Und als sie ihren Durst und ihren Hunger gestillt hatten, sagte die Alte zu dem Sohn des Oberhäuptlings: „Geh und leg dich wieder dort hin, wo du schon beim ersten Mal gelegen hast. Denk an nichts anderes als an das kleine Stück Wiese mit dem weichen Gras, auf dem ihr immer zusammen gespielt habt." Die beiden Jungen taten, wie ihnen geheißen, und streckten sich aus, aber der eine, der beim Mond gefangen gesessen hatte, dachte an das Haus der Alten. Und deswegen blieben sie beide dort. Die alte Frau sagte: „Ihr müßt an das Stück weiches Gras denken, auf dem ihr immer gespielt habt." Diesmal befolgten sie beide ihren Rat; und als sie erwachten, lagen sie auf ihrem Spielplatz am Fuße der Leiter.

Plötzlich hörten sie eine Trommel, wie sie bei Totenfeiern geschlagen wird. „Oh weh", sagte der eine zum anderen, „ich fürchte, sie glauben, wir seien gestorben." Sie gingen ins Lager und begegneten Leuten, die sich ihre Gesichter geschwärzt hatten. Sie stellten sich in eine dunkle Ecke und warteten, bis am Abend der Tanz begann, und niemand entdeckte sie.

Da sprach der Sohn des Oberhäuptlings bei sich: „Ich wünschte, mein jüngerer Bruder würde herauskommen." Und tatsächlich, kaum waren all die anderen Leute fort, da zeigte sich sein jüngerer Bruder. Er rief ihn an und sagte: „Komm her, ich bin es!" Aber das Kind war so erschrocken, daß es ins

Haus rannte. Dort aber erzählte es seiner Mutter: „Mein Bruder und sein Freund stehen draußen."

„Warum sagst du so etwas", erwiderte die Mutter. „Weißt du nicht, daß dein Bruder tot ist, und das schon einige Zeit?" Sie wurde sehr zornig. Das Kind aber ließ sich nicht beirren. „Ich kenne seine Stimme, und ich kenne sein Gesicht." Die Mutter wollte es immer noch nicht glauben. Da rief das Kind: „Ich gehe hinaus und bringe einen Fetzen von seinem Hemd."

„Gut", sagte die Mutter, „wenn du das geschafft hast, will ich dir glauben." Als das Kind mit einem Fetzen vom Hemd des Älteren zurückkam, war sie überzeugt. Sie verständigte alle Familien im Dorf, als erstes aber die Eltern des Freundes ihres Sohnes. Die Jungen aber behielt sie bei sich zu Hause.

Da kamen eilig die Eltern des anderen Jungen und viele Neugierige hinzu, aber sie hörten und sahen alle nur, was ihr längst schon wißt. (5)

Diese Geschichte ist in mehr als einer Beziehung bemerkenswert. Sie schildert zunächst einmal so etwas wie das Entstehen eines kosmischen Bewußtseins bei den beiden Jungen. Ganz gewiß ist die alte Frau, die manchmal auch Großmutter oder bei den Stämmen des Südwestens Spinnenfrau genannt wird, so etwas wie eine in einer psychologischen Gefahrensituation auftauchende und helfende Archetype. Eindeutig scheint auch zu sein, daß die von ihr den Jungen ausgehändigten Gegenstände Übernahmen aus europäischen (englischen oder französischen) Märchen sind. Derartige Übernahmen sind bei den Indianern gar nicht so selten. Freilich ist schließlich das Märchen auch eine Einweihungsgeschichte. In ihr müssen die Heranwachsenden – hier in abgeschwächter Form – erst den Tod erleiden, das heißt, in eine andere Welt eingehen und im Fall des zweiten Jungen darin auch gemartert werden, ehe sie dazu bereit sind, im neuen Status ihres Erwachsenseins zu leben. Offen bleibt, warum gewisse Stämme der Prärieindianer – diese Geschichte ist nicht die einzige mit dem Motiv einer kosmischen Reise – ein besonderes Verhältnis zur Himmelswelt bzw. zu den Sternen gehabt zu haben scheinen. Freilich könnte man hier von einer höchst vordergründigen Erklärung ausgehen. Der nämlich, daß sich der Sternenhimmel über den Prärien für einen Betrachter besonders eindrucksvoll darstellt.

Die religiöse Topographie von Diesseits und Jenseits

In manchen Gemeinschaften, besonders bei den Algonkin sprechenden Völkern der Großen Ebenen, wird genauer zwischen oben und unten unterschieden als bei anderen.

E. Adamson Hoebel schreibt zur „Topologie" der Cheyenne: „Das Universum ist vielschichtig. Menschliche Wesen nehmen es von der Erdoberfläche wahr. Darüber ist *heammahestonev*. Alles, was darunter liegt, ist *aktunov*. Entlang der Erdoberfläche verläuft eine dünne Luftschicht, die Atmosphäre, *taxtavo* genannt. Sie stellt ein besonderes Geschenk der Geisterwesen an die Menschen dar, denn sie macht das Atmen und das Leben überhaupt erst möglich. Die darüberliegende Luftschicht heißt *setovo*, ‚Raum näher dem Himmel' … über all dem wiederum kommt der Blaue Himmelsraum, *aktovo*. Hier sind die Sonne, der Mond und die Milchstraße sichtbar. Die Erde selbst besteht aus zwei Schichten. In der ersten, sehr dünnen, spielt sich das Leben ab. Sie ist nur so tief wie die Wurzeln der Pflanzen und Bäume. Sie heißt *votoso*. Darunter liegt eine Schicht, die *aktunov* genannt wird, die Tiefe Erde." (6)

Dem entspricht die Einteilung unter den Algonkin sprechenden Blackfoot im westlichen Montana, die von dem Volk-oben, den Himmelskörpern und dem Erdvolk, allen Geistern der Geschöpfe auf der Erde und in der Luft sprechen. (7)

Die Sioux sprechenden Stämme hingegen unterscheiden zwischen den Donnermächten oben und den Wassermonstern unten.

Der Teton-Sioux George Bush Otter berichtete darüber gegenüber James Dorsey:

121

„Seit alter Zeit wohnen die Donnerwesen in den Wolken. Sie haben lange gebogene Schnäbel, ihre Stimmen sind laut und sie öffnen die Augen nur, wenn sie Blitze ausschicken ... Ihre Feinde von Alters her sind die riesigen Klapperschlangen und die vorgeschichtlichen Wassermonster." (8)

Diese drei Schichten sind bei den Omaha noch deutlicher voneinander geschieden, die sieben bestimmte Geist-Welten kennen. (9)

Durch die Kraft des Träumens nun ist es möglich, mit jedem der Wesen in diesen verschiedenen Welten in Verbindung zu treten und zu dem nötigen Austausch in der Natur dieser Bereiche beizutragen.

Träume und Visionen sind die wichtigsten Mittel, die Qualität des Lebendigen in der natürlichen Welt zu entdecken, und diese Fähigkeit führt zu der bewußten Findung von Gegenständen, die dazu bestimmt sind, Kraft auf andere zu übertragen.

Der augenfälligste Gesichtspunkt der Topographie ist die sinnliche Unmittelbarkeit dieser sichtbaren Traumwelt.

Die Landschaft der realen, lebendigen Welt ist gleichzeitig eine Landschaft der Traumwelt.

Eine beständige topologische Gegebenheit, d. h. ein spezifisches und reales Objekt, ist Teil der für den Träumer kraftspendenden visionären Schau. Auf diese Weise wird die Traumwelt nicht nur für den Träumer sichtbar, sondern für jedermann, der in dieser Landschaft lebt.

Der fundamentale Punkt des visionären Bezugsrahmens ist der Gehalt an mythischen Inhalten und die Vitalität der dynamischen Kräfte.

Heilige Figuren, die in einer Vision auftauchen, sind die Traumgeister. Im visionären Zustand ist es wesentlich, mit diesen Mächten Kontakt zu haben. Ein Traumgeist ist die Verkörperung einer besonderen Kraft, die je nach der Erfahrung des Träumers unterschiedlich bewertet wird. (10)

Die Kräfte der Mitte

Während die allgemeine Topologie der jüdisch-christlichen Religionstraditionen das Göttliche dem Himmel zuordnete, ist das Mittelreich die eigentliche Arena der religiösen Topologie bei den Prärieindianern.

Visionäre Träume aller Arten beginnen und verbleiben in der erkennbaren natürlichen Umgebung. Sie verwandeln in ihrer einfachsten Form die normale Welt in ein Reich der Visionen.

Hanbleceya oder das Bitten um eine Vision steht nach Aussagen von Black Elk im Mittelpunkt der Lakota-Religion. Ursula Mildner hat den Ablauf der Visionssuche genau beschrieben: „Die Visionen dienten einerseits der individuellen Definition einer Person, konnten andererseits aber – wie bei großen Visionen von Medizinmännern – Belange des gesamten Volkes betreffen und über dessen Schicksal entscheiden. Unter Anleitung eines Medizinmannes begab sich der junge Mann nach der rituellen Reinigung in der Schwitzhütte an einen entlegenen Ort auf einem Hügel, um dort vier Tage und Nächte ohne Nahrungsaufnahme zu verbringen. Dabei betete er mit der Pfeife unter Beibehaltung der rituellen Kreisbewegung zu den übernatürlichen Mächten. Durch Hunger, Durst und Erschöpfung versetzte er sich in einen Zustand, der das Mitleid der *wakan*-Wesen hervorrufen sollte. Diese schickten ihm gewöhnlich ein Tier als Vermittler, das ihn in unterschiedlichen Dingen unterwies. Nachdem der Medizinmann die Traumsymbole gedeutet hatte, stellte er aus entsprechenden Gegenständen, die der Träumer zu beschaffen hatte, einen Medizinbeutel her, der *wakan*-Macht besaß. Der Träumer erhielt damit eine Macht, die ihm die spirituelle Stärke für ein erfolgreiches Leben gab. Er wußte nun, an welche der *wakan*-Mächte er sich im speziellen zu wenden hatte und zu welcher Gruppe innerhalb der Gesellschaft er in Zukunft gehören würde. Da die Traumsymbole Macht verliehen, wurden sie geheimgehalten und dienten nur dem persönlichen Gebrauch. Sie gehörten zur Persönlichkeit wie Körperbeschaffenheit und Charakter. Die Folgen der Träume konnten für den einzelnen aber auch unangenehm sein. Erschien der Donnervogel in einem Traum, war der Träumer gezwungen, ein *heyoka* zu werden. Von *heyokas* wurde erwartet, daß sie ständig gegen die Natur handelten und alles falsch herum taten. Im Gegensatz zu anderen Indianerstämmen wurden bei den Lakota die Träume nicht herbeigezwungen, sondern galten als Geschenke, die nicht jedem vergönnt waren. Wegen der allgemeinen Wichtigkeit der Visionen stiegen bedeutende Visionäre zur Stammeselite auf." (11)

Selbst bis in unsere Tage hat sich die Visionssuche und der Sinn für ihre Bedeutung erhalten, wie die folgende Geschichte erweist:

Der Indianer Wild Bill erzählt Sindbad, was Glück ist und wie man es erlangt, wenn man jung ist

Wild Bill sagt: „Ein Mann muß Glück haben. Spielt keine Rolle, wozu. Ob zum Spielen oder für die Jagd oder für die Liebe. Für alles braucht er Glück, wenn er nicht ein ganz gewöhnlicher Indianer bleiben will ... So wie ich einer bin, verstehst du?"

Er lacht leise in sich hinein.

Sie liegen auf dem Rücken unter einem Huckleberry-Strauch und blinzeln in die Sonne. Sindbad findet, es sei gut, so dazuliegen und Wild Bill zuzuhören. Ab und zu sieht er Tiere durch das Gras schwirren, Heuschrecken, mit rötlichen, blauen und gelben Flügeln. Nach einem Augenblick des Schweigens beginnt Wild Bill wieder: „Wenn bei uns einer jung ist, setzen sie ihm zu, er solle doch ins Gebirge gehen und sich einen *dinahawi* besorgen, einen Glücksbringer. Die älteren Leute liegen dem Jungen ständig in den Ohren. Du wirst es nie zu etwas bringen, wenn du nicht endlich losgehst und dir einen *dinahawi* fängst. Und dann hört der Junge vielleicht, wie die anderen Burschen prahlen ... Über ihr Glück beim Spiel oder damit, daß sie einen *dinahawi* für die Jagd besitzen.

Also, dann kommt die Zeit, da es dem jungen Spund ganz unbehaglich wird. Er ist bedrückt, macht sich Sorgen. Das geschieht etwa um die Zeit, da aus ihm ein erwachsener Mann wird. Dann fängt er an zu wandern. Sie nennen es wandern, verstehst du. Sie sagen: Laß ihn in Ruhe, er wandert.

Der Junge geht hinauf in die Berge. Er kommt nicht heim. Er ist hungrig. Er bleibt die ganze Nacht fort. Er kriegt Angst. Er weint. Zwei, drei Tage ist er hungrig. Manchmal machen sich die anderen Leute schon um ihn Sorgen. Sie gehen ihm nach. Aber wenn sie ihn aufgestöbert haben, wirft er Steine nach ihnen. Verschwindet, ihr blödes Pack!, ruft er. Ich will, daß man mich in Ruhe läßt. Er kommt nahezu um vor Hunger. Aber Hilfe von seinen Leuten will er nicht annehmen. Es wird ihm ganz komisch. Er kriegt Angst vor Grizzlybären. Irgendwann schläft er endlich ein. Etwas kommt und weckt ihn. Vielleicht ist es ein Wolf, der ihn mit seiner Pfote gegen den Kopf stößt. Vielleicht pickt ihm ein Eichelhäher ins Gesicht. Oder eine Fliege kriecht ihm ins Ohr und surrt: He, wach auf. Was treibst du denn hier? Deine Leute machen sich Sorgen um dich. Besser, du gehst heim. Ich habe dich wandern sehen. Ich habe dich hungern sehen. Ich habe dich weinen sehen. Ich habe dich im Trotz gesehen. Ich habe Mitleid mit dir. Ich mag dich. Ich werde dir helfen. Dies ist mein Lied. Erinnere dich an dieses Lied. Wenn du mich brauchst, dann komm her und sing dieses Lied. Ich höre dich. Ich werde da sein. Ich werde dir helfen. Wenn ich dir nicht helfen kann, werde ich immerhin bei dir sein. Siehst du, Sindbad, wenn das geschehen ist, hat man Glück gewonnen. Und Glück hat jeder verdammt nötig." (12)

David Mandelbaum berichtet über eine adoleszente Visionsqueste bei den Cree im zentralen Kanada dies:

„Während der Junge schläft, kann es sein, daß er eine Person auf sich zukommen sieht. Dies ist sein Geisterhelfer. Der Besucher stellt sich vor, nimmt oft das Aussehen des Träumers an. Der Junge wird zu einer Versammlung von Geistern geführt, alle haben menschliche Gestalt und sitzen in einem großen Tipi. Dann wird dem Jungen eröffnet, welche Gaben ihm zuteil werden. Häufig hört er, daß er in der Lage sein wird, Kranke zu heilen. Die Prozedur, die er anwenden soll, und das Lied, das dabei zu singen ist, werden ihm mitgeteilt." (13)

Der ganze Kontext der Vision entfaltet sich also in der Unmittelbarkeit der natürlichen Umgebung, die für die Cree mit *atayoh-kanak*, also Geisterwesen, besetzt ist, die in den visionären Träumen erscheinen.

Sie können auch plötzlich und unerwartet bei einem Einzelwesen auftauchen, wie dies bei dem Cree Zwei Büffel geschah, der mit einigen jungen Männer auf der Jagd war. Die Gruppe sah einen Bären, der einen Büffel angriff und tötete. Dann rollte sich einer der jüngeren Büffel auf dem Boden. Als er sich wieder aufrichtete, hatte er die Gestalt eines Mannes mit einer Lanze angenommen. Der Bär begann sich zu fürchten. Als er davonlief, griff ihn der Mann mit der Lanze an und tötete den Bär. Dann warf er sich wieder auf den Boden, und als er aufstand, war er wieder ein junger Büffel geworden.

Der Erzähler des Vorfalls ist Zwei Büffels Neffe, und er behauptet, dieses Geschehen mit eigenen Augen gesehen zu haben. (14)

Die Traumgeister können sich also auch ohne ein besonderes Ritual zeigen. Keine genaue Unterscheidung wird zwischen dem Wachzustand und dem der Vision gezogen.

Alfred Groeber forschte 1914 über die Arapaho in Wyoming und zeichnete dabei die Visionserfahrung eines Mannes mittleren Alters auf:

„Ein Mann fastete auf einem Hügel vier Tage. Am Morgen des vierten Tages bei Sonnnenaufgang sah er einen Dachs. Das Tier stellte sich auf die Hinterbeine und verwandelte sich in einen nackten Mann, dessen Körper über und über mit roter Farbe bestrichen war. Der Dachs-Mann sah wie der Mann, der ihn sah, aus. Er war kein Mensch, sondern ein Geist. Er wies den Fastenden an, für seinen Medizinbeutel eine Dachshaut zu benutzen. Die Dachse verfügen über alle Medizinen, die auf dem Boden wachsen." (15)

Wieder spielt sich der Vorgang in der natürlich Umgebung ab. Keine Reise oder Bewegung wird erwähnt. Die Vision enthüllt ihren Inhalt am Ort des Fastens, einem Ort, der offenbar mit dem Geisterpotential aufgeladen ist.

Das Mittelreich ist der Bezirk der vierbeinigen Tiere, die sich als machtvolle Traumgeister realisieren und den Träumenden beschenken können.

Von den vielen Geschöpfen des Mittelreichs wurden den vierbeinigen Herdentieren wie dem Büffel, dem Elch, dem Reh und der Antilope besondere Eigenschaften und Kräfte zugeschrieben. Zum Beispiel wird die Macht der Elche unter den Sioux so erklärt:

Der-Da-Schießt erzählt: „Der Elch ist ein Emblem der Schönheit, der Kühnheit und des Schutzes. Der Elch lebt im Wald und befindet sich in Harmonie mit seiner schönen Umgebung. Trotz seiner breit ausladenden Hörner geht er leicht durch die Dickichte."

Tapferer Büffel berichtet: „Als ich da saß, erhoben sich in der Vision Elche und sagten, sie hätten gehört, daß ich ein großer Freund der Büffel sei. Sie sagten, sie wollten sich ebenfalls mit mir anfreunden. Sie sagten, sie hätten mich auf die Probe gestellt, indem sie gewartet hätten, bis ich zu diesem schwierigen Platz gekommen sei, und da ich mich dazu entschlossen hätte, freuten sie sich, mich hier zu begrüßen." (16)

Schließlich kann sich die Kraft durch einen bestimmten Gegenstand in der Landschaft übertragen. So genommen, steht jeder Ort, an dem sich die Kraft des Träumens manifestiert hat, im besonderen Maße mit einem geheimnisvollen Gegenstand oder Wesen in Beziehung.

„Ein Medizinmann der Komantschen entdeckte seine große Kraft erst, als er mit seiner Gruppe in der Nähe der Hügel jagte. Er hatte eine junge und schöne Tochter, die Fieber bekommen hatte und Tag für Tag schwächer wurde ... Er kombinierte und versuchte die Zaubersprüche, die er kannte, anzuwenden. Er konsultierte andere Medizinmänner – all das half nichts. Eines morgens trat er aus seinem Tipi und blickte voller Verzweiflung in die Ferne, als sein Auge plötzlich auf der schneebedeckten Spitze des höchsten Hügels verweilte. Dort ist der mächtige Geist, der mir helfen kann, ging es ihm durch den Kopf. Also nahm er weder Nahrung noch Wasser zu sich. Er ging fort und betete. Er wartete darauf, daß der Geist ihm eine Botschaft schicken werde. Schließlich kam es dazu. Er wurde angewiesen, seine Medizinen auf die Spitze des Hügels zu bringen und sie dort zu mischen, damit der gute Geist in sie eintreten könne. Er bereitete die Medizin so, wie ihm das in der Vision aufgetragen worden war, gab sie seiner Tochter und ging dann aus, um zum Geist des Hügels zu beten ... Von dieser Stunde an ging es ihr ständig besser, und bald war sie in der Lage, wieder zu arbeiten. Später suchte der Medizinmann regelmäßig den Hügel auf, brachte dort seine Opfergaben dem Hügelgeist dar und führte mit dessen Hilfe seine Heilungen aus. Der Ruhm des Hügelgeistes breitete sich aus. Andere Medizinmänner kamen, Kranke aus dem Stamm der Komantschen begaben sich häufig zu einer Quelle am Fuße des Hügels, um dort zu trinken. So wurde dieser Geist zum Schutzgeist der Komantschen-Gruppe." (17)

Die untere Sphäre und ihre Kräfte

Der Unterweltbereich wird ebenfalls von Tieren oder geheimnisvollen Wesen bewohnt, die sich den Träumern oder Visionären mitteilen. Ein solcher Ort sind die heiligen Steilufer des Platte-Rivers in Nebraska, bekannt als Wohnort von Tieren, von denen Träumer mannigfaltige Kräfte übertragen bekommen können.

„Small, ein junger Mann, hatte eine Vision und begab sich in die unter Wasser gelegene Hütte. Die Tiere hatten ihn mitgenommen dorthin, und als er erwachte, saß er im Osten der Feuerstelle mit seinem Bogen und seinen Pfeilen. Um ihn waren höchst verschiedenartige Tiere. Nahe der Tür befand sich die große Schlange. Nahe dem Altar im Westen der skalpierte Mann, der ihrer aller Meister war. Vier Nächte lang belehrte jedes der Tiere den Jungen in verschiedenen Fertigkeiten. Danach, als er all dies gelernt hatte, belehrte ihn der Maulwurf über seine Kraft, und das Wiesel sagte: ‚Während er mich ansieht, kann ich eines Mannes Leber auffressen.' Auf diese Art und Weise wurde dem Jungen klar, daß dies zwei böse Tiere waren. Was er aber gelernt hatte, war Zauber zu üben wie auch Krankheiten zu heilen." (18)

Die beiden wichtigsten Geisterwesen, deren Heimat der unterirdische Bereich war, sind merkwürdigerweise der Büffel und der Bär. Die Zuordnung des Bären zu den unterirdischen Mächten mag auf die Beobachtung zurückgehen, daß sich diese Tiere während des Winters in ihre unterirdischen Wohnräume zurückziehen und im Frühjahr wieder erscheinen. Bei vielen Präriestämmen herrschte die Vorstellung, daß der Bär dasjenige Tier sei, das den Menschen am nächsten stehe. Bären waren in der Lage, den Träumer auf heilende Medizinen hinzuweisen. Bei den Piegan Blackfoot in Montana sind die ältesten visionären Erfahrungen offenbar mit dem Bären verbunden, dessen Bild dann auch auf die traditionellen Traumzelte gemalt wurde. Bekannt ist die Geschichte von einem jungen Blackfoot, der in einer Bärenhöhle fastete und so hoffte, besondere Kraft zu erlangen. In der vierten Nacht erschienen ein männlicher und ein weiblicher Bär und schenkten ihm das bemalte Zelt zusammen mit einer Pfeife und einer Trommel. Dann kam die Bärinnenmutter und händigte ihm ein Messer mit einem Bärenknochengriff aus. Sie warf das Messer nach ihm, und der Junge fing es in der Luft auf, ehe es ihn traf. Darauf lehrten ihn die Bären eine Art Zauberlied, das mit der Zeile begann: „Ein Messer, das man gegen mich wirft, ist wie ein Klumpen Erde." (19)

Gaben, die von Büffeln in einer Vision verliehen werden, betreffen Heilungsvorgänge, die Jagd und Fähigkeiten zur Führerschaft, denn die Stämme der Ebene sehen in diesem Tier ein besonders starkes und die Zusammenarbeit förderndes Wesen. Büffel opfern ihren Körper, damit der Stamm lebt. Die Kraft, die durch sie bei Visionen übertragen wird, bezieht sich zumeist auf lebenserhaltende Werte und Praktiken. So kennen wir den Visionsbericht eines berühmten Kriegers und Stammesführers der Absarokee, Plenty Coups.

Eine Büffelvision

Mir träumte, daß ich zu Mitternacht eine Stimme höre und vor mir gen Osten eine Person steht ... Ich sehe einen Büffelbullen dort stehen, wo wir jetzt sitzen. Ich sprang auf und ging auf den Büffel zu ... Die andere Person war verschwunden. Auf diesem Hügel dort drüben hielt ich inne und sah mich nach dem Büffel um. Er hatte sich in ein menschenähnliches Wesen verwandelt, das eine Büffelrobe mit dem Haar nach außen trug. An der Stelle hob ich den Büffelschädel auf, den Sie jetzt hier sehen. Ich behielt den Schädel für mehr als siebzig Jahre. Als ich das Wesen eingeholt hatte, begann es, im Boden zu versinken, da drüben rechts. „Folge mir", sagte es. Aber ich hatte Angst. „Komm", sagte es aus der Dunkelheit. Und ich stieg in das Loch im Boden und folgte ihm. Bald konnte ich zahllose Büffel sehen, ihre scharfen Hörner ... Ich roch sie und hörte ihr Schnaufen. Sie standen vor mir und umgaben mich. Ihre Augen ohne Zahl waren wie kleine Feuer in der Dunkelheit ... „Keine Angst, Plenty Coups, es waren diese Wesen, die nach dir schickten. Sie werden dir kein Leid antun." Ich war nackt. Ich fürchtete mich, in dem engen Raum zwischen ihnen umherzugehen. Die Wirbel in ihrem Haar würden mich auf der Haut kratzen, wenn mich schon ihre Hufe und Hörner nicht verletzten ... Ich spürte ihre warmen Körper gegen den meinen, aber ich folgte dem menschenähnlichen Wesen und ging mit ihm die ganze Nacht und den nächsten Tag unter ihnen umher. Dabei hielt ich immer nach einem Loch Ausschau, aus dem Licht fiel. Mir geschah nichts, niemand sprach mit mir, und schließlich kamen wir am Castle-Felsen heraus. Bei Sonnenlicht sah ich die menschenähnliche Gestalt. Sie hatte eine Rassel in der Hand. Sie war riesig und rot bemalt. Dann sagte sie zu mir: „Setz dich." Sie bewegte ihre rote Rassel und sang vier Mal ein verrücktes Lied. „Schau", sagte die Person. Aus der Erde kamen Büffel. Büffel ohne Zahl. Sie breiteten sich auf der Ebene aus und ließen sie schwarz erscheinen ... Als alle hervorgekommen waren, verschwanden sie auf der Stelle. Das Wesen bewegte wieder seine Rassel. „Schau", sagte es. Aus dem Loch kamen Bullen und Kühe ohne Zahl ... Sie verharrten in kleinen Gruppen und begannen, Gras zu fressen. Sie legten sich hin, wie das Büffel sonst nicht tun. Viele von ihnen hatten geflecktes Fell ... Es waren gar keine Büffel. Es waren merkwürdige Tiere aus einer anderen Welt. Ich bekam Angst und wandte mich wieder an das Wesen in Menschengestalt. Es bewegte seine rote Rassel, sang aber nicht ... All die gefleckten Büffel verschwanden wieder durch das Loch unter die Erde ... „Begreifst du, was ich dir gezeigt habe, Plenty Coups?" fragte er. „Nein!" antwortete ich. Wie konnte er erwarten, daß ich dies verstünde, da ich doch erst zehn Jahre alt war.

Als ich ihm wieder durch das Loch folgte ... bis wir wieder dort drüben herauskamen, wo wir zum ersten Mal hinabgestiegen waren, da sah ich die Quelle dort unten bei jenen Bäumen, das Haus gerade so, wie es ist, diese Bäume, die uns heute Schatten spenden, und einen alten Mann, der allein dort unter den alten Bäumen saß. Ich empfand Mitleid mit ihm, weil er so alt war und schwach. „Dieser alter Mann, das bist du, Plenty Coups", sagte das menschenähnliche Wesen. Und dann konnte ich es nicht mehr sehen – es war verschwunden. Und mit ihm der alte Mann. Statt dessen sah ich einen dunklen Wald. (20)

Die Kräfte des Oben

Das visionäre Reich des Oben umfaßt Sonne, Mond, Sterne, Wolken und Himmel. Das klassische Beispiel für eine visionäre Erfahrung im Bereich des Oben ist die des Heiligen Mannes der Lakota, Schwarzer Hirsch. Seine große Vision ist das vielleicht gewaltigste Zeugnis einer solchen Erfahrung. Es wird hier verkürzt nach den Aufzeichnungen von John Nyhardt wiedergegeben:

Eines Tages lag ich im Tipi und konnte plötzlich durch die Tipiwand hindurch zwei Männer sehen, die aus den Wolken kamen. Ich erkannte sie als jene wieder, die ich schon bei meiner ersten Vision gesehen hatte. Sie blieben ein Stück vor mir stehen und sagten: „Beeil dich! Dein Großvater verlangt nach dir." Ich folgte den Männern in die Wolken, und sie zeigten mir ein Pferd, das mitten zwischen den Wolken stand. Das Pferd führte mich zu einem Ort, einer Wolke unter einem Regenbogentor, und dort saßen meine sechs Großväter. Das Pferd stellte sich hinter sie. Einer der Großväter sagte zu mir. „Fürchte dich nicht. Komm her." Also ging ich hin und stand vor ihnen. Pferde aus allen vier Himmelsrichtungen wieherten, als ich durch die Regenbogentür eintrat. Der Großvater, der dort saß, wo die Sonne untergeht, sprach: „Die Großväter in Welt und Erde haben Rat gehalten und beschlossen, das du gerufen werden sollst. Nun bist du also hier." (21)

Schwarzer Hirsch wird von den Botschaftern in den Himmel geführt und begegnet verschiedenen Traumgeistern. Der Träumende ist zu diesem Zeitpunkt neun Jahre alt, und es entfaltet sich vor seinem inneren Auge eine ganze visionäre Landschaft, in der ihm Offenbarungen nicht nur über sein eigenes Leben, sondern auch über das Schicksal seines Stammes zuteil werden und ihn die Traumgeister mit Energie ausstatten. Bezeichnend ist dabei die Vision der Ratsversammlung, die für die Macht und Kraft jenes Reiches steht, in dem sich der Träumer befindet. In diesem Fall also die den vier Himmelsrichtungen innewohnende Kraft.

Andere Visionäre werden während ihrer Vision unter Umständen auch in ein Ratszelt unter Wasser gebracht. Solche Versammlungsplätze drücken auch die Kraft der Integration aus wie das Regenbogen-Tipi die Verbindung zwischen sozialen und himmlischen Befehlen. Die augenscheinlichsten Visionsbilder des oberen Reiches sind Sonne, Mond und Sterne. Sie können in den Visionen durchaus auch als Personen auftreten. Nicht selten wird dem Visionär, der in das obere Reich gelangt, die Kraft zuteil, Regen zu machen, oder man gibt ihm einen sichtbaren Gegenstand mit, der ihn als von den himmlischen Kräften adoptiert ausweist. Wie sie, ist auch er in der Lage, alle Naturereignisse zu beeinflussen. Eine besondere Bedeutung nimmt im oberen Bereich die Sonne ein. Erscheint sie in einer Vision, dann oft als Ausdruck von Tapferkeit in der Schlacht und von der Fähigkeit, sich gegenüber seinen Feinden zu behaupten. Die Plains-Cree betrachteten die Sonne als eine weibliche Kraft. Sie erscheint in Visionen von Männern und von Frauen. Die Blackfoot-Visionärin Mink Woman wurde von ihr mit dem kraftspendenden Gegenstand eines Büffelsteines beschenkt.

Die dazugehörige Geschichte steht in George Bird Grinnells Sammlung.

Der Büffelstein

Als Büffelstein oder *i-nis-kim* bezeichnet man das Schalengehäuse eines bestimmten Fossils (Ammoniten oder fossile Schnecken). Man sagt, daß, wenn man einen *i-nis-kim* lange genug eingehüllt liegen läßt, er Junge heckt. Man wird dann zwei kleine Steine ähnlichen Aussehens wie das Original in dem Päckchen finden. Der Gegenstand ist eine starke Medizin und verleiht seinem Besitzer eine große Macht über Büffel. Der Stein wird auf der Prärie gefunden, und jemand, der einen entdeckt, gilt als außerordentlich glücklich. Manchmal reitet ein Mann über die Prärie und hört einen schwachen Laut wie das Gezwitscher eines kleinen Vogels. Er weiß dann, daß dieser Laut von einem Büffelstein herrührt. Er hält inne und sucht die Gegend nach dem Stein ab, und wenn er ihn nicht findet, markiert er die Stelle und wird wahrscheinlich am nächsten Tag, entweder allein oder mit anderen aus dem Lager, noch einmal zurückkehren, um sich umzuschauen. Sollten sie den Stein finden, so wird ihn das sehr freuen. Wie der erste Büffelstein aufgefunden und die ihm innewohnende Kraft entdeckt wurde, erzählt die Geschichte von Mink Woman.

Vor langer Zeit im Winter verschwanden die Büffel plötzlich. Der Schnee war so tief, daß der Stamm nicht herumziehen und nach ihnen suchen konnte, denn zu dieser Zeit besaß er noch keine Pferde. Also töteten die Jäger Rehe, Elche und anderes Kleinwild in den Flußniederungen, und als diese Tiere alle getötet oder vertrieben worden waren, begann der Stamm Hunger zu leiden. Eines Tages erlegte ein junger Mann, der eben geheiratet hatte, ein Kaninchen. Er war so hungrig, daß er so schnell wie möglich heim rannte und seine Frau bat, Wasser zu holen und es zu kochen. Als die junge Frau den Pfad zum Fluß hinabging, vernahm sie einen wunderbaren Gesang. Er kam von ganz nahe her. Sie sah sich um, konnte aber niemanden entdecken. Dann wurde ihr klar, daß die Melodie von einem Pappelbaum in der Nähe kam. Sie sah sich den Baum näher an und entdeckte einen merkwürdigen Stein, dort, wo der Baumstamm gespalten war. Und außerdem hingen dort ein paar Haare von einem Büffel, der wohl sein Fell gescheuert haben mochte. Der Gesang hörte auf, und der Büffelstein sagte zu der Frau: „Nimm mich mit in eure Hütte. Und wenn es dunkel geworden ist, ruf den Stamm zusammen und lehre ihn das Lied, das du eben gehört hast. Betet auch, daß ihr nicht verhungert und daß die Büffel zurückkommen. Tut dies, und wenn der Tag kommt, werden eure Herzen froh sein."

Die Frau lief und holte Wasser. Als sie zurückkkam, nahm sie den Stein mit und gab ihn ihrem Ehemann. Sie erzählte ihm von dem Lied und was der Stein gesagt hatte. Sobald es dunkel geworden war, rief der Mann die Häuptlinge und alten Männer in seine Hütte, und die Frau lehrte sie das Lied. Sie beteten auch, wie es der Stein verlangt hatte, und es dauerte nicht lange, da hörten sie weit weg ein Geräusch. Es war eine große Büffelherde, die herandonnerte. Da wußten sie, daß in dem Stein Kraft saß. Und seither haben die Frauen den Stein bewahrt und genutzt. (22)

Durch die Auffindung des Büffelsteins wurde die soziale Stellung der Frau im Stamm aufgewertet. Die Frauen hatten bis dahin immer gemeint, sie seien Wesen, denen die Sonne keine Beachtung schenke. Wie Männer, so hatten auch sie im Schlaf manchmal Visionen. Aber sie meinten, es sei nutzlos für sie, diese merkwürdigen Erfahrungen genauer zu bedenken. Aber nun hatte Mink Woman bewiesen, daß die Sonne ihnen genausoviel Beachtung schenkte wie den Männern. Und von Zeit zu Zeit verkündeten sie seither ihre Visionen. Von diesem Tag an hatten die Frauen zunehmend Anteil an den heiligen Dingen, bis endlich sie und nicht länger die Männer die Zeremonien beim Bau der großen Hütte, die der Sonne gewidmet war, leiteten. Ein Ereignis, das jeden Sommer zur Zeit des reifen Beeren-Mondes stattfand. (23)

Bei den Visionen der Prärieindianer wurde zudem zwischen der Übertragung von männlicher und weiblicher Kraft unterschieden. Weibliche Kraft teilte sich vor allem Visionären mit, deren Gesicht mit dem Mond zu tun hatte. Nach der Vorstellung der Blackfoot könnte ein solcher Traum zu der Fähigkeit führen, die Empfängnis bei Frauen zu verhindern, während die Arapaho sich vorstellten, Visionen bei Vollmond verliehen die Kraft, die Zukunft zu sehen. Manchmal führten solche Visionen auch zu einer völligen Geschlechtsumwandlung bzw. zur Veränderung der Geschlechtsidentität. So bei den Omaha, von denen 1898 Black Dog dies berichtet:

Eines Tages lief ein junger Mann zu schnell und war viele Tage verschwunden. Als er heimkam und keine Vision oder keinen Traum gehabt hatte, traf er eine alte Frau, die ihn mit „Tochter" anredete. Sie sagte zu ihm: „Du bist meine Tochter, und du sollst sein wie ich. Dir gebe ich diese Hacke. Damit sollst du den Boden bereiten für Mais, Bohnen und Squash. Du sollst geschickt sein im Flechten von Büffelhaar im Nähen der Mokassins, der Beinkleider und der Büffelroben." Als er zu der Frau sprach, bemerkte der junge Mann, daß er plötzlich weibliche Endungen in seinen Worten verwendete. Er versuchte, sich wieder der Sprache des Mannes zu bedienen, aber das gelang ihm nicht. Nach seiner Rückkehr zu seinem Stamm kleidete er sich als Frau und übte seither die Tätigkeiten der Frauen aus. (24)

Zu einem wichtigen, Kraft verleihenden, aber auch mit seiner Kraft schädigenden Wesen in der Himmelswelt gehörte der Donner. Ihn bringen die Omaha in einer Mythe mit dem Ursprung der Medizinpfeife in Zusammenhang.

Ursprung der Medizinpfeife

Donner – ihr habt von ihm gehört. Er ist überall. Er brüllt in den Bergen und er hallt weit hin in der Prärie. Er zerbricht die größten Felsen. Er trifft einen Baum, und der verdorrt. Er trifft Menschen, und sie sterben. Er ist böse. Er mag nicht die sich auftürmende Klippe, den frei aufragenden Baum, den lebendigen Menschen. Er liebt es, sie zu treffen und sie zu zermalmen. Ja, ja, von allen Wesen ist er das mächtigste und stärkste. Aber das Schlimmste habe ich euch noch gar nicht erzählt. Er stiehlt Frauen. Vor langer Zeit, fast am Anfang, saßen ein Mann und eine Frau vor ihrer Hütte. Da kam der Donner und schlug auf sie ein. Der Mann war nicht tot. Zuerst sah es zwar so aus, aber nach einer Weile regte er sich wieder, sah sich um und stellte fest, daß seine Frau fort war. Nun ja, dachte er, sie wird Wasser oder Holz holen gegangen sein. Aber dann, als die Sonne schon untergegangen und sie immer noch nicht zurückgekehrt war, ging er aus und erkundigte sich bei anderen Leuten nach ihr. Niemand hatte sie gesehen. Er suchte sie überall im Lager und fand sie nicht. Da wußte er, daß der Donner sie gestohlen hatte. Und er ging allein in die Hügel und trauerte. Als der Morgen herankam, stand er auf und wanderte weit fort, und er fragte alle Tiere, die er traf, ob sie wüßten, wo der Donner lebe. Sie lachten und mochten nicht antworten. Der Wolf sprach: „Glaubst du etwa, wir suchen nach dem Heim des einzigen, den wir fürchten? Er ist unsere einzige Gefahr. Vor allen anderen können wir davonlaufen. Vor ihm aber nicht. Er schlägt zu, und da liegen wir. Gib deine Suche auf. Geh heim!" Der Mann aber kümmerte sich nicht darum und wanderte weiter. Nun kam er an eine Hütte, eine merkwürdige Hütte, denn sie bestand aus Stein. Hier lebte der Rabenhäuptling. Der Mann trat ein. „Willkommen, mein Freund", sagte der Häuptling der Raben, „setz dich nur." Und dann legte er ihm etwas zu essen vor. Als er dann gegessen hatte, sprach der Rabe: „Warum bist du gekommen?"

„Der Donner hat meine Frau gestohlen", erwiderte der Mann. „Ich suche seine Wohnung, damit ich sie wiederfinde." „Würdest du dich in die Wohnung einer so fürchterlichen Person wagen?" fragte der Rabe. „Er lebt nicht weit von hier. Auch sein Haus ist aus Stein, wie dieses; und drinnen hängen Augen, die Augen all jener, die er getötet und gestohlen hat. Willst du dich tatsächlich da hineinwagen?"

„Nein", erwiderte der Mann, „ich habe Angst. Was vermöchte ein menschliches Wesen angesichts so schrecklicher Dinge?" „Niemand vermag etwas gegen ihn", sprach der Rabe. „Aber doch gibt es da einen, den der alte Donner fürchtet. Ihn kann er nicht töten. Und das bin ich, der Rabe. Ich werde dir eine Medizin geben, damit er dir nichts antun kann. Dann wirst du in sein Haus treten, die Augen deiner Frau suchen, und wenn du sie gefunden hast, sagst du dem Donner, warum du gekommen bist, und zwingst ihn, sie dir zurückzugeben. Hier ist eine Rabenschwinge. Deute damit auf ihn. Er wird dann zurückweichen. Aber wenn dies versagt, versuche es hiermit. Es ist ein Pfeil, und der Schaft besteht aus Elchhorn. Nimm ihn und schieß ihn durch die Hütte."

„Warum machst du dich über mich lustig?" sagte der Mann. „Mein Herz ist traurig. Ich weine." Und er bedeckte den Kopf mit einer Robe, damit man seine Tränen nicht sähe. „Ach", sagte der Rabe, „glaubst du mir etwa nicht? Komm jetzt mit, ich werde es dir beweisen." Als sie draußen waren, fragte der Rabe: „Ist es weit bis zum Ort, da dein Stamm zu Hause ist?" „Sehr weit", sagte der Mann.

„Kannst du mir sagen, wie viele Tage du gereist bist?"

„Nein", erwiderte er. „Mein Herz ist traurig. Ich habe die Tage nicht gezählt. Aber seitdem ich fortgegangen bin, sind die Beeren gewachsen und reif geworden."

„Kannst du das Lager des Stammes von hier aus sehen?" fragte der Rabe. Der Mann sagte nichts. Da rieb der Rabe eine Medizin auf seine Augen und sprach: „Jetzt schau!" Plötzlich sah der Mann das Lager. Es war nahe. Er konnte die Leute erkennen. Er sah den Rauch, der aus den Hütten aufstieg. „Glaubst du mir jetzt?" sagte der Rabe. „Nimm den Pfeil und die Schwinge. Geh und hole deine Frau."

Also nahm der Mann die Dinge und ging zur Hütte des

Donners. Er trat ein und setzte sich auf die Türschwelle. Drinnen saß der Donner und blickte ihn böse an. Aber der Mann sah nach oben und entdeckte dort viele Augenpaare. Unter ihnen auch die Augen seiner Frau. „Warum bist du gekommen?" sagte der Donner mit furchterregender Stimme.

„Ich suche mein Weib", erwiderte der Mann. „Du hast sie gestohlen, dort hängen ihre Augen." „Noch kein Mensch hat meine Hütte lebendig betreten", sagte der Donner, richtete sich auf und wollte zuschlagen. Da richtete der Mann die Rabenschwinge gegen ihn, und der Donner stürzte rückwärts auf sein Lager und zitterte. Aber bald war er wieder auf seinen Beinen. Da schoß der Mann den Pfeil ab, und der schoß durch die Hütte aus Stein. Er bohrte ein Loch in den Stein. Und durch das Loch fiel Sonnenlicht in die Hütte. „Halt", rief der Donner. „Halt, du bist stärker. Du besitzt die mächtigere Medizin. Du sollst deine Frau zurückhaben. Hol ihre Augen dort herunter." Der Mann schnitt die Schnur durch, an der sie hingen, und hielt sie in der Hand. Im nächsten Augenblick stand seine Frau neben ihm.

„Nun", sagte der Donner, „du kennst mich. Ich habe hier große Macht. Ich wohne hier im Sommer. Im Winter gehe ich in den Süden. Die Vögel nehme ich mit. Hier ist meine Pfeife. Es ist eine Medizin. Nimm sie und behalte sie. Aber wenn ich im Frühjahr zurückkomme, sollst du sie füllen und anzünden. Dann sollst du zu mir beten – du und dein Stamm. Dann will ich Regen bringen und dafür sorgen, daß die Beeren groß werden und reifen. Ich werde Regen bringen, der alle Dinge wachsen läßt. Und du und alle Angehörigen deines Stammes sollen mich verehren."

So bekam der Stamm die erste Medizinpfeife. Das ist lange her. (25)

Die Vielzahl der Visionen

Wenn die aufgeführten Beispiele auch nur eine kleine Auswahl aus den vielfältigen Visionserfahrungen der Prärieindianer liefern, so vermögen sie doch vielleicht einen Eindruck davon zu vermitteln, in wie starkem Maße Visionen das Leben dieser Nationen beeinflußten und wie sie nahezu alle Bereiche des sozialen Lebens, des moralischen und ethischen Bezugssystems über den Visionär mitprägen. Wenn zuvor gesagt worden ist, daß soziale Gruppen im Zustand der Jäger und Sammler die Institution des Schamanen, also einer individuellen Vision entwickelten, so steht die Vision bei den zahlreichen Nationen der Prärieindianer in bezeichnender Weise zwischen Schamanentum und Priesterschaft. Denn: Der Visionär sucht zunächst einmal seine Vision zur Gestaltung seiner individuellen Identität. Manchmal jedoch – ein gutes Beispiel dafür wäre die gewaltige Vision von Schwarzer Hirsch – reichen die Visionen eines Individuums weit über dessen persönliches Schicksal hinaus. Sie betreffen die ganze Nation und erheben den Visionär gerade dadurch zu einer einflußreichen Persönlichkeit in der Gemeinschaft. (26)

6. Rituale zur Erneuerung der Welt – Landrituale

„Das erste, was es zu tun gilt, ist einen heiligen Ort zu suchen, um dort zu leben."
Tahirassawichi, Priester der Pawnee (1)

„Wir sind so wenig in Frieden mit uns selbst und unseren Nachbarn, weil wir nicht Frieden halten mit unserem Platz in der Welt, in unserem Land. Amerikanische Geschichte ist zu einem beträchtlichen Teil die Geschichte eines Krieges gegen das natürliche Leben auf diesem Kontinent. Ehe wir nicht unsere Gewalttaten gegen die Erde beenden – wie können wir hoffen, daß die Gewalttaten unter uns aufhören?
Wendell Berry (2)

„Wir sind das Land ... das ist die grundlegende Idee des Lebens der Native Americans; das Land und die Menschen sind ein und dasselbe"
Paula Gunn Allen (3)

Die folgende Geschichte beginnt mit einem Ritual der Initiation. Durch Fasten und die nachfolgende Aufnahme in die Gemeinschaft wächst dem jungen Menschen Kraft zu. Die Erzählung vermittelt zum einen eine Vorstellung, welche besondere Bedeutung dem Tanz bei den *Native Americans* zukommt. Sie zeigt zum anderen, wie man durch die ganze Welt tanzend und durch alle Jahreszeiten fort sich Welt ekstatisch vergegenwärtigen kann. Sie weist schließlich auf den besonderen Sinn der Indianer für die Kreisbewegung von Zeit im Unterschied zu der linearen Vorstellung von Zeit beim Weißen Mann hin. Insofern ist es angemessen, daß sie ein Kapitel über Rituale einleitet, die die intensive Vergegenwärtigung der Kräfte der Natur, die Sinnentdeckung in einer Landschaft und die Erneuerung der Welt zum Inhalt haben.

Tanzverrückt

Manchmal geschieht es, wenn viele Menschen zum Tanzen, Singen und Feiern zusammenkommen, daß der eine oder andere von denen, die da tanzen, nicht aufhört, wenn die anderen aufhören. Er ißt nicht, er schläft nicht, er ruht sich nicht aus, sondern tanzt in einem fort. Man sagt dann, er sei tanzverrückt.

Einmal vor langer Zeit wurde ein ganzer Stamm tanzverrückt. Er tanzte, während die Monde und Jahreszeiten kamen und gingen. Er tanzte um die ganze Welt. Es begann an einem Tag im Frühling, nachdem die starken Winde sich beruhigt hatten und die nackte Erde grün geworden war von jungem Klee. Es geschah in einem Dorf am Swift-Creek, halbwegs zwischen dem oberen Rand der Welt, wo die drei großen Ströme noch kleine Bäche sind, und dem unteren Rand, wo diese Flüsse, breit und tief, zusammenfließen und den Nom-ti-pom bilden, jenen Fluß, den die Weißen Sacramento nennen.

Das Dorf war so alt wie das Meer und die Flüsse, und das Leben seiner Bewohner hatte sich seit den Tagen, da die Welt entstanden war, kaum verändert.

Der Anlaß war ein Fest für Nomtaimet, die Tochter einer der angesehensten Familien dieses Dorfes. Es war das Fest, nach dem sie nicht länger ein Mädchen, sondern eine Frau war.

Nomtaimets Vater und Mutter hatten sorgfältig alle Sitten und Gebräuche beachtet, die zu jenem Lebensabschnitt eines Mädchens gehören. Sie wußten, daß dies eine wichtige und gefährliche Zeit für ihre Tochter und auch für die Menschen war, mit denen diese zusammenlebte. Nomtaimets Mutter baute für ihre Tochter ein kleines Haus. Hier, abgetrennt von der Familie, aber doch ihr nahe, lebte sie während der Monate ihrer Einweihung. Sie fastete, blieb allein, sah nur ihre Mutter und deren Mutter, die ihr Nahrung brachten, sie badeten, ihr das Haar kämmten und für sie sorgten, denn nach alter Sitte durfte sie selbst ihren Körper nicht berühren. Sie verließ das kleine Haus erst nach Einbruch der Dunkelheit und auch dann nur für kurze Zeit. Sie hielt ihren Kopf bedeckt und hatte einen Schleier vor dem Gesicht. Sie verbrachte viele Tage und Nächte in dieser Hütte allein und tat nur das, was dieser Zeit angemessen war. Sie lernte von ihrer Mutter und Großmutter, was man von einer guten Ehefrau erwartet.

Sie lernte, daß am Tag und in der Nacht, ehe ihr Ehemann auf die Jagd ging, sie ihm helfen mußte, Kraft für die Jagd zu gewinnen, und daß sie auf keinen Fall bei ihm schlafen durfte, denn das würde seine Kraft mindern.

Sie lernte auch, daß sie darauf achten mußte, daß er sie mied, wenn sie ihre Periode bekam, und zwar so lange, bis sie eine alte Frau war und keine Kinder mehr gebären konnte. In diesen Tagen mußte sie in ihrer eigenen Hütte leben, getrennt von ihrem Mann. Es gab noch andere Regeln, zum Beispiel Verbote von Speisen, die sorgfältig eingehalten werden mußten, wenn sie schwanger war. Und zu jeder Regel und zu jedem Verbot gehörte ein Ritual, ein Lied und eine Geschichte, und auch diese mußte sie lernen.

Als die langen Monde des Lernens, des Fastens und Betens zu Ende gingen, waren ihre Mutter und ihre Großmutter sehr zufrieden mit ihrem Wissen und ihrem Verständnis vom Leben. Die beiden Frauen, ihr Vater und des Vaters Brüder und

Schwestern richteten nun ihr zu Ehren ein Fest aus und schickten Boten zu all den Leuten, die in den Dörfern flußauf und flußab wohnten, damit sie auf Besuch kämen mit Tänzen und mit Gesängen.

Ihre Freundinnen und Freunde hatten oft für sie am Abend vor dem kleinen Haus gesungen, um sie wissen zu lassen, daß sie sie nicht vergessen hatten. Aber Nomtaimet hatte nie die Regel gebrochen: Sie hatte nie hinausgesehen, sich ihnen nie gezeigt, nie ihnen geantwortet. Sie waren froh, sie nun zurückzuhaben, und die jungen, schon verheirateten Frauen kamen und sprachen mit ihr, denn nun war sie eine erwachsene Frau. Nomtaimet kam aus ihrer langen Abgeschiedenheit. Sie war bleich, verändert, schön. Die Alten wie die Jungen zeigten ihr ihre Bewunderung, und die Alten sagten, ein Mädchen sei nie so schön, als wenn es nach einer langen Zeit der Einweihung wieder in die Welt zurückkäme. Sorgfältig kleidete man sie für ihren großen Tag. Ihr neuer Rock aus Wildleder war verziert mit Muscheln und Perlen. An den Ohren trug sie große Ohrringe aus polierten Muscheln und um ihren Hals Ketten aus Perlen, die halb ihre Brüste verdeckten.

Ihr Haar, gewaschen und glänzend, hing in zwei dicken Zöpfen herab. Sie trug Rasseln aus Rehhufen und einen dünnen Weidenstab, den ihr die jungen verheirateten Frauen gegeben hatten. Es war das Zeichen, daß sie nun erwachsen sei.

Die Frauen, die nicht damit beschäftigt waren zu kochen oder sich um die Kinder zu kümmern, standen bei ihr und bewunderten sie. Ein Mann trat heran und dann ein zweiter ... bis jemand sagte: „Wir sollten tanzen. Es sind genug da, um einen Kreis zu bilden." Die Leute faßten sich an den Händen und bildeten um Nomtaimet eine Kreis. Sie tanzten die alten Tänze, mit denen man seit Anfang der Zeiten das Erwachsenwerden der Mädchen feiert.

Als sie das Singen und den vertrauten Rhythmus der beim Tanz schlurfenden Schritte hörten, kamen die alten Männer und Frauen von ihren Feuern und aus ihren Häusern herbei. Mit der Zeit wurde der Kreis um das Mädchen immer größer und größer. Die einzigen, die nicht tanzten, waren die Frauen, die die Eicheln zerstampften oder die Speisen rührten, die in großen Kochkörben für das Fest vorbereitet wurden. Aber eine nach der anderen legte schließlich auch die Löffel und Stampfer fort und trat zu den anderen in den Kreis und hielt mit ... Sie sangen zum Rhythmus der aufstampfenden Füße, bis man in der Ferne Stimmen hörte und den sirrenden Laut von Pfeilen in der Luft. Das Tanzen wurde unterbrochen, weil nun die Gäste aus den Dörfern der Nachbarschaft eintrafen. Die jungen Burschen hatten Pfeile über die Köpfe der Tanzenden hin abgeschossen. Man begrüßte sich, schwatzte und lachte, und dann lud Nomtaimets Vater alle zum Essen. Es war ein großes Fest. Zehn Tage und zehn Nächte aß, sang und tanzte man. Dann war das Fest vorbei. Aber der blasse Morgen des elften Tages fand alle Gäste noch tanzend. Sie tanzten immer weiter, alle. Sie waren tanzverrückt geworden. In einer langen Reihe tanzten sie einen Pfad entlang, der im Osten aus dem Dorf hinausführte. Bald lag das letzte Haus hinter ihnen, und sie tanzten zwischen den Hügeln, die sie kannten. Sie tanzten über die Hügel hinweg, bis sie die Häuser des Dorfes nicht mehr sahen, durch Büsche und Steine tanzten sie, bergauf und bergab.

Man weiß, wie diese Reise der Tanzenden verlief, denn schließlich kamen sie an den Trinity-River, und sie überquerten ihn, wie sie schon zuvor alle Bäche überquert hatten, nämlich tanzend. Auf der anderen Seite des Flusses liegt flaches, offenes Land. Dort bildeten die Tänzer wieder einen Kreis und legten einen Rundtanz ein. Dann aber tanzten sie weiter durch das Land in den Hügeln nach Hayfork und den Steilhang hinauf. Oben auf der Bergkette stießen sie auf eine Quelle. Hier hielten sie an und rasteten. Von Paukaukunmen tanzten sie die andere Seite des Gebirges hinab. Sie wären wahrscheinlich vor Hunger ohnmächtig zusammengesunken, hätten sie nicht inzwischen gelernt, Beeren zu pflücken und kleine Tiere zu fangen, ohne aus dem Rhythmus des Tanzes zu geraten. So überquerten sie Gebirgszug um Gebirgszug, wateten durch Bäche und fanden sich endlich an den Ufern des Mittleren Flusses, des McCloud. Hier legten sie wieder eine Rast ein. Aber unterdessen waren ihre Mokassins zerschlissen, und von ihrer Kleidung war auch nichts übrig als ihre Gürtel, ein paar Fetzen Leder und Ahornrinde. Sie hielten sich nicht damit auf, die zerschlissenen Kleider zu ersetzen. Statt dessen füllten sie hier ihre Lederbeutel mit Lehm und farbiger Erde, und sie bemalten sich Gesichter und Leiber und tanzten von nun an ohne Kleider, aber die Gesichter und Körper frisch bemalt.

Die Tänzer befanden sich jetzt weit fort von daheim, viel weiter, als die meisten von ihnen bisher je in ihrem Leben gekommen waren, in einem Land, das sie nur aus den Geschichten der Alten kannten. Die Alten selbst wußten aber auch nur das, was sie bei den gelegentlichen Treffen mit Fremden erfahren hatten. Fremde, die dieselbe Sprache sprachen und nach denselben Regeln des Lebens lebten, aber weit fort vom Mittelpunkt der Welt wohnten, nahe dem Grenzland. Die Tänzer stellten fest, daß das Land dort so aussah, wie sie es sagen gehört hatten, daß es ein reiches Land war mit vielen Menschen, vielen Rehen, Büschen und Haselnüssen, daß es Beeren aller Arten hier gab. Alle hatten Nahrung im Überfluß, und sie gingen auf die Jagd und aßen, wurden fett und satt, während sie mit den Leuten dort bekannt wurden. Von ihren neuen Freunden lernten sie, Lachse zu fangen und sie zu kochen, etwas, was ihnen seltsam vorkam und was sie vorher nie getan hatten.

Mit dem Lachsfleisch im Magen fühlten sie neue Stärke und neue Kraft und begannen wieder zu tanzen. Sie mochten jetzt nicht mehr jagen und Beeren sammeln, sie wollten nur tanzen und tanzen und dann fischen und noch mehr Lachs essen. Also tanzten sie nun nahe diesem oder jenem Bach, wo es die meisten Lachse gab. Sie lernten die Namen der verschiedenen Arten der Lachse, ihre Größe und ihr Aussehen. Sie tanzten und fischten. Sie gelangten immer weiter stromabwärts, während die Tage verstrichen; und die Lachse schwammen jetzt nicht mehr so weit die Bäche und Flüsse hinauf, um zu laichen.

Sie waren daheim zur Zeit der Winde und des neuen Klees aufgebrochen. Sie hatten die Zeit der warmen Monde damit verbracht, zu tanzen und mit Speeren Lachse zu erlegen. Als die Blätter dürr wurden und von den Bäumen fielen, erreichten die Tänzer den dritten großen Fluß, den Pitt. Weit bis in den Süden kamen sie, bis zu der Stelle, an der sich die Flüsse auf ihrem Weg zum Meer vereinigten. Jetzt befanden sie sich in einem Land, das ihnen völlig unbekannt war. Die Sprache der Leute, die dort lebten, konnten sie nicht verstehen. Das Land auf beiden Ufern des Sacramento-Flusses lag flach da, soweit das Auge blickte, Marschland, sumpfiges Land, ein Landstrich voller Wasservögel. Sie tanzten durch die Sümpfe und zwischen den Wasservögeln dahin, bis der Geruch von Salz in der Luft lag. Die Marsch hinter sich lassend, tanzten sie den Sacramento hinunter und standen endlich an der Stelle, da sich der Fluß ins Meer ergießt.

Als sie davon genug gesehen hatten, tanzten sie weiter, und jetzt waren sie am unteren Rand der Welt. Sie ließen den Fluß in ihrem Rücken und tanzten nach Norden. Die Zeit der welken Blätter war vorbei. Der Nebelmond kam und ging, und es war bereits die Zeit des Schlamm-Mondes und der Fröste. Sie sahen in der Ferne Sturm, Regen und Fluten. Aber dort, wo sie sich befanden, gab es keine Stürme. Also tanzten sie weiter, manchmal über felsige, dann wieder über sandige Küsten.

Die Jahreszeit der Stürme und der Kälte kam und ging. Die großen Winde begannen wieder zu blasen, und sie weckten die Erde auf, und jetzt wandten sich die Tänzer landeinwärts, fort von der See, sie tanzten, halb wurden sie auch von den Winden geschoben, und so tanzten sie endlich heim. Sie erreichten den Swift-Creek, als der neue Klee als ein grüner Teppich auf der Erde lag. Gerade so war es gewesen, als Nomtaimet aus ihrer Abgeschiedenheit kam, am Anfang der Tanzreise.

Die Tänzer waren nun daheim. Die Tanzverrücktheit war vergangen. Sie hatte ganze Monde und Jahreszeiten über angehalten und sie rings um die Welt getragen.

Solange wie sie lebte, erzählte Nomtaimet ihren Kindern vom Fest, das ihr Vater gegeben hatte, und wie dabei die Gäste alle tanzverrückt geworden waren. (4)

Eine ortsorientierte Kultur

Es scheint eine Eigenart in der Vorstellung der frühen Menschen gewesen zu sein, in der irdischen Realität selbst, also in der Topographie einer Landschaft, ein Abbild des Jenseits, einer heiligen Welt zu sehen, die von den Göttern geschaffen wurde. Somit ist es verständlich, daß es Rituale gibt, um die Welt in ihrer Heiligkeit zu erneuern, sich selbst des heiligen Gehalts der Welt in bestimmten zeitlichen Abständen zu vergewissern.

Ein solches kosmologisches Bewußtsein schloß nicht nur Menschen, Tiere und Pflanzen ein, sondern auch Flüsse, Wüstensand, Steine, Felsen und Gebirge.

„*Inyan*, der Felsen ist heilig", erklärt Lame Deer. „Jeder Mensch braucht einen Stein, der ihm hilft. Tief in dir muß ein Bewußtsein der Steinkraft, der Geister im Stein, vorhanden sein, sonst würdest du keine Steine aufheben, noch würde ein Stein so wichtig für dich werden." (5)

Ein solcher Sinn für die Heiligkeit der Landschaft ergibt sich aus dem engen Bezug zur Natur, der sich nicht nur mythologisch, sondern auch in ganz handfestem Wissen ausdrückt.

„Die Sioux", so erzählt Vine Deloria, „erklären, daß ihre Vorfahren genau wußten, wann sie die Reise zu ihren Winterplätzen antreten mußten, nämlich sobald eine bestimmte Blume in den Vorbergen der Rocky Mountains zu blühen begann." (6)

Auch die Himmelsrichtungen sind bei den *Native Americans* des Südwestens symbolisch besetzt. Zeugnisse von der mythologischen Bedeutung der Topographie bei ihnen gibt es viele. Beispielsweise die Erfahrung, die Dennis Tedlock auf einer Reise mit einem Zuni-Indianer durch New Mexico machte:

Wir reisen im Wagen, kommen an einem Tafelberg vorbei mit rosa und gelben Streifen, und in etwa 300 Fuß Höhe sieht man eine Höhle.

Wir fahren zusammen mit einem Zuni, und der Indianer

sagt: „Erinnern Sie sich an das *aatoshle*-Ungeheuer, die Geschichte von dem kleinen Mädchen, das in dieser Höhle wohnte. Das Ungeheuer drang dort ein und verbrachte die Nacht mit ihr."

„Ja, die Geschichte kenne ich."

Oder man kommt an einem anderen Tafelberg vorbei, ein Stück weiter links neben der Straße. Es ist jener, den die Menschen während der großen Flut aufsuchten. Er liegt 500, 600 Fuß über dem Land in ihrer Umgebung.

„Dorthin rettete sich das Volk während der Sintflut, und die Streifen, die Sie da sehen, sind die Markierung, die zurückblieb, als das Wasser langsam sank. Ja, eben dort drüben ...!" (7)

Solche Berichte vermitteln eine Vorstellung davon, was Orte in der Geschichte indianischer Völker bedeuten.

Die Erneuerung des Volkes

Einige der eindrucksvollsten Rituale zur Erneuerung bei den *Native Americans* sind aus den nordwestlichen Ebenen überliefert. Sie dienen dazu, sowohl das spirituelle wie auch physische Wohlergehen des Volkes aufrechtzuerhalten. Zwei Rituale dieser Art sollen hier näher betrachtet werden: die Heilige Pfeil-Zeremonie der Cheyenne und die Zeremonie der Tabak-Gesellschaft bei den Crow.

Die Zeremonie der Heiligen Pfeile hat ihre Wurzeln in der Geschichte des Stammes, die hier deshalb kurz rekapituliert werden muß.

Die Cheyenne waren – so weit sich das zurückverfolgen läßt – ursprünglich in den östlichen Waldlandgebieten, in Minnesota und Wisconsin ansässig. Sie lebten dort in Dörfern am Rande von Seen und ernährten sich von wildem Reis, Wasservögeln und Kleinwild. In der mündlichen Überlieferung gibt es zahlreiche Hinweise auf mythologische Gestalten aus dieser Epoche. Beispielsweise wird von *ehyoph' sta*, der Gelbhaarigen Frau erzählt, die bei dem Volk erschien, ehe es den Büffel jagte und noch von Fischen und anderen kleineren Tieren lebte. Es muß eine Zeit der Armut und häufiger Hungersnöte gewesen sein. Die Mythe berichtet von zwei jungen Männern, die von ihrem Dorf dazu ausgeschickt worden waren, um Nahrung zu suchen, und denen man gesagt hatte, ehe sie nicht etwas gefunden hätten, sollten sie nicht zurückkommen. Nach acht Tagen kamen sie an einen hohen Berg, vor dem ein Bach floß. Sie schickten sich an, das Gewässer zu überqueren. Als sie in der Mitte waren, wurde der Jüngere von ihnen von einer Gewalt unter dem Wasser festgehalten. Er schrie um Hilfe. Als nun der Ältere verzweifelt am Flußufer saß und sich keinen Rat wußte, kam ein alter Mann mit einem Koyotenfell auf dem Rücken und einem scharfen Messer in der Hand vom Berg herab. Er schwamm zu dem Jungen, der in der Mitte des Flusses festsaß, tauchte und schnitt der Schlange, die sich in seine Beine verbissen hatte, den Kopf ab. Dann hieß er den älteren der beiden Jungen mit ihm zum Berg zu gehen. Ein großer Fels öffnete sich wie eine Tür, und im Inneren traf der ältere Junge eine alte Frau. Drinnen befand sich auch eine Schwitzhütte, und in ihr vollzog der Koyote-Mann ein Heilungsritual, das den Schock, unter dem der Jüngere stand, vergehen ließ.

Danach teilte die alte Frau Nahrung in zwei Steinschüsseln aus. Jedem der jungen Männer gab sie ein Steinmesser, damit sie die Speisen essen konnten. Als diese damit fertig waren, sahen sie eine blonde Frau in der Hütte sitzen. Der Koyote-Mann fragte, welcher der beiden Jungen die Frau zur Schwester nehmen oder sie heiraten wolle. Nach einigem Hin und Her kamen sie überein, daß der Jüngere sie zur Frau nehmen solle. Ehe die beiden jungen Männer den Berg verließen, bewirkte der Koyoten-Mann eine Vision in den Vier Himmelsrichtungen. Als die beiden nun in die vier Richtungen sahen, erblickten sie dort Büffel und andere Tiere, darunter auch ein Pferd. Dann erklärte der Koyote-Mann, die Gelbhaarige Frau werde all diese Tiere dem Volk bringen. Die junge Frau aber bekam Anweisungen, wie man mit den Tieren umgehen solle, darunter auch die Warnung, sie solle nie Mitleid mit einem leidende Tier zum Ausdruck bringen.

Die beiden jungen Männer und die Frau kehrten dann ins Lager zurück, und am nächsten Morgen war die Prärie schwarz von Büffeln. Damit begann für den Stamm eine Zeit des Wohlstandes. Nach acht Jahren machte die Frau einen Fehler. Ein Büffelkalb wurde von jungen Männern des Stammes mißhandelt, und sie ließ ihr Mitleid für die Leiden des Tiers erkennen. Am nächsten Tag waren alle Büffel verschwunden. Die junge Frau aber kehrte zu ihren Eltern, dem Koyoten-Mann und der alten Frau zurück.

Die beiden Männer, die sie gefunden hatten, entschlossen sich, mit ihr zu gehen. Sie wurden nie mehr gesehen.

Abgesehen davon, daß die Geschichte auf eine Zeit verweist, in der die Cheyenne offenbar noch nicht von Büffeln lebten, enthält sie noch weitere interessante Hinweise auf Vorstellungen des Stammes.

Zwei junge Männer gehen in die Einsamkeit und finden dort die Lösung für die Not ihres Volkes. Der Koyote-Mann ist eine Figuration des Herrn der Tiere, einer Gestalt, die in vielen Geschichten der Algonkin-Kulturen im östlichen Waldland auftritt. Sie soll unter Umständen auf die Zeit der Einwanderung der Cheyenne auf die Großen Ebenen verweisen.

Fragen wirft das Gebot des „kein Mitleid mit Tieren" auf. Unter Umständen ist die Gelbhaarige Frau, durch deren Mitleidsreaktion die Büffel verschwinden, eine mythologische Gestalt aus einer Zeit, da die Cheyenne als Pflanzer lebten. Da konnte man sich Mitleid mit Tieren leisten, ein Gefühl, das ein Volk, welches seinen Lebensunterhalt als Jäger erwarb, überwinden mußte. Die Tatsache, daß die beiden Jungen namenlos sind, ist dahin gedeutet worden, daß ihre Gestalten auf die Stämme der Mandans und Hidatsa verweisen, mit denen die Cheyenne in ihrer landwirtschaftlichen Phase zusammenlebten.

In einer anderen mythologischen Geschichte treffen sich zwei junge Männer an einer Quelle, die „das Wasser der alten Frau" heißt. Sie sind völlig gleich gekleidet und haben die gleiche Bemalung. Sie kennen einander nicht, und als sie sich verwundert über die Gleichartigkeit befragen, stellt sich heraus, daß sie beide an unterschiedlichen Plätzen von einer alten Frau dazu aufgefordert worden sind, an die Quelle zu kommen.

Die beiden Männer stürzen sich in die Quelle und gelangen in eine große Höhle. Dort sitzt eine alte Frau, die Büffelfleisch und Mais in großen irdenen Gefäßen kocht. Sie stellt sich den Männern als deren Großmutter vor, speist sie aus den Gefäßen, die sich auf geheimnisvolle Weise immer wieder füllen.

In der Vision, die den beiden Männern zuteil wird, sehen sie im Süden Büffel, im Norden Maisfelder. Die Großmutter verkündet ihnen: „All dies soll in Zukunft eure Nahrung sein. In dieser Nacht habe ich die Büffel für euch wieder zurückgebracht." Dann gibt sie ihnen Saatgut für Mais und gekochtes Fleisch, das bringen sie mit heim. Die Töpfe, in denen es aufbewahrt wird, sind immer voll und leerten sich erst, als zwei Waisenkinder alles aufaßen.

Die beiden Männer sind das, was die Mythenforscher kulturgutbringende Helden nennen. In manchen Geschichten haben sie auch Namen, nämlich *Standing on the Ground (Erect Horns)* und *Sweet Root Standing (Sweet Medicine)*. Der Büffel und der Mais stehen als mythisches Bild für die Grundlagen des Lebensunterhalts von zwei Völkern, der Cheyenne und der Suhtais, die sich trennten, deren ehemaliger Gemeinschaft aber in der Mythologie gedacht wird. (8)

„Sweet Medicine"

Die Zeremonie der Heiligen Pfeile scheint sich schon um das Jahre 1805 entwickelt zu haben, als die Cheyenne und die Suhtais östlich der Black Hills kampierten. Ihr Sinn und ihre Vorstellungen stehen im Zusammenhang mit „Sweet Medicine", dem kulturgutbringenden Helden der Cheyenne. Seine Geburt vollzieht sich unter außergewöhnlichen Umständen. Als er als Kind an einem Schamanentanz teilnimmt, erweisen sich seine übernatürlichen Fähigkeiten. Er trennt mit einer

Bogensehne seinen Kopf vom Rumpf. Sein Vater vermag Kopf und Rumpf unter einer Büffeldecke wieder zusammenzufügen. Nachdem Sweet Medicine erwachsen geworden ist, stellt sich heraus, daß er sowohl die Gestalt einen Menschen wie auch die eines Tieres annehmen kann.

„Den ganzen Sommer hindurch", heißt es bei Grinnell, „war er jung wie andere junge Männer auch, sobald aber der Herbst kam und das Gras zu vertrocknen begann, sah er plötzlich älter aus, und um die Mitte des Winters glich er einem sehr alten Mann, der gebeugt und verkrümmt ging. Doch im Frühjahr wurde er dann wieder jung." (9)

Sweet Medicine hatte einen Bruder, dessen Aussehen nicht den Wechsel der Jahreszeiten spiegelte, er blieb immer im Zustand eines Mannes mittleren Alters, und als er endlich starb, hatte er länger beim Stamm gelebt als sein Bruder. Das Ritual, das gleich noch genauer beschrieben werden wird, wurde zu Ehren von Sweet Medicine abgehalten, es feiert also den jahreszeitlichen Ablauf.

Vier Jahre, nachdem sich Sweet Medicine im Lager endgültig niedergelassen hat, bricht er mit seiner Frau zu einer langen Reise auf. Er kommt an einen hohen Berg in den Black Hills, betritt diesen durch eine Steintür und trifft drinnen zwei menschliche Wesen in einem heiligen Raum. Zunächst sieht er ein Koyotenfell, dann vier mit Falkenfedern gefiederte Pfeile, die alle in eine Richtung deuten. Darauf kommt er zu vier Pfeilen, die mit Adlerfedern besetzt sind. Gefragt, welche Pfeile er haben möchte, entscheidet er sich für jene mit den Adlerfedern. Viele Personen erscheinen und belehren ihn und seine Frau über die Art und Weise, in der die Pfeile benutzt werden sollen. Das Koyotenfell verwandelt sich in einen Köcher, um den sich die Haut eines vierjährigen Büffels windet, der auf rituelle Art getötet worden ist.

Sweet Medicine und seine Frau blieben für Jahre in der Hütte und lernten dort das Ritual und die symbolische Bedeutung, die sich mit den Pfeilen verbindet. Als sie vom Berg zurückkamen, brachten sie mit dem Bündel der Heiligen Pfeile dem Stamm die Kraft der Erneuerung. Die Frau von

Sweet Medicine spielte in einer der Versionen der Mythe eine wichtige Rolle. Dies ist insofern bemerkenswert, weil später die Frauen von der Zeremonie der Heiligen Pfeile ausgeschlossen waren.

Die Heiligen Pfeile wurden beim Stamm einem bestimmten Mann anvertraut, der selbst samt dem Tipi, in dem er wohnte, als heilig galt.

Was das Ritual angeht, so wurde es in der historisch überschaubaren Zeit einmal im Jahr vollzogen.

Das Thema des Opfers stand dabei ganz offensichtlich im Vordergrund. Dem Bewahrer der Pfeile wurden Hautstreifen aus Armen, Schulter, Hüfte, Rücken und Lenden geschnitten, Körperpartien, die symbolisch für die Himmelsrichtungen und der ihnen innewohnenden Kraft stehen. An anderen Körperpartien wurden dem Mann Schnitte beigebracht, deren Narben Sonne und Mond symbolisierten.

Wie viele Rituale der Präriestämme, so war auch dieses mit persönlichen Verpflichtungen verbunden. Eine Person mußte die verschiedenen Stammesgruppen besuchen, um ihnen mitzuteilen, wann das Ritual vollzogen werden würde. Da die Erneuerung der Pfeile als außerordentlich bedeutungsvoll für die Erneuerung des Lebens und für die Wohlfahrt des Stammes angesehen wurde, bestand ein beträchtlicher sozialer Druck für alle, daran teilzunehmen. Howard L. Harrod hat die vielleicht genaueste Beschreibung des Rituals geliefert, die ich hier wiedergebe. (10)

„Der Stammeskreis ist die Verkörperung der ursprünglichen symbolischen Form, die in dem rituellen Prozeß während der nächsten vier Tage nachgespielt werden wird.

Am ersten Tag, nachdem der Lagerkreis gebildet worden ist, setzt sich der Verpflichtete mit seinem Tipi in die Mitte des Halbkreises. Nun werden die Leute dazu aufgefordert, in dem Maße Opfer zu bringen, das ihnen angemessen erscheint. Nachdem alle etwas gebracht haben, das mit ihrer Bitte an die Heiligen Mächte im Zusammenhang steht, sammelt man die Opfergaben ein und hängt sie über die Tür der Behausung, die nun zum Heiligen Tipi wird. Ebenfalls am ersten Tag wird ein

Ort im Mittelpunkt des Neumondkreises ausgewählt und dort eine Hütte errichtet. Diese hat auch die Form der anderen Tipi, ist aber zwei- oder dreimal so groß und wird mit zwei oder mehr Zeltdecken und fünfzig oder sechzig Pfählen errichtet. Es ist nicht schwer, die tiefe symbolische Bedeutung dieser großen Medizinpfeil-Hütte zu entschlüsseln. So betrachtet, ist sie das Symbol für das Gebirge, in das der Kulturgutbringende eintrat, um die Mysterien zu erlernen, die für das Leben des Stammes entscheidend waren. In dieser Hütte wird ein Zusammenhang zwischen früheren heiligen Momenten und der Gegenwart in Zeit und Raum hergestellt."

Am zweiten Tag werden von Personen mit schamanistischen Kräften die Opfer vor einem Altar niedergelegt, und der Bewahrer der Heiligen Pfeile öffnet das Medizinbündel. Die Erneuerung der Pfeile beginnt. Verschlissene Federn werden ausgewechselt, und gewisse Regeln werden während dieser Augenblicke vom gesamten Stamm eingehalten.

„Am dritten Tag der Zeremonie bereiten die Schamanen Weidenstöcke, von denen ein jeder eine Cheyenne-Familie repräsentiert. Während des ganzen Tages über bis in die Nacht und während des nächsten Tages schwenkt man diese Stöcke durch den Rauch der Räucherstäbchen, die vor dem Altar glimmen. Dieser symbolische Akt verkörpert die zentrale Bedeutung, die dem Ritual innewohnt. Durch die den symbolischen Gegenständen innewohnende Kraft wird der Zustand des ganzen Stammes, der Gruppe, der Familien, des Einzelwesens zum Besseren verändert, ihr Mut und ihr Leben werden erneuert. Die moralische Qualität der sozialen Welt und der individuellen Erfahrung, so glaubt man, werde an diesem Tag der Zeremonie stark beeinflußt.

Am Nachmittag des vierten Tages, sobald die Pfeile erneuert worden sind, nimmt der dazu Verpflichtete einen Stamm, an dem die Pfeile gehangen haben, und steckt ihn in ein Loch im Boden. Zwei der Pfeile weisen gegen den Himmel, zwei gegen die Erde und stellen die Assoziation zu den Heiligen Wesen her, von denen Sweet Medicine das Bündel erhielt, nämlich Jener-der-über-dem-Boden-zuhört und Jener-der-unter-dem-Boden-zuhört. Opfer der Gemeinde werden neben dem Stamm niedergelegt, und jeder männliche Cheyenne im Lager kommt, um die wiederhergestellten Pfeile in Augenschein zu nehmen. Nachdem die Pfeile derart von allen Männern betrachtet worden sind, wird die Pfeilhütte niedergerissen und ein noch größeres Tipi über dem Stamm errichtet, an dem die Pfeile hängen. Diese Hütte wird Prophetenhütte genannt. Sie erinnert an Sweet Medicine, den kulturbringenden Held. Nachdem die Hütte errichtet worden ist, kehrt das Pfeilbündel wieder in das Tipi seines Bewahrers zurück. Dann versammeln sich alle Männer, die ihre schamanistischen Kräfte unter Beweis gestellt haben, in dem großen Tipi und singen vier heilige Lieder.

Dies waren jene Lieder, die nach der Überlieferung dem Stamm von Sweet Medicine gelehrt worden waren. Nachdem man sie gesungen hatte, reinigten sich die Hauptbeteiligten in der Schwitzhütte. Die soziale Welt der Cheyenne war damit erneuert, die individuellen moralischen Werte vergegenwärtigt und die Qualität im Gemeinschaftsleben für das kommende Jahr gesichert." (11)

Zwei der Heiligen Pfeile wurden traditionell mit dem Büffel und zwei mit den menschlichen Wesen in Verbindung gebracht. Dies spiegelt ganz deutlich den Bezug der heiligen Gegenstände zu der Nahrungsversorgung und der Vorstellung, die Existenz der Gemeinschaft angesichts der Bedrohung durch äußere Feinde aufrechtzuerhalten.

Was den Ausschluß der Frauen von dem Ritual der Heiligen Pfeile angeht, so sind darüber von Wissenschaftlern verschiedene Erklärungen geliefert worden. Einige meinen, zu den Heiligen Pfeilen (männlich) gehöre der Heilige Hut (weiblich), andere behaupten, das Ritual habe die Überlegenheit der Männer über die Frauen wie auch die Autorität der Häuptlinge, Alten und Schamanen legitimieren sollen.

Möglicherweise könnte der Ausschluß der Frauen sich erst durch das besondere Schicksal des Stammes und die Krisenzeiten im 19. Jahrhundert ergeben haben, denn es gibt bei den Präriestämmen zahlreiche Zeugnisse, daß Frauen zuvor eine zentrale Rolle im Leben der Stämme spielten und an schamanistischen Praktiken, die der Erneuerung der Gruppe oder der Welt dienten, teilhatten. Dies gilt vor allem für den Sonnentanz, von dem noch näher zu reden sein wird. Zuvor aber wollen wir noch ein Ritual des Crow-Stammes näher betrachten.

Die Tabak-Gesellschaft der Crow

Ein offenbar sehr altes Ritual zur Erneuerung des sozialen Geflechts und der Natur kreist beim Stamm der Crow um die Tabakpflanze. (12)

Im Unterschied zu der heiligen Verwendung des Tabaks bei vielen Präriestämmen handelt es sich in diesem Fall um eine heilige Pflanze, die rituell gepflanzt, gehegt, geerntet und nicht geraucht wird. Man hebt lediglich ihre Samen auf, um sie damit erneut zu pflanzen. Offenbar haben die zum Ritual führenden Vorstellungen ihren Ausgangspunkt in der Überlieferung des Stammes der Hidatsa von zwei Brüdern, von denen der eine durch den Tabak (Crown), der andere durch die Pfeife, Mais und Kürbis (Hidatsa) verkörpert wird. Der Umgang mit dem Heiligen Tabak war einer bestimmten Gesellschaft anvertraut, in die man adoptiert oder initiiert wurde. Die Adoptionsformel (der Vater adoptierte den Sohn, der Mann die Ehefrau) lautete: „Er/sie wurde durch mein Dabeisein geboren." (13) Die Adoption selbst ging in einer Hütte vonstatten, die aus zehn an der Spitze zusammenlaufenden Stangen bestand, die so gestellt waren, daß von Osten Sonnenlicht einfallen konnte.

Das deutet auf Bezüge zur Sonne und zur Astralsphäre hin. Die Sonne ist nach Vorstellung der Crow der Schöpfer des Kosmos. Der Sonnenmann, der sich selbst als ein Stern darstellt, spricht in der entsprechenden Mythe zu den Menschenwesen:

„Von nun an sollen die Menschen im Frühjahr dies aufrichten. Es sind die Sterne am Himmel, die die Form bestimmen. Und sie werden über die Menschen wachen. Und dies ist die Tabakpflanze. Habt acht auf sie, sie wird euer Lebensunterhalt sein." (14) Gemäß der Mythe gelangt die Pflanze durch einen Jungen, den der Sonnenmann adoptiert hat, auf die Erde, und dies führt zur Gründung der Tabakgesellschaft. In anderen Versionen der Geschichte wird die Heilige Tabakpflanze mit dem Großen Wagen oder mit dem Morgenstern in Zusammenhang gebracht. Das legt die Vermutung nahe, daß die Tradition aus Mexiko stammen könnte. Dort kreist eine zentrale Mythe einer göttlichen Wiederauferstehung um den Morgenstern.

Die Vorbereitung des Rituals erfolgt durch einen männlichen oder weiblichen „Mischer", der die Tabaksaat mit Büffel- oder Elchdung, Wurzeln, Blumen und wilden Zwiebeln vermischt. Eine Pfeife wird entzündet und Rauch über das Gefäß mit dem Gemisch geblasen.

Der Platz für die Aussaat ergibt sich aus einer Vision, nach der sich der Stamm an diesen Ort begibt. Die Prozession der Tabakgesellschaft zum Pflanzort wird von einer Frau angeführt, die vor sich das Fell eines im Wasser lebenden Tieres ausgestreckt hält, was offenbar einen Analogiezauber für Regen darstellt. Frauen treten bei dem Ritual nicht nur als Mischerinnen, sondern auch als Sängerinnen, bei der Ausführung der Körperbemalung und als Anführerinnen der Prozession auf.

Auf ihrem Zug hält die Prozession an, um auf die Bedeutung der Himmelsrichtungen und die ihnen innewohnenden Kräfte aufmerksam zu machen. Dann werden die Reihen Tabak von jeweils einer Gruppe gepflanzt. Es gibt auf dem Feld kleine und größere Schwitzhäuser. Letztere werden von Mitgliedern der Tabakgesellschaft benutzt, und jungen Männern wird gestattet, in dem Garten zu schlafen, in der Hoffnung, es könnten ihnen durch die Kraft der Pflanzen wichtige Träume zukommen.

Zwischen Pflanzen und Ernte wird das Tabakfeld häufig vom Stamm besucht, und die Tabakgesellschaft führt Tänze mit dem Zweck auf, die Pflanzen zu rascherem Wachstum zu bewegen. Bei der Ernte werden die Saatteile der Pflanze nie mit den Fingern berührt, weil ihnen eine unermeßlich große Kraft innewohnt, vielmehr benutzt man dazu Hölzchen. Die Tabakstengel werden, vermischt mit Fleisch und gewöhnlichem Tabak, in einen Fluß geworfen. Die Samen werden für die Aufzucht der Pflanzen im nächsten Jahr aufbewahrt. Besonders heilig sind Samen, die ein kleines weißes Kreuz aufweisen, das Zeichen des Morgensterns.

Wenn sich auch nur die Mitglieder der Tabakgesellschaft an Aussaat und Ernte beteiligen, gilt doch die Heilige Pflanze als wohltätig für alle Stammesmitglieder. Ihr Wachstum in seinen verschiedenen Phasen wird mit der physischen und spirituellen Erneuerung des Stammes gleichgesetzt.

Sowohl in dem Ritual der Heiligen Pfeile bei den Cheyenne wie dem des Heiligen Tabaks bei den Crow wird ein Verhaltensmuster bei den Präriestämmen sichtbar, das auf eine komplexe Verbindung zwischen den Irdischen und Wesen in einer anderen (transzendenten) Welt hinweist.

Die Erneuerungen der Welt: Der Sonnentanz

Noch deutlicher aber wird die Vorstellung der kosmischen und moralischen Erneuerung beim Sonnentanz sichtbar. Er wird bei den verschiedenen Präriestämmen mit gewissen Abweichungen praktiziert.

Ich stelle hier den Sonnentanz bei den Blackfoot genauer dar. (15)

Der Stamm hielt im Sommer ein zwischen zwei und vier Monate dauerndes großes Stammeslager ab, bei dem die gemeinsame Jagd der Stammesgruppen stattfand, Heilungen durchgeführt wurden, man den Kindern und Heranwachsenden die Mythen von den Taten des *trickster* (Schelm und Vermittler der Kulturgüter) erzählte. Am Endes dieses Zeitraums stand der Sonnentanz. Darauf teilte sich der Stamm wieder in kleinere Gruppen auf, die dann zu ihren Winterlagern zogen.

Im Mittelpunkt bei der Ausführung des Sonnentanzes bei den Blackfoot stand eine Heilige Frau. Wenn sie sich nicht offenbarte, konnte der Tanz nicht stattfinden. Ursprünglich legte eine solche Frau ein Gelübde gegenüber der Sonne ab. Anlaß war eine Krankheit oder andere Schwierigkeiten ihrer Familie. Auch Männer konnten solche Gelübde ablegen, jedoch meist mit dem Ziel, die Frau bei der Erfüllung ihres Versprechens zu unterstützen. Das Gelübde wurde im Lager öffentlich bekannt gemacht, und zwar mit der Formel:

„Höre Sonne, habe Mitleid. Du hast mein Leben gesehen. Du weißt, daß ich rein bin. Ich habe nie mit einem Mann Ehebruch begangen. Nie zuvor habe ich dich gebeten, Mitleid mit mir zu haben." (16)

Ohne den Hinweis auf eheliche Treue konnte keine Frau die Funktion der Heiligen Frau übernehmen.

Sobald die öffentliche Verkündigung stattgefunden hatte, trugen die Heilige Frau und ihr Ehemann rituelle Nahrungsmittel am Platz der Zeremonie zusammen. Als ein solches Nahrungsmittel galt die Zunge des Büffels. Die Zungen wurden zerteilt und gekocht.

Teil des Gelübdes war die Verpflichtung, während der Transfer-Zeremonie das *natoas* oder Sonnentanzbündel aufzubewahren.

Der wichtigste Inhalt des Bündels war ein Kopfschmuck, den die Frau anlegte, und ein Grabstock, der mit roter Farbe bestrichen wurde. Das Bündel konnte aber auch Häute von Tieren und Vögeln, Farben, ein Dachsfell, in das der Kopfschmuck eingeschlagen war, und das Fell eines weiteren Tieres, mit dem das gesamte Bündel umhüllt war, enthalten. Der Kopfschmuck war manchmal einer Eidechse nachgebildet, einem Tier, das Macht über den Regen hatte. An der Vorderseite des Kopfschmucks befand sich manchmal ein kleiner Beutel Tabak, die Federn waren die eines Adlers oder Raben.

Der Sonnentanz begann meist zu der Zeit, „wenn die Beeren reif" sind.

Dann bewegte sich der gesamte Stamm in vier symbolischen Wegschritten auf die Stelle zu, an der die Sonnentanz-Hütte errichtet worden war.

Während des ersten Wegabschnitts begann die Heilige Frau

zu fasten. Eine Schwitzhütte wurde errichtet. Am zweiten Tag wurden die Büffelzungen eingesammelt und ein Gebet über sie gesprochen. Der dritte Tag verging unter ähnlichen Praktiken, am vierten Tag wurde eine letzte Hundert-Weiden-Schwitzhütte gebaut. Sobald am vierten Tag alle Gruppen im Sonnentanzlager eingetroffen waren, wurden Pfähle errichtet und eine Sonnentanzhütte aus Weidenzweigen gebaut. Die Mitte des Pfahls wurde auf rituelle Weise gekerbt. Zudem fand nun die Überführung des *natoas* in den Tipi der Heiligen Frau statt. Beteiligt daran waren vier Personen: die Frau selbst und ihr Ehemann, die Sohn und Tochter genannt wurden. Sie erhielten das Bündel von der Frau, die es als letzte aufbewahrt hatte. Sie und ihr Mann wurden als Vater und Mutter bezeichnet. Am fünften Tag endlich, mit untergehender Sonne, näherten sich die verschiedenen Gruppen dem Zeremonialplatz von den vier Himmelsrichtungen und richteten den Sonnenpfahl auf. Am sechsten Tag wurde die Sonnentanzhütte mit Einrichtungen versehen, die von Personen bezogen wurden, welchen man besondere Fähigkeiten zur Kontrolle über Regen zuschrieb. Nun begann eine Folge von Aktivitäten: Tänze zu Ehren der Sonne, Torturen, Tänze der verschiedenen Gesellschaften. Diese Aktivitäten konnten bis zu acht Tagen, manchmal sogar noch länger dauern.

Wenden wir uns nun der Aufklärung des Sinns dieser Vorgänge zu, so ist zunächst zu sagen, daß nach Glauben der Blackfoot die Bündel von Himmels- und Unterwasserwesen wie Donner und Biber stammten.

Im Grunde genommen gibt es ein ganzes Geflecht von Assoziationen, die von dem Bündel zu den Tieren, der Erde, den Wasserwesen und den Menschen verlaufen. Vom Auftauchen des *natoas*-Bündels wird im mythologischen Zyklus der Elch-Frau erzählt.

Eine Frau setzt sich durch die Verführung eines männlichen Elchs in den Besitz des Bündels.

Nach einer anderen Überlieferung taucht eine Otterfrau hinab zu den Bibern und bringt von dort das Bündel zum ersten Mal zu einer Heiligen Frau und ihrem Mann.

Wiederum eine anderen Überlieferung bringt das Erscheinen der *natoas* mit den Himmelswesen in Zusammenhang, mit Sonne, Mond und Morgenstern. In dieser Mythe ist von einem armen kleinen Jungen, Holzschneider, die Rede, dessen Schwester heiratet und der allein bleibt. Morgenstern steigt herab und wird der Spielgefährte des Kindes. Dabei baut Morgenstern auch ein Schwitzhaus für die Heilige Frau, die Sonnenhütte und die Gelasse für die Wettertänzer. Bei dem Spiel lehrt Morgenstern dem Kind jene Lieder, die heute Teil des Rituals sind. Als Holzschneider herangewachsen ist, bauen er und seine Schwester eine Sonnentanzhütte. Der Junge belehrt die Schwester über die Wichtigkeit ehelicher Treue, unterweist sie in dem Gelübde und in der Bedeutung der Büffelzungen während der Zeremonie.

Ursprung ist also das Spiel eines Kindes mit einem überirdischen Wesen.

In anderen Mythen gelangen die Heiligen Bündel durch eine Frau, die einen Stern geheiratet hatte, auf die Erde, oder ein Junge bringt sie mit, der zum Haus des Sonnenmannes reiste, um sich dort eine ihn verunstaltende Narbe beseitigen zu lassen.

Jedenfalls ist auch hier der Bezug zu Sonne, Mond und Morgenstern offensichtlich. Von dort kamen die Kulturgüter. Über Sternenfrau und Narbengesicht sind sie mit den Himmlischen Wesen verwandt.

Die Menschenwesen als Verwandte einer heiligen Familie im Himmel, die von Sonne, Mond und dem Morgenstern gebildet wird, aber auch die Verbindung des Menschen zu mächtigen Tieren wie dem Adler, dem Raben und der Eule, dem Bären, dem Büffel und dem Pferd, die Verbindung mit gewissen Pflanzen und Wildfrüchten und zu den Geschöpfen der Unterwasserwelt, von denen angenommen wird, daß sie über Kräfte verfügen, die denen des Menschen überlegen und damit in der Lage sind, eine Verbindung zur Himmelsfamilie herzustellen: Dies ist sehr verkürzt der Sinnbezug des Sonnentanzes; aus diesen Vorgängen und Vorstellungen beziehen die Teilnehmer der Zeremonie ihre Kraft und ihren

Glauben an die in ihnen sich vollziehende Erneuerung der Welt.

In vielfältiger Weise wird symbolisch der Bezug zum mächtigsten Himmelswesen bei den Tänzen ausgedrückt. Alle Tänzer haben Körperbemalungen, die mit ihrem persönlichen Traum oder mit Visionserfahrungen zusammenhängen. Bei einigen sind das auf die Sonne, den Mond, die Sterne bezogene Symbole.

„Die Tänze sind relativ einfach, aber bestimmt in ihrer Absicht", kommentiert Harrod. „Die Orientierung war beständig auf die Mittelstange der Sonnenhütte hin ausgerichtet. Als eine Besonderheit kann man den Tanz jener betrachten, die sich selbst Schmerzen zufügten. Es waren dies die Tänzer, die ihre Haut mit solaren, lunaren und astralen Symbolen versehen hatten. Einschnitte wurden an der Brust und auf dem Rücken vorgenommen. Die Hölzchen in den Einschnitten auf der Brust waren durch Schnüre oder Leinen mit der Mittelstange verbunden. Die Tänzer lehnten sich zurück, um so zu erreichen, daß ihnen Fleischfetzen herausgerissen wurden, während sie zur Stange blickten und Pfeifen ertönen ließen, die aus Adlerknochen gefertigt waren. Sobald die Haut weiter einriß oder sich löste, wurde sie der Sonne geopfert, und der Tänzer zog sich in die Hügel zurück, um dort eine Vision zu suchen." (17)

Das Opfer des eigenen Fleisches war bei fast allen Präriestämmen Teil des Sonnentanz-Rituals. Wie viele andere Aspekte des indianischen Lebens und der indianischen Kultur, hat sich der Sonnentanz, seit er von den ersten Europäern im frühen 19. Jahrhundert beobachtet wurde, verändert. 1954 stellte Robert Lowy fest, daß immerhin noch zwanzig Stämme der Prärieindianer die Zeremonie praktizierten. Frühe europäische Augenzeugen des Sonnentanzes fühlten sich von der Praktik der Selbstverstümmelung abgestoßen, die freilich nur von manchen Tänzern nach einem besonderen Gelübde praktiziert wird. Sie hat den Sinn, beim Höchsten Wesen Mitleid zu erregen. Dieser Aspekt des Rituals war der Hauptgrund dafür, weshalb Beamte des für Indianer zustän-

digen Amtes im amerikanischen Innenministerium in dem
Zeitraum zwischen den Indianerkriegen auf den Großen
Prärien gegen Ende des 19. Jahrhunderts und 1935 die Zeremonie verboten. Trotz dieses Verbotes fuhren mehrere
Stämme fort, den Sonnentanz durchzuführen. Selbst heute, da
viele Indianer sich der modernen Technologie bedienen, hat
sich an der Feierlichkeit und Integrität des Sonnentanzes, der
freilich Veränderungen unterworfen war, nichts geändert. Ob
die Zeremonie nun, wie bei den Lakotas, wiederbelebt wurde
oder von Stämmen des Großen Beckens neu eingeführt, ob er
wie bei den Crow nach Jahren der Aussetzung nun doch wieder auflebte, immer ist er ein zentrales Ereignis der gemeinsamen Heiligung des Lebens und der Erneuerung. (18)

Welterneuerungsrituale anderswo

Der amerikanische Völkerkundler und Anthropologe A. L.
Groeber hat sich unter anderem besonders eingehend mit den
Ritualen der Welterneuerung bei den Stämmen an der Pazifikküste befaßt. Gewisse Stämme in Kalifornien nannten solche Rituale „Restauration oder Reparatur der Welt". Jeder
Stamm hatte dazu von alters her einen besonderen Platz. Bei
einem Stamm am Klamath-Fluß heißt das entsprechende Ritual „die Welt wieder zurechtrücken". Es begann mit einem
Ritual am Klamath unterhalb der Einmündung des Salmon-
Rivers und hieß „die Erde bearbeiten". Ziel war es, die Geister
der Erde und des Waldes zu veranlassen, Erdrutsche, Wald-
brände und Dürreperioden zu verhindern.

Auch der Rehhauttanz in der folgenden, von Theodora
Groeber edierten zarten Liebesgeschichte ist so ein Welt-
erneuerungs-Ritual. Es ist typisch für die Eigenart dieser
Zeremonien, daß sie – jedenfalls im Bewußtsein des Er-
zählers – jenseits der realen Welt stattfinden. In dieser Geschichte liegt der transzendente Ort des heiligen Geschehens
hinter dem Rand des Ozeans, und offenbar ganz bewußt läßt
uns der Erzähler im unklaren darüber, ob wir uns dort noch

im Diesseits oder schon im Jenseits befinden. Wenn das Mädchen Ifapi, in das sich Patapir, der Flötenspieler, verliebt, als im Alltag krank geschildert wird, so bildet sich darin eine Erinnerung an die Voraussetzung zur Initiation eines Schamanen ab, der durch eine körperlich-seelische Krise gegangen sein muß.

„Das Mädchen, das immer zu Haus blieb"

Patapir lebte mit seinem Vater und seiner Mutter in einem bequemen Haus nahe der Mündung des Flusses. Er hatte die Angewohnheit, auf den flachen Felsen am Fluß zu sitzen und dort auf einer Flöte zu spielen. Die Musik, die er machte, drang hinüber zu dem Dorf Rekwoi auf der anderen Seite. Sie trieb stromaufwärts, manchmal schrill und scharf mit den Trillern und Läufen wie die Lieder der Singvögel, ein andermal hell wie die kleinen Wellen in fließendem Wasser, dann wieder traurig wie das Seufzen des Windes in den Bäumen. Er war ein erwachsener Mann, groß und stark, das Haar fiel ihm bis auf die Hüften, aber Patapir war noch nie einem Mädchen begegnet. Er jagte und fischte, er fällte Bäume für das Schwitzhaus und andere Bauten, er schnitzte und brannte sich sein eigenes Kanu oder fertigte einen großen Vorrat an Kisten, in denen er seine Schätze sammelte. Er fällte und hackte Holz für die Feuer der Zeremonien. Er betete und saß im Schwitzhaus. Er spielte Flöte. Lieder der Liebe und der Einsamkeit und der Sehnsucht entstiegen seinem Instrument.

Ifapi lebte mit ihrem Vater in einem Dorf der Merip flußaufwärts. Ihre Mutter war gestorben, als sie noch ein kleines Mädchen gewesen war. Das war eine angesehene Familie, und der Vater hätte ohne weiteres wieder heiraten können, wenn er es gewünscht hätte. Statt dessen sorgte er für Ifapi, und die beiden lebten zusammen in dem Haus, bis das Mädchen erwachsen sein würde. Ifapi war ein schüchternes Mädchen, das sich verbarg, wenn junge Männer in das Haus ihres Vaters kamen. Statt einen von ihnen als Ehemann für sie auszusuchen, schickte der Vater Ifapi für einige Monde zu einer alten Tante, seiner ältesten Schwester, die allein in Rekwoi lebte. Soweit dies die Nachbarn beobachten konnten, blieb Ifapi den ganzen Tag über im Haus. Man sah sie nie im Dorf, und wenn Leute die alte Frau, die ihre Tante war, nach ihr fragten, hieß es nur, es gehe ihr nicht gut.

Eines Tages, während Patapir Flöte spielte, sah er hinüber zu dem Dorf Rekwoi. Er schaute gelegentlich zum höchsten Haus am Hang hinauf, auf das den ganzen Tag über die Sonne schien und von dessen Terrasse man auf die Mündung des Flusses, die Sandbank und den Ozean dahinter blicken konnte. Dieses Haus gehörte Ifapis Tante. Seine Mutter erzählte von dieser Tante und manchmal auch von der Nichte, die jetzt bei ihr wohnte. Patapir befragte seine Mutter über das junge Mädchen, aber sie antwortete, sie wisse fast nichts von ihr, außer, daß die alte Frau sie offenbar von allen Männern fernhalte, selbst mit Patapir solle sie sich nicht treffen, obwohl dies doch eine vornehme Familie sei, die seit langem mit Ifapis Leuten befreundet war. Seine Mutter erzählte ihm auch von den Gerüchten im Dorf, daß das Mädchen nicht gesund sei.

Patapir dachte weiter über das Mädchen nach und fragte sich, wie sie wohl sein möge. Er wünschte sich, er hätte einmal einen Blick von ihr erhascht. Aber auch an diesem Tag sah er nichts von dem Mädchen und der alten Frau. Statt dessen zeigten sich auf der Terrasse eines Hauses weiter unten am Hang zwei hübsche junge Frauen. Er legte seine Flöte auf den Stein neben sich und schaute genauer hin. Sie gefielen ihm recht gut, und er fand, sie schauten freundlich drein, wie sie da auf der Terrasse in der Sonne saßen. Da tat er etwas, was er noch nie zuvor getan hatte. Er band sein Boot los und fuhr über den Fluß, um ihre Bekanntschaft zu machen.

Die beiden jungen Frauen hatten Patapir auch gesehen. Sie beobachteten auch, wie er ins Boot stieg und nach Rekwoi hinüberruderte. Als er die Terrasse, auf der sie saßen, erreicht hatte, kamen sie ihm noch schöner vor, als sie ihm aus der Ferne erschienen waren. Unbeholfen sprach er sie an, und sie luden ihn ein, sich auf den Stuhl aus Redwoodholz zwischen sie zu setzen, erfreut, daß der junge Flötenspieler auf sie aufmerksam geworden war. Er blieb schweigsam, antwortete auf Fragen nur kurz. Tatsächlich wußte er nicht, was er mit ihnen sprechen sollte. Sie kicherten und zwitscherten, schäkerten mit ihm und neckten ihn. Das ging eine Weile so, bis ein Geruch von Seetang die Luft erfüllte, nicht von den Pflanzen, die vom Sturm abgerissen und an Land gespült werden, um dort zu verfaulen, sondern Seetang aus der Tiefsee, kühl und frisch. Patapir sah sich um und wußte plötzlich, wo der Geruch herkam. Oben am Hang sah er das Haus von Ifapis Tante, und die alte Frau stand auf dem Dach des Hauses und legte dort frischen Seetang auf Brettern zum Trocknen aus. Er stand geistesabwesend aus seinem Stuhl auf, verließ seine neuen Freundinnen und ging rasch auf das Haus auf der Höhe des Hügels zu. Die Mädchen, die mit ihm geflirtet hatten, zuckten die Achseln und lachten.

„Ein merkwürdiger Bursche, dieser Flötenspieler", sagte die eine.

„Der kommt zurück, warte nur", meinte die andere.

Patapir begrüßte unterdessen die alte Frau, die er seit seiner Kindheit kannte. Er erklärte ihr, wie ihn der Geruch des Seegrases angelockt habe. Sie brach einen Stengel ab, gab ihn ihm und bat ihn herein. Sie nahm einen kleinen Korb voller Eichelmus. Zusammen mit dem Seegras war das eine gute Mahlzeit. Und dann sah der junge Mann Ifapi.

Sie lag nahe beim Feuer, zugedeckt mit einer Rehhaut. Sie war nicht aufgestanden, als Patapir eingetreten war. Bleich und ruhig lag sie da unter der schweren Decke und erschien dabei kleiner, als sie es tatsächlich war. An der Unterhaltung beteiligte sie sich kaum. Trotzdem dachte Patapir fast nur an sie, während er dort im Haus war.

Er blieb nicht lange. Als er das Mus aufgegessen hatte, gab er den Korb und den Löffel der alten Frau zurück, dankte ihr und verabschiedete sich von ihr und Ifapi. Darauf schaute er noch einmal bei den beiden jungen Frauen herein. Kaum daß sie ihn gesehen hatten, fragten sie auch schon: „Wo warst du denn?" „Was gab es denn dort oben so Interessantes zu sehen?"

„Ich habe mit der alten Frau in dem Haus auf der Höhe gesprochen", sagte er. „Sie hat mir etwas Mus mit Seegras angeboten." Die Mädchen zuckten die Achseln, sahen einander vielsagend an und lachten. Patapir blieb nur kurz bei ihnen, ehe er über den Fluß zurückfuhr. Für den Rest des Tages war er damit beschäftigt, Holz für das Schwitzhaus zu spalten, und als der Tag zu Ende ging, spielte er lange, lange auf seiner Flöte.

Während er so spielte, machte er Pläne für den nächsten Tag. Am nächsten Morgen fuhr er wieder über den Fluß, um die beiden Mädchen auf der Terrasse zu besuchen. Er sagte zu ihnen: „Ich möchte mit euch schlafen. Kann ich heute abend zu euch kommen?"

Die jungen Frauen lachten, und die eine sagte: „Halte uns nicht zum Narren. Du hast ja doch nichts mit uns im Sinn." Und die andere sagte: „Du hast es doch auf das Mädchen dort oben abgesehen. Du kommst nur her, um ihr nahe zu sein."

Nachdem sie ihn noch etwas geneckt hatten, sagten sie ihm, sie seien damit einverstanden, daß er am Abend komme.

„Aber warte, bis es dunkel ist", fügte die eine noch hinzu. Patapir ging an diesem Tag fischen. Dann begab er sich ins Schwitzhaus. Als sich die Sonne dem Rand des Himmels näherte, wurde er aufgeregt. Er saß schon in seinem Kanu und wartete nur, bis die Sonne völlig untergegangen war, ehe er abfuhr. Er erreichte das Haus der beiden Frauen, noch ehe sie ihn erwartet hatten. Sie waren dabei, sich anzuziehen, und unterhielten sich dabei miteinander. Patapir blieb in einiger Entfernung vom Haus stehen. Ohne daß er es darauf angelegt hätte, sie zu belauschen, konnte er hören, was sie sprachen.

„Was sollen wir uns für diesen Abend anziehen?" fragte die eine.

„Wir könnten unsere neuen Röcke nehmen."

„Ach, keiner sieht im Dunkeln, was du trägst. Warum nicht dasselbe wie gestern?"

„Aber die Umhänge sollten wir mitnehmen. Es kann kalt werden auf dem Wasser."

So redeten sie. Patapir wartete, und schließlich traten die beiden mit Paddeln in der Hand auf die Terrasse. Sie hielten inne, als sie ihn erkannten, aber noch ehe er etwas sagen konnte, liefen sie den Hügel abwärts. Er rannte ihnen nach, und jetzt war es dunkel. Er hörte Männerstimmen, die vom Fluß her riefen, und als er ans Ufer kam, saßen die beiden Mädchen schon mit mehreren Männern in einem Boot ... Eines unter vielen Booten, die in Richtung Flußmündung an diesem Abend unterwegs waren. Zum Schluß in der langen Reihe von Booten fuhrt eines, in dem nur zwei Männer saßen. Sie riefen Patapir, der nicht recht wußte, was da vor sich ging, zu, er solle doch bei ihnen mit einsteigen.

„Komm, wir haben noch genug Platz."

„Aber wohin fahrt ihr?"

„Zum Tanz jenseits des Ozeans. Komm mit!"

Patapir stieg zu ihnen. Er sah, daß sie Decken bei sich hatten, Pfeifen zum Rauchen und Körbe, um Seegras zu sammeln.

Die Boote, zehn an der Zahl, passierten die Sandbank und die Brandung und steuerten auf die See hinaus. Einmal hielten sie bei einem Felsen, um zu rauchen und ihre Körbe mit Seegras zu füllen.

Dann ruderten sie weiter, bis zum Rand der Welt, jener Stelle, da sich Himmel und Meer berühren. Patapir sah atemlos, wie die Boote eines neben dem anderen festmachten. Es war so, wie ihm sein Großvater erzählt hatte. Der Himmel bewegte sich auf und nieder, und wenn er fiel, schlug er den Ozean mit solcher Gewalt, daß die Wellen entstanden. Patapir zählte die Wellen, und wie es sein Großvater ihm erzählt hatte, gab es bei jeder zwölften Bewegung des Himmels eine kurze Pause. Ein Spalt tat sich auf, breit genug, daß ein Boot hindurchfahren konnte, um jenseits vom Rand der Welt in den äußeren Ozean zu gelangen. Nachdem alle Boote passiert hatten, schaute Patapir zurück. Er und seine Kameraden befanden sich jetzt außerhalb der Welt und paddelten in den Gewässern des äußeren Ozeans. Sie fuhren bis zum Land-jenseits-der-Welt, und dort zogen sie ihre Boote auf den flachen Strand.

Auf dem Strand brannte ein Feuer, umstanden von Leuten, die dem Tanz zur Erneuerung des Lebens zusahen. Patapir und die anderen aus den zehn Booten gingen zu dem Feuer hin und stellten sich unter die Zuschauer.

Während er dort stand und zuschaute, wunderte sich Patapir, warum ihm dies alles so neu, seltsam und dann doch auch wieder vertraut vorkam. Dann fiel ihm ein, daß dies der Tanz war, von dem die Alten im Schwitzhaus daheim erzählt hatten, wenn sie von ihrer eigenen Jugend sprachen. Er hatte immer gemeint, diese Berichte der alten Männer von den Tänzen jenseits des Ozeans seien nichts anderes als Erfindungen und Sagen aus längst vergangenen Tagen. Sie hatten ihm gesagt, daß eine solche Reise bei Nacht, den Fluß abwärts und übers Meer, nur für die Jungen und Starken möglich sei. Sie hatten angedeutet, daß manchmal ein Mann sein Mädchen überreden konnte, dorthin mitzukommen. Sie hatten von diesen Abenteuern als etwas Vergangenem gesprochen, von etwas, das es in ihrer Jugend gegeben hatte und heute nicht mehr gab.

Patapir war hellwach und so lebendig wie nie zuvor; jetzt, da die Jugenderinnerungen der alten Männer für ihn plötzlich Wirklichkeit geworden waren. Nie hatte er gedacht, daß da tatsächlich solch ein Tanzen und Singen sei. Der Gesang erhob sich von einer tiefen Klage zum schrillen Geschrei eines Vogels. Der Rhythmus der tanzenden Füße klang stark, rein und stetig auf der Erde. Es lag Schönheit und Würde in der Stimme und den Gesten des Tanzführers, während er Räucherstäbchen und Tabak für die Geister ins Feuer streute und die Gebete rezitierte.

Patapir und seine Kameraden aus dem Kanu sahen dies zum ersten Mal. Sie waren so voller Bewunderung und Neugier, daß sie immer näher heran gingen, näher heran an das Feuer und näher heran an die Tänzer.

Unterdessen hatten sich die Männer aus den anderen Kanus unter die Tänzer gemischt. Patapir sah, daß die Alten wahr gesprochen hatten. Die Tänzer waren alle junge Männer, stark und gut gewachsen. Einige von ihnen sprangen beim Tanzen mit der Grazie eines Kranichs. Nach und nach wandte Patapir seine Aufmerksamkeit nun jener Person zu, die dem Tanzführer zur Hand ging.

Frauen tanzen bei dieser Zeremonie nie mit, aber der Tanzführer hat eine Frau zur Seite, die das Feuer für ihn entzündet und unterhält, die ihm die Kräuter, den Tabak und die Pfeife gibt und sie ihm wieder abnimmt. Dies ist ein besonders ehrenvolles Amt für eine Frau. Sie darf noch kein Kind geboren haben. Sie muß sich einer langen Ausbildung unterziehen und sich durch Fasten reinigen. Zudem sollte sie jung und schön sein, Würde ausstrahlen und graziöse Bewegungen haben.

Diese Frau, so erkannte Patapir nun zu seinem Erstaunen, war niemand anders als das Mädchen, das er im Haus der alten Frau unter der großen Rehdecke hatte liegen sehen. Es war Ifapi. Sie ließ sich weder von ihrer heiligen Beschäftigung ablenken, noch schaute sie zu ihm hin, und doch war er sicher, daß sie ihn erkannt hatte.

Als er am frühen Morgen mit den anderen heimfuhr, dachte er auf dem ganzen Weg über den Ozean hin nur an sie.

Er ging noch am selben Tag hinauf in die Hügel, schnitt die obersten Zweige der großen Fichte nach einer alten Zeremonie ab und trug sie in einem Bündel heim. Mit ihnen heizte er das Schwitzhaus an und betete bis zum Sonnenuntergang. Dann schwamm er und wusch sich im Fluß, und als die Sonne versunken war, fuhr er mit seinem Boot auf die andere Seite hinüber. Der Geruch von Seegras schlug ihm entgegen, und er stieg wieder hinauf zum Haus der alten Tante.

Die beiden jungen Frauen, die ihm ein paar Tage zuvor so hübsch erschienen waren, hatte er völlig vergessen, aber sie warteten auf ihn auf der Terrasse. Er sprach mit ihnen, aber sie waren erfahren genug, um zu merken, daß er nicht ihretwegen gekommen war.

Als Patapir das Haus der alten Frau erreichte, stand diese auf dem Dach und sammelte getrocknetes Seegras ein. Sie gab ihm wieder einen Stengel und lud ihn abermals ein, auf ein Eichelmus hereinzukommen. Er folgte ihr durch die runde Tür, und da, unmittelbar vor sich, sah er Ifapi unter der schweren Decke. Sie sah bleich und krank aus. Ihre Tante stieg die Leiter in die Kochgrube hinab, um zu sehen, ob das Mus gar sei. Patapir ging hinter ihr. Er berührte das Mädchen leicht an der Schulter, um sie darauf aufmerksam zu machen, daß Besuch da war. Als die Tante das sah, sagte sie scharf: „Rühr sie nicht an. Sie ist sehr krank. Tu das nie wieder."

Patapir achtete nicht auf die Tante. Er fuhr mit seinen Händen unter die Decke, nahm das Mädchen mitsamt der Decke, die auf ihr lag, und trug sie die Leiter hinauf. Dann wandte er sich an die Tante und sagte: „Ich weiß genau, daß sie nicht krank ist. Ich habe sie noch gestern jenseits des Meeres tanzen gesehen."

Die alte Frau ließ das Rührholz fallen, das sie aufgenommen hatte, und folgte Patapir über die Leiter. Sie faßte ihn am Arm und sagte fast flehentlich:

„Dann geh, aber laß sie hier."

Patapir schüttelte den Kopf. Die Alte hielt ihn auf und rief wieder:

„Laß sie. Ich muß mit ihr sprechen. Nur einen Augenblick. Bitte, tu, was ich dir sage."

Patapir war entschlossen gewesen, das Mädchen ohne langes Reden fortzutragen, aber irgend etwas im Ton der alten Frau ließ ihn innehalten. Und als er sich Ifapi zuwandte, sah er, daß sie nickte und mit leiser Stimme sagte:

„Tu, was sie dir befiehlt."

„Ruf mich dann", sagte er, setzte Ifapi ab und ging hinaus. Ehe ihn seine Ungeduld wieder ins Haus trieb, rief ihn die Tante herein.

Er schaute zuerst auf Ifapi. Sie stand da, ihr Gesicht war nicht länger bleich und ausdruckslos, sondern höchst lebendig wie beim Tanz. Sie war bekleidet mit einem mit Muscheln gesäumten Rock und hatte einen Umhang aus roten Federn umgelegt. Patapir ging zu ihr hin und nahm sie in die Arme. Die Stimme der alten Tante fuhr dazwischen:

„Flötenspieler von Rekwoi, was tust du da?"

„Ich nehme das Mädchen mit mir, liebe Tante."

„Warte, laß die Schatten noch etwas wachsen, damit ich dir erzählen kann ..."

„Beeil dich, Tantchen. Lange warte ich nicht mehr."

„Flötenspieler, dieses Mädchen ist keine Niemand. Sie hat einen Vater, meinen Bruder. Er wohnt flußaufwärts. Ich bin für sie verantwortlich. Und auch dich wird er zur Verantwortung ziehen."

„Das weiß ich, Tantchen. Mein Vater kennt deinen Bruder."

„Es gibt da etwas, was ich dir sagen muß, damit du keine falsche Meinung von mir bekommst. Es war sie und nicht ich, die den Eindruck erwecken wollte, daß sie krank sei. Ich habe ihr nur geholfen, weil sie mich darum gebeten hat."

„Ich glaube dir. Aber ich glaube auch, daß sie jetzt ihre Krankheit fortgeschickt hat. Sie will es so."

„Das ist wahr, Flötenspieler. Aber was hast du mit ihr vor?"

„Mach dir keine Sorgen, Tante. Ich nehme sie mit. Ich heirate sie – noch heute nacht. Und morgen, sobald es hell wird, fahren sie und ich flußaufwärts, und der Brautpreis fährt mit uns. Du kennst mich, du kennst meine Eltern. Du und ihr Vater und der Tanzführer jenseits des Ozeans werden nichts dagegen einzuwenden haben. Es ist alles so zugegangen, wie es die Götter wollen."

Die alte Frau gab sich mit dieser Auskunft zufrieden. Sie war ebenso weise wie alt, und sie wußte, daß man da wenig machen konnte, denn was Patapir wünschte, wünschte Ifapi auch. Also schritt sie nicht ein, als Patapir auf Ifapi zuging, sie in die Arme nahm und nur sagte: „Komm!" Ifapi sagte noch: „Auf Wiedersehen, Tante. Ich danke dir, daß du mir geholfen hast. Ich werde meinem Vater sagen, daß du gut zu mir warst."

Dann folgte sie Patapir durch die niedrige runde Tür. Auf der Terrasse nahm er sie in die Arme. Die Federn des Umhangs wehten um sie wie eine Flamme. Er trug sie durch die Dunkelheit den Hügel hinab zum Fluß und in sein Boot. Sie setzten über auf die andere Seite, und dort in einer Mulde unter einem Redwoodbaum bereitete er ein weiches Lager aus Farnen und legte ein Rehfell darüber. Eben dort verbrachten er und Ifapi ihre Hochzeitsnacht.

Bei Tagesanbruch, als im Dorf noch alles schlief, trug Patapir seine Kisten mit dem Brautpreis ins Boot und fuhr flußaufwärts. Er mußte gegen die Strömung anrudern. Ein starker Geruch von Seegras hing wieder in der Luft, und er erinnerte sich wie im Traum daran, daß oben auf einem Hügel eine alte Frau jetzt Seegras auf dem Dach ausbreitete. Schließlich erreichte er mit dem Boot den Anlegeplatz. Ifapi lief voraus, um ihren Vater zu begrüßen. Er war erstaunt, sie zu sehen. Er fragte:

„Ist etwas geschehen?"

„Etwas Gutes!"

„Warum kommst du heim?"

„Damit du meinen Mann kennenlernst."

Der Vater seufzte. Halb zu sich selbst, halb zu Ifapi gewandt, sagte er:

„Nun, die alte Frau, meine Schwester, hat sie nicht gut auf dich aufgepaßt?"

„Nein, nein, Vater. Sie war gut zu mir, sie hat sich um mich gekümmert. Sie hat mir geholfen. Es hat alles seine Ordnung."

„Aber wen hast du nur geheiratet? Ich habe nichts davon gehört, daß sich ein Mann nach dir umsieht, sondern nur, daß du dem Tanzführer jenseits des Ozeans zur Hand gehst."

„Das ist richtig. Ich allein gehe ihm zur Hand." Sie sagte es mit ruhigem Stolz.

„Dann sag mir: Wer ist der Mann? Du mußt wissen, Kind, als ich dich von mir fortgehen ließ, hatte ich den närrischen Gedanken, daß eines Tages der Flötenspieler von Rekwoi davon hören werde, wie du dem Tanzführer zur Hand gehst, und daß dies ihn bestimmen könnte, dich zu heiraten. Ich kenne seine Familie, und vielleicht erinnerst du dich noch an die Musik, die der Wind manchmal hierher trieb, ehe du erwachsen wurdest und von mir fortgingst zu deiner Tante."

„Es war, wie du gesagt hast, mein Vater. Ich wich den Männern aus. Ich ging nur zu dem Tanz. Aber auch ich habe immer nur an den Flötenspieler gedacht. Und endlich sah er mich bei dem Tanz. Da wollte er mich zur Frau."

Patapir kam. Er begrüßte Ifapis Vater und übergab ihm die Kisten mit dem Brautpreis.

Der Vater war zufrieden. Er sagte: „Es ist gut, mein Schwiegersohn und meine Tochter!"

Die jungen Leute blieben bei Ifapis Vater bis es Zeit war, zu dem Tanz der Lebenserneuerung zu fahren. Der Vater war längst über das Alter hinaus, in dem man sonst eine solche Reise unternimmt. Aber sein Herz schlug höher, als er hörte, daß sein Schwiegersohn dort singen werde. Er hatte Patapir am Fluß belauscht, als er gegen die Rufe und das Pfeifen der Vögel ansang, und er wußte, daß er eine gute Stimme hatte für heilige Lieder. So waren sie zu dritt in Patapirs Kanu. Andere Boote schlossen sich ihnen an, als sie stromabwärts fuhren, bis es schließlich zehn waren. Wie bei Patapirs erster Reise überwanden sie die Barre und fuhren in Richtung auf die untergehende Sonne. Sie rasteten an einem Felsen, wo sie rauchten, und fuhren dann weiter zum Land jenseits der Welt.

Es wurde viel getanzt und gesungen in dieser Nacht. Und jene, die im Kreis mit dabei waren, vergaßen es nie. Für Ifapi war es das letzte Mal, daß sie das Feuer entzündete, das letzte Mal, daß sie die Räucherstäbchen und den Tabak dem Tanzführer übergab und sie aus seinen Händen zurückerhielt, das letzte Mal, daß sie durch die Reihen der Tänzer ging, die einzige Frau bei der heiligen Zeremonie. Aber Ifapi war ohne Bedauern oder Traurigkeit. Die Augen aller Männer folgten ihr in dieser Nacht. Und wann immer sie die Arme hob, um dem Tanzführer einen der Körbe zu reichen oder ihm die Pfeife abzunehmen, suchten ihre Augen in den Reihen der Tänzer nach dem neuen, dessen Stimme so seltsam tief und dann wieder ganz hoch klang wie eine Flöte, nach Patapir, ihrem Ehemann.

Die lange Nacht mit Singen und Tanzen kam zu einem Ende. Patapir, Ifapi und ihr Vater brachen zusammen auf, und für die Zeit eines halben Mondes sah und wußte niemand etwas von ihnen. Dann beobachteten Patapirs Eltern eines Tages, wie ein Boot von weit draußen auf See hereinkam. Es schoß über das Wasser dahin wie ein Vogel. Bald war es an der Sandbank vorbei und legte an. Patapir trug lange Kästen ins Boot, die seine Tanzkleider, zehn Säcke mit Heiligem Tabak und seine Flöte enthielten. Als er wieder abfahren wollte, fragten ihn seine Eltern, wohin er nun gehe.

„Weit fort über den Ozean, dorthin, wo das frische Seegras wächst. Macht euch keine Sorgen. Ihr habt unser Wort, daß alles gut werden wird."

Seine Eltern weinten, als das Kanu mit den drei Insassen und seiner kostbaren Fracht wieder auf das Meer hinausfuhr. Patapir aber hielt Wort. Wie er gesagt hatte, hörten sie von ihm. Er wurde ein großer Sänger bei den heiligen Zeremonien im Land jenseits des Meeres, und dies über viele Monde hin. Nachrichten von ihm und seiner Familie kamen nach Rekwoi und stromaufwärts, so weit, wie der Wind seine Musik zu tragen pflegte, und sooft die zehn Boote von den Erneuerungstänzen zurückkehrten.

Und noch heute wissen die Menschen am Fluß, daß Patapir und Ifapi in jenem Land jenseits des Himmels leben und daß Patapir und Ifapi mit den Kindern und dem Großvater zu den Tänzen kommen. Sie kennen auch den Spitznamen, den Patapir Ifapi gab. Er konnte nie den Anblick vergessen, als er sie zum ersten Mal bei der alten Tante sah, und so nannte er sie „das Mädchen, das immer zu Hause blieb". (19)

7. Rituale zur Herstellung von Gemeinschaft

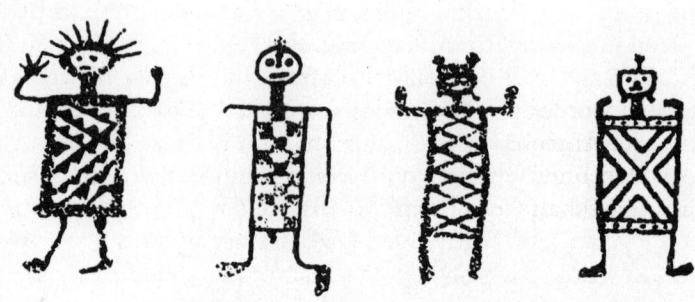

Nationen mögen zusammenbrechen, aber Flüsse und Gebirge bleiben.
Tu Fu (712– 770) (1)

Solange ich nicht weiß, was andere Menschen meinen, wenn sie sagen, „dort, wo ich lebe", werde ich nichts von Wert wissen. Und wenn ich dies sagen kann und tief empfinde, werde ich das meiste von dem wissen, was ein Mensch zu wissen fähig ist.
Lou Welch (2)

Das Ritual des Potlatch

Eine Zeremonie, die zunächst auf Außenstehende sehr merkwürdig und rätselhaft wirkt, ist der von den Stämmen an der Nordwestküste der USA und Kanadas praktizierte *Potlatch*. Jedes der vier Kulturgebiete der Region von den Tlingit zu den Unteren Chinook geht dabei verschieden vor, aber letztlich ist die Funktion überall dieselbe. „Der *Potlatch* dient dazu",

176

so schreibt Philip Drucker, „gewisse grundsätzliche Prinzipien im Zusammenhang mit dem sozialen Status auszudrücken, und ist außerdem ein wichtiges Mittel zur sozialen Integration." (3) Bei diesen Stämmen hat jedes Individuum das Recht, Gruppeneigentum von größerer oder geringerer Bedeutung zu benutzen, es kann jedoch dieses Recht nicht ausüben, bis nicht sein Anspruch in der Öffentlichkeit bekannt gegeben worden ist. Genau das geschieht beim *Potlatch*. Der Erbe, der Anrecht auf die Häuptlingswürde hat, wird bei dieser Gelegenheit einer Gruppe von Gästen vorgestellt. Seine Verwandtschaftsbeziehung zu dem verstorbenen Häuptling wird erläutert, er erhält einen Namen oder das Recht, ein gewisses Wappen, das seiner Würde und Macht Ausdruck verlieh, von nun an zu benutzen.

Die Gäste, die diesen Vorgang miterleben, werden gewissermaßen die offiziellen Zeugen. Sie werden damit belohnt, daß man ihnen einen Titel verleiht und Geschenke an sie verteilt. Während manchmal die Titelvergabe und das Verschenken materieller Güter überschattet wird von der Bekanntgabe von Rechten und dem Status, ist dennoch genau dies der eigentliche Sinn des Zeremoniells.

Was nun den Beitrag des *Potlatch* zur Solidarität in der Gruppe angeht, so wird diese auf verschiedene Weise bewerkstelligt. Die Geschenke kommen meist vom örtlichen Häuptling, nur wenn es um einen Stammestitel oder eine Angelegenheit geht, die den gesamten Stamm betreffen, werden sie vom Stammeshäuptling aufgebracht. Die Geschenke bestehen (zumindest früher) weitgehend aus Handelsartikeln wie Decken und Gewehren, später dann auch aus Bargeld. Zu diesen steuern die Mitglieder der bewirtenden Gruppe bei, wie sie sich auch an der Beschaffung der Lebensmittel beteiligen, die für das Essen benötigt werden. Sie stellen zudem Tänzer und Sänger, die bei der Vorweisung des Wappens auftreten. Von Bedeutung ist, daß nicht nur die Privilegien der Person, die das Häuptlingsamt erbt, bestätigt werden, das geschieht auch mit den Rechten von anderen Angehörigen dieser Stammesgruppe. Kinder erhalten bei dieser Gelegenheit ihre Namen, oder es werden ihnen beim *Potlatch* die Ohren durchstochen.

Auf mannigfache Art und Weise hat die Zeremonie Bedeutung für die Gruppe und stellt die Verbindungen und die Loyalitäten innerhalb der Gruppe öffentlich klar.

Diese grundlegende Funktion wird bei den verschiedenen Stämmen noch weiter ausgeschmückt.

Die Tlingit betrachten den *Potlatch* als einen Zyklus, um den Tod eines Häuptlings zu betrauern. Bei ihnen ist das nicht eine einmalige Angelegenheit, sondern es bedarf mehrerer *Potlatchs*, um den Status des neuen Häuptlings zu etablieren.

Bei der nördlichsten Stammesgruppe dient der *Potlatch* dazu, einen Gesichtsverlust in der Öffentlichkeit wiedergutzumachen, so beispielsweise wenn ein Häuptling oder sein Erbe bei einer öffentlichen Veranstaltung hingefallen oder gestolpert war. Eine solche Einbuße an Prestige konnte nur durch eine formale Verteilung von Geschenken und durch die Wiederbestätigung des Status wiedergutgemacht werden.

Es gab auch regelrechte *Potlatch*-Wettbewerbe. Zwei besonders mächtige Rivalen konnten dabei Handelswaren, große Mengen von Waren und Geld vernichten. Dieser Vorgang sollte natürlich demonstrieren, daß der Betreffende so reich war, daß es ihm nichts ausmachte, Decken oder Geld zu verbrennen. Noch einmal Philip Drucker:

„Während solche Wettbewerbe gewöhnlich unter vielen der nördlichen Gruppen stattfanden, waren sie an zwei Plätzen, nämlich in Fort Rupert und Fort Simpson, als bitterernste Auseinandersetzungen zwischen Rivalen am häufigsten. Es sieht so aus, als hätten in beiden Fällen ziemlich die gleichen Umstände zu dieser Entwicklung geführt. Man muß daran erinnern, daß, als die Hudson Bay Company dort einen Handelsposten aufmachte, mehrere benachbarte Kwakiutl-Stämme dort hinzogen und einen losen Zusammenschluß bildeten. Jeder dieser Stämme bestand aus mehreren örtlichen Untergruppen, die über lange Zeit hin ziemlich feste politische Gebilde dargestellt hatten, auch wenn den örtlichen Gruppen eine gewisse Handlungsfreiheit und das Recht auf individuellen Besitz zugebilligt worden war. Als sich dann die Stämme an einem gemeinsamen Wohnort in der Nähe des Handelspostens niederließen, hatten sie ein akutes Problem. Es war unumgänglich, daß jeder Stamm früher oder später die anderen zu einem *Potlatch* einladen mußte.

Nun war die Rangordnung der einzelnen Personen innerhalb der lokalen Gruppe freilich allgemein bekannt, und die Rangordnung der Häuptlinge war dort genau festgelegt. Das Entscheidende war die öffentliche Anerkennung gewisser Titel und Würden auf Stammesebene, die durch die Selbständigkeit der Untergruppen nicht mehr eindeutig gegeben war ... Der nun im Stamm als Ranghöchster anerkannte Mann erhielt das erste Geschenk und, um seinen Rang noch besonders herauszustreichen, auch das größte Einzelgeschenk. Der Rangnächste unter den versammelten Gästen bekam das zweite Geschenk und so weiter in absteigender Reihenfolge. Für die Rangfolge der Häuptlinge der neu entstandenen Konföderation aber gab es keine Präzedenzfälle. Das führte zu einer Folge von *Potlatchs*, bei denen die Betreffenden ihre Ansprüche auf die Ränge des ersten, zweiten, dritten Häuptlings durchzusetzen versuchten. Gab es zwei Anwärter, so versuchten die sich gegenseitig zu überbieten. Endlich vernichtete der eine oder andere eine solche Menge an Gütern, daß der Rivale einfach nicht nachziehen bzw. ihn überbieten konnte. Derjenige, der ausgestochen worden war, hatte keine Möglichkeit zum Rekurs. Er konnte nun nicht länger seinen Anspruch auf den Titel geltend machen, denn nach den Vorstellungen der Eingeborenen galt es als lächerlich, wenn ein Mann mit wenig Ressourcen – und dies betraf natürlich nicht nur ihn, sondern die Gruppe, aus der er kam – einen Anspruch gegen jemanden erhob, der seine Macht und seinen Reichtum bewiesen hatte." (4)

Der französische Soziologe Marcel Mauss hat vermutet, daß es sich beim *Potlatch* um eine Sitte aus einer Epoche der Menschheitsgeschichte handeln könnte, die der Entwicklung des Staates vorausging. (5)

Es scheint aber, daß die Geschenke des *Potlatch* und die ursprünglich praktizierte Vernichtung materieller Werte nicht nur der Preis oder der Beweis für auf Reichtum gegründete Macht sind. Was aber steckt dann dahinter?

Ein Ritual der Klassenherrschaft in der modernen Industriegesellschaft

Während an den Ritualen der *Native American*s die gesamte Gemeinschaft teilnimmt, läßt sich aus dem heutigen Amerika ein Ritual vorführen, das genau dem gegenteiligen Zweck dient. William Domhoff hat es 1968 und 1970 untersucht und darüber eine Studie veröffentlicht. (6). Das Ritual, so hören wir, findet seit fast hundert Jahren in einem Redwoodwald nördlich von San Francisco statt.

Dort versammeln sich 1500 Angehörige der weißen Oberschicht zu einem Zeltlager im Bohemian Grove. Das Ritual besteht in der Beisetzung eines Sarges mit einer Puppe, die die „Sorge" symbolisiert. Der Sarg wird mit einem Boot zu einem Schrein transportiert und dort verbrannt. Die „Sorge" ist damit für ein Jahr aus der Welt geschafft. Eine Kapelle spielt darauf das Lied *„There'll be a Hot Time in the Old Town Tonight"*. Die Beteiligten brechen in Gebrüll aus, umarmen sich und beginnen zu tanzen.

Der Sinn des Rituals besteht darin, daß jeder der Anwesenden darin bestärkt werden soll, seine Interessen energisch, um nicht zu sagen rücksichtslos, zu vertreten und sich deswegen keine Sorge und kein schlechtes Gewissen zu machen. Die Bezeichnung des Rituals stammt aus dem letzten Jahrhundert, als reiche Leute Wert darauf legten, mit Künstlern, eben mit der Gruppe der Bohemiens, zusammenzutreffen. Heute dürfen keine Frauen an dem Ritual teilnehmen, aber hochklassige Prostituierte stehen in einer nahe gelegenen Kleinstadt zur Verfügung. In der Gästeliste der Veranstaltung des Jahres 1970 waren die Aufsichtsratsvorsitzenden und Direktoren von 40 der 50 größten Konzerne der USA vertreten.

Nach all dem kann man sagen, daß *Bohemian Grove* als ein schlagendes Beispiel für ein heruntergekommenes Ritual angeführt werden kann. Es erinnert und bekräftigt nicht – wie die Rituale der Indianer – den Zusammenhang von Mensch, Tier und Pflanze in einer kosmischen Gemeinschaft. Die dort Versammelten gehören alle der durch Verfügungsgewalt über Besitz herrschenden Klasse an. Zu ihnen gehören Spitzenvertreter der Öl- und Atomindustrie, großer Banken und der wichtigsten Investment-Gesellschaften. Sie vollziehen das Ritual, um damit ihre Legitimität zur Herrschaft zu beglaubigen. Sie essen, trinken lediglich und sehen der Verbrennung des Sarges mit der „Sorge" darin zu, die andere ausführen. Frauen sind vom Ritual ausgeschlossen, der Sexualität wird nur in ihrer käuflichen Form gehuldigt.

Eine letzte Lehre, die sich aus dem Ritual von Bohemian Grove ableiten läßt, schreibt Dolores LaChapelle, wäre diese: Man könnte annehmen, daß Rituale lediglich in primitiven Kulturen praktiziert werden und daß sie heute nicht mehr wichtig oder wirksam sind. *Bohemian Grove* beweist das Gegenteil. Sie sind immer noch machtvoll wie eh und je. Der Unterschied zu den Ritualen alter Art aber besteht darin, daß jene für alle Mitglieder einer Gruppe von Menschen durchgeführt wurden und die Natur einbezogen, die deren Macht überstieg, während jenes Klassenritual nur den Sinn hat, den Zusammenhalt unter jenen Männern zu stärken, deren einzige Ziele Geld und Macht sind. (7)

8. Die Heilungs- und Fruchtbarkeitszeremonien der Indianerstämme des Südwestens

So sagt der Hindu-Bräutigam zu seiner Braut: Ich bin der Himmel und du die Erde; und bei dem Stamm der Nagaras von Gujerat erhalten Bräutigam und Braut die göttlichen Titel Shiwa und Parvati. Im alten Babylonien verkörperte der König den Gott des Himmels und die Königin die Erde. Beide vereinigten sich auf dem Gipfel des Zigurat, dem Symbol der Welt. Und derart vermählte sich Gesellschaft mit Natur.

Francis Huxley (1)

Die magischen Kräfte des Kosmos in die Realität holen

Dies sei als grundsätzliche These der Betrachtung über die Fruchtbarkeitszeremonien und Heilungsrituale vorangestellt: Während der Schamane der Jäger- und Sammlervölker ins Jenseits von Himmel und Hölle fliegt, holt der Priester, der Sänger, der Heiler bei den Stämmen des Südwestens das „Jenseits" in die Realität. Dabei spielen die Erinnerungen an die Schöpfungsmythen der jeweiligen Stämme eine wichtige Rolle.

Die Schöpfungsmythe der Navajo

Sie läßt sich wie folgt zusammenfassen:

Im Anfang war der Erste Mann, eine Gottheit, die aus einem Maiskolben entstand.

Die heutige Welt ist nach Vorstellung der Navajo die fünfte, die von dem Ersten Volk bewohnt wird. Andere Darstellungen sprechen von der vierten Welt. Das Erste Volk lebte in den jeweiligen Welten so lange, bis es in die nächst höhere Welt aufstieg, und zwar durch ein Schilfrohr. Die Stelle des Austritts aus der unteren Welt oder der Mittelpunkt der Welt ist ein Dachsbau in den Gebirgen des südöstlichen Colorado. Zunächst war das Land mit Wasser bedeckt, ein sumpfiges Gelände, aber mit der Zeit verwandelten die Heiligen Wesen, die man sich in einem Raum des Übernatürlichen lebend vorstellen muß, die Erde in einen bewohnbaren Ort und legten die Heiligen Grenzen des Navajolandes fest. Sie schufen im Süden das Türkisgebirge, im Westen das Muschelgebirge, im Norden das Schildpattgebirge und im Osten das Weiße Muschelgebirge. Licht wurde durch den Ersten Mann und die Erste Frau geschaffen, desgleichen die Gestirne und die heute als Schmuck verwendeten Steine. Für die Sterne war eine genaue Ordnung vorgesehen, aber der Kojote verstreute sie über den Himmel.

Das Böse war in Gestalt der Monster in der Welt, die durch sexuelle Perversitäten entstanden. Sie töteten fast alle Nachkommen von Erster Mann und Erste Frau. Durch Magie der Heiligen Wesen kamen die Frau der Veränderungen und ihre Schwester Weiße Muschelfrau in die Welt. Mit dem Sonnenmann und dem Wassergott zeugten sie zwei Kinder, den Monster-Töter und Geboren-dem-Wasser. Letzterer wird in manchen Erzählungen der Heiligen Geschichte auch als weiblich dargestellt.

Nachdem die beiden von ihren Vätern im Himmel aner-
kannt worden waren, kehrten sie auf die Erde zurück und traten gegen die Monster auf (siehe dazu auch: Frederik Hetmann, Die Erde ist unsere Mutter. Indianische Spiritualität
und Religiosität, S. 195 ff.). Zeugnisse dieser Auseinanderset-
zung finden sich zahlreich in der Landschaft des Navajolandes. Bei der Lava, östlich von Grants, New Mexico, handelt es
sich – so sagt man bei den Navajos – um das Blut eines er-
schlagenen Monsters, bei Shiprock trifft man auf die Überre-
ste eines die Menschen verschlingenden Adlers, erloschene
Vulkane gelten den Navajo als die Rümpfe von Monstern, denen die Heldenzwillinge die Köpfe abschlugen.

In gewissem Sinn sind die Schöpfungsmythen eine rituali-
sierte Erzählung, durch die die Landschaft geheiligt wird. Das
kommt der Art und Weise, in der die Aborigines Australiens
die reale Topographie als eine Schöpfung der Traumzeitwesen
interpretieren und damit jedem einzelnen Teil der Landschaft
eine Sinnhaftigkeit zuordnen, sehr nahe.

Das Universum

Die Navajo betrachten das Universum als ein allumfassendes
Ganzes, in dem jeder und jedes seinen bestimmten und ein-
zigartigen Platz hat, der es mit allem anderen Lebendigen in
Beziehung setzt.

Alle guten, erfreulichen Dinge des Lebens – Gesundheit,
Wohlstand, Glück und Frieden – ergeben sich aus einer Haltung, die dieser spirituellen Perspektive entspricht und die davon ausgeht, daß alle Teile des Universums lebendig und aufeinander bezogen sind. Also auch Diesseits und Jenseits,
Himmel und Erde.

Das Universum umfaßt nun zwei Gruppen von Wesen: das
Volk der Erdoberfläche, also die gewöhnlichen Menschen, und
die *diyin dine'é*, die Wesen, die über übernatürliche Kräfte verfügen. Die angemessene Übersetzung dieses Navajowortes
wäre eigentlich „Übermenschen" oder „Höhere Wesen", ein-

gebürgert aber hat sich im Zusammenhang mit den Zeremonien „Heilige Wesen". Zu ihnen gehören zunächst einmal der Sonnenmann, die Frau der Veränderungen, die die Kräfte der sich in den Jahreszeiten ständig vollziehenden Erneuerung der Erde symbolisiert, und die Zwillinge, der Monster-Töter und „Geboren für das Wasser". Andere Heilige Wesen wie der Erste Mann und die Erste Frau, Erster Junge und Erstes Mädchen, der Trickster Coyote und *be'gochidi* spielen nach dem Anfang der Welt eine wichtige Rolle, hinzu kommen die *yéii*, die nach dem Schöpfungsanfang zu sprechen versuchten und, weil sie nur Rufe, aber keine Worte hervorbringen konnten, *hasc'héeh*, die Sprachlosen, genannt werden.

Jede Zeremonie der Navajo hat Bezug zu einer bestimmten Gruppe der Heiligen Wesen, die fähig sind, dabei menschliche Gestalt anzunehmen. (2)

Die sehr intensive Beziehung zwischen Jenseits und Diesseits beschreibt der Medizinmann Mike Mitchel wie folgt:

„Jedes Geschöpf, jeder Aspekt der Natur hat seine Heiligen Wesen* ... selbst der *stinkbug* (ein stinkender Käfer). Manchmal kann man sie für einen Augenblick sehen. Einige von ihnen werden durch Farben verkörpert, durch den blauen Himmel, die Abenddämmerung, die Nacht – dies alles sind Heilige Wesen, und man betet zu ihnen. Es gibt Eisen-Wesen, Kristall-Wesen, dann die anderen Felsen, es gibt die Heiligen Wesen der Morgendämmerung, die Zwielicht-Wesen, die Wolken- und Donner-Wesen.

Man spricht über so etwas nicht im Freien, wenn die Heiligen Wesen anwesend sind. Im Winter werden viele verschwunden sein, Bären zum Beispiel, also kann man über Bären im Winter sprechen. Die Donner-Wesen sind im Winter fort. Aber dafür sind die Schnee-Wesen und die Kalte-Luft-Wesen da.

---

* Siehe dazu auch die Geschichte von Chuka im ersten Kapitel. Zwar ist er kein Navajo, sondern ein Hopi, aber zwischen den Stämmen des Südwestens trifft man häufig die Übernahme religiöser Vorstellungen an.

Mit dem Weißen Donner verhält es sich etwas anders. Er kommt im Winter. Donner in einem Schneesturm ist aufregend. Wer immer der Anführer der Donner-Wesen sein mag, er schickt Weißen Donner zu den Sommerplätzen, um nachsehen zu lassen, was dort vor sich geht. Viele Navajo haben Sommer- und Winterlager und gehen in der anderen Zeit nachsehen, wie es in den leeren Lagerplätzen aussieht, wie es der Weiße Donner tut." (3)

Schon aus diesen Hinweisen wird die immer gegenwärtige Natur der übernatürlichen Wesen deutlich. Oder wie es ein Navajo ausdrückte:

„Sie sind Heilige Wesen, aber nicht in dem Sinn, daß sie irgendwo hoch oben wohnen. Sie sind nicht weit fort wie der Gott der Christen. Die Heiligen Wesen hört man singen. Sie tun all das, was in einer Zeremonie vor sich geht. Man kann sie auch sehen, wenn der Tag gut verläuft." (4)

Sie sind mächtig und auch gefährlich.

Was wird geheilt?

„Die Heiligen Wesen verletzen uns manchmal", erklärt ein Indianer, „... so wie wir manchmal eine Ameise zufällig verletzen." Vor allem aber wollen sie, daß die Wesen der Erdoberfläche leben und gedeihen, und deswegen beteiligen sie sich an den Zeremonien. Zudem werden sie auch zugegen sein, wenn sie jemand herbeiwünscht oder dringend braucht.

Die allumfassende Vorstellung vom Universum bedeutet, daß sich im günstigsten Fall alle Wesen und Dinge – und die meisten Dinge sind ja auch Wesen –, also gut und böse, natürlich und übernatürlich, männlich und weiblich im Zustand der Harmonie und Balance befinden. Diesen Zustand bezeichnet das Wort *hózhó*.

Menschen, die in Handlungen verwickelt werden, die die Balance stören oder aufheben, werden durch die dabei freigesetzten Kräfte krank.

Der Zweck der meisten Navajozeremonien besteht also im

Heilen von einer oder mehreren Personen, sie bestehen in stärkerem Maße in der Wiederherstellung der Harmonie, deren Störung die tiefere Ursache bildet, als in einer Behandlung der Symptome der Krankheit.

Krankheiten können durch vielerlei ausgelöst werden, hauptsächlich aber dadurch, daß den gefährlichen Kräften unter den Heiligen Wesen wie dem Blitz, dem Wind oder Donner nicht die nötige Achtung entgegengebracht wird, daß es zu einem ungesunden Kontakt mit gewissen Tieren (beispielsweise dem Bären) kommt, daß zeremonielle Gegenstände falsch gebraucht werden, daß es zum Kontakt mit Geistern, Fremden oder Hexen kommt. Krankheiten des Körpers und der Seele oder anderes Unglück resultieren aus der unfreiwilligen und unwissentlichen Verletzung von Geboten und Vorschriften der Heiligen Wesen.

Um zu therapieren, muß also der Heiler die Ursache der Krankheit unter Kontrolle bringen, er muß dabei Böses in Gutes verwandeln. Die Kraft der Heilung ergibt sich dabei aus der genauen Wiederholung einer zeremoniellen Prozedur. Die Harmonie wird wieder herstellt, und zwar im physikalischen, spirituellen, mentalen und sozialen Bereich. Dabei spielt die seelische Einstellung des Kranken und seiner Familie eine wichtige Rolle.

Der Patient und seine Familie müssen das Geld aufbringen, um den Sänger *(Chanter)* zu bezahlen und ihn samt seiner Helfer zu verköstigen. Während sich der Patient auf die anstehende Zeremonie vorbereitet, ist er von seinen Freunden und Angehörigen umgeben, eine Tatsache, die ihm deren Liebe und Zuwendung beweist.

Die Heilungszeremonie

Die Zeremonie selbst verwandelt den Gemütszustand des Patienten durch rituelle Handlungen, zu denen nicht nur die heilende Berührung durch den Sänger, dem er vertraut, gehört; auch die Heiligen Wesen selbst lassen dem Patienten liebende Fürsorge zuteil werden. Der Sänger dient also als Instrument der transzendenten Heilungskraft. Das Jenseits, könnte man auch sagen, tritt heilend ins Diesseits ein. Der Patient weiß, daß die Heiligen Wesen für die Wesen der Erdoberfläche dieses spezielle Zeremoniell als Heilungsmöglichkeit einsetzt haben. Die Patienten wissen aber auch, daß der Held der dabei erinnerten Mythen weit größere Schwierigkeiten zu überwinden hatte als sie selbst. Die Heiligen Wesen betrachteten den Helden als ein geliebtes Kind und kamen ihm zu Hilfe, und auch dem Patienten erweisen die Heiligen Wesen dieselbe Art von Zuwendung.

Mit jedem Tag des Zeremoniells sollte sich der Zustand des Patienten von Hoffnungsfreudigkeit auf den Zustand der völligen Gesundung zubewegen. In der Mitte einer neuntägigen Zeremonie, am Nachmittag des vierten Tages und während der ganzen fünften Nacht, verlagern sich die Akzente von Reinigung und Schutz zu Anrufung und Segnung. Von nun an hat der Patient begonnen, mit seinem Bewußtsein die Krankheit zu kontrollieren und sollte mit einem Gefühl inneren Friedens erfüllt sein.

Die letzte Nacht der Zeremonie faßt noch einmal die Elemente der Reinigung, des Schutzes, der Anrufung und der Segenspendung zusammen.

Der Hataalii oder Sänger

Gesang ist das charakteristische Kennzeichen der Navajozeremonien. Der Navajo-*Chanter* ist mehr ein Priester als ein Schamane. Er besitzt die rituellen Kenntnisse, die es ihm erlauben, die gefährlichen Dinge unter seine Kontrolle zu bringen, er heilt Hexenkraft, vertreibt Geister, bewirkt Schutz vor den Ursachen der Krankheiten. Was ihn beispielsweise vom Schamanen unterscheidet, ist, daß er nicht unbedingt in persönlichen Kontakt mit den übernatürlichen Wesen tritt. Vielmehr rührt seine Kraft daher, daß er über eine gewisse Masse an kodifiziertem Wissen verfügt, das er von älteren Priestern gelernt hat und das er an seine Lehr-linge weitergeben wird.

Sänger spezialisieren sich gewöhnlich auf einige wenige Zeremonien, denn zu jeder gehören viele Gebete, Lieder, Me-dizinen, Sandmalereien, rituelle Gegenstände.

Weibliche *Chanter* sind selten wegen des Risikos einer prä-natalen Infektion. Das bedeutet: ungeborene Kinder könnten geschädigt werden, wenn ihre Mütter im Zeitraum zwischen Empfängnis und Geburt an einer Zeremonie teilnehmen. (5) Wenn eine Frau zur Sängerin wird, so meist nach der Me-nopause. Hingegen treten auch jüngere Frauen häufig bei der Diagnose in Erscheinung, also bei dem Herausfinden der Krankheitsursache und bei der Bestimmung der entsprechen-den Zeremonie.

Der Handzitterer streicht mit seiner oder ihrer Hand über den Körper des Patienten und spricht dabei ein Gebet zum Gila-Monster, einem der Heiligen Wesen. Die Antwort kommt meist durch die Auslegung der zitternden Handbewe-gungen des Diagnostizierenden oder durch eine Eingebung durch das Gila-Monster.

Bei Sternenschau, von der noch zu reden sein wird, werden Sandmalereien oder Fetische eingesetzt. Ein getrocknetes Pul-ver aus den Linsen der Augen von Nachtvögeln streicht der Sternschauer sich, dem Patienten und jenen, die die Gabe zu sehen haben, auf die Augen. Der Sternschauer und seine Hel-fer gehen dann ins Freie und entnehmen dem aufblitzenden Licht von Quarzkristallen die Ursache der Krankheit und die geeignete Zeremonie, die angewendet werden soll.

Eine andere Methode wäre, das pulverisierte Ohrenschmalz eines Dachses sich auf die Ohren zu streichen, den *Hogan* (die achteckige traditionelle Behausung) zu verlassen und draußen die Ursache der Krankheit aus dem Geräusch der Klapper-schlangen oder dem des Donners zu entnehmen.

Eine Vielzahl von Zeremonien

Bei der Vielzahl der praktizierten Zeremonien unterscheidet man zwischen Riten (*rites*; d. h. hier Zeremonien ohne Rassel) und Gesängen (*chants*, bei denen Rasseln das Singen begleiten).

Zwei wichtige Riten, der Segensweg und der Feindweg, unterscheiden sich durch das, was da geheilt werden soll. Der „Segensweg" ist gewissermaßen präventiv, er schützt vor Unglück und sichert Ordnung, Gesundheit und Eigentum. Die Bilder der Segensweg-Riten werden nicht mit Sand, Ocker und Holzkohle, sondern mit Pigmenten pflanzlichen Ursprungs ausgeführt. Dazu gehören Pollen vom Mais und anderen Pflanzen, Maismehl und Pulver von Blumen.

Der „Feindweg" stellt gewissermaßen den Gegenpol zum „Segensweg" dar, er soll Geister vertreiben und Häßlichkeit abwenden. Er gehört zu einer Reihe von alten Kriegszeremonien, die die Krieger vor den Geistern der im Kampf getöteten Gegner schützen sollen.

„Heiligweg-", „Böseweg-" und „Lebensweg-Zeremonien" zielen darauf ab, die Gesundheit des Patienten durch Anziehung des Guten herzustellen. „Böseweg-Zeremonien" bannen das Böse.

Die Navajo benennen die Zeremonien nach dem wichtigsten Ritual, das dabei vollzogen wird, und nach dem Geschlecht des Patienten bzw. der Patientin: So kommen zwischen vierzig und fünfzig Namen für Gesang-Zeremonien zustande.

Die Sandmalereien

Charakteristischer Bestandteil der Navajozeremonien sind die Sandmalereien. Der Navajo-Ausdruck für Sandmalereien, *iikáah*, bezeichnet einen Ort, an dem das Übernatürliche ein- und austritt. Eine Sandmalerei unterstützt einen Heilungsvorgang auf vielfältige Weise:

Sie zieht die übernatürlichen Wesen und ihre Heilungskräfte an.

Die Abbildung der Heiligen Wesen läßt den Patienten sich mit deren Fähigkeiten zu heilen identifizieren.

Sie absorbiert die Krankheit, verleiht Immunität.

Das Bild schafft eine rituelle Wirklichkeit, in der sich der Patient und die Heiligen Wesen dramatisch begegnen.

Es herrscht die Vorstellung, daß die Heiligen Wesen unwiderstehlich von ihren in den Sand gemalten Bildern angezogen werden. Sind sie einmal da, werden sie zu diesen Bildern.

Der Patient identifiziert sich mit den Heiligen Wesen, die im Sand abgebildet sind, während der Sänger seine Handflächen mit Kräutermedizin anfeuchtet und damit über die entsprechenden Körperteile des Patienten fährt.

Der Sänger wird als Surrogat der Heiligen Wesen betrachtet. Auf diese Weise verstärkt der physikalische Kontakt, der sich zwischen dem Patient und dem Sänger herstellt, den Vorgang der Identifikation mit den Heiligen Wesen.

Eine Sandmalerei besteht aus Symbolen des Hauptthemas und ergänzenden Symbolen. Eine solche Einteilung widerspricht zwar der Auffassung der Navajo, daß alle Dinge des Kosmos gleichberechtigt seien, sie wird hier auch nur zur einfacheren Erklärung angewandt.

Die Symbole des Hauptthemas sind Darstellungen von menschlichen Helden der Schöpfungs- und Ursprungserzählungen, die bei ihren Abenteuern den übernatürlichen Wesen begegnen. Dabei werden auch Tiere, Pflanzen, Naturphänomene, Landschaften und materielle Gegenstände abgebildet, und zwar als Wesen, so der Donner, der Wind, der Hagel, die Wolken. Dies soll daran erinnern, daß wir Menschen diesen Wesen verwandt sind und uns dessen bewußt werden müssen, sofern die Zeremonie wirksam die Balance und Harmonie des Universums wiederherstellen soll. Die Erklärungslinie drückt sich in dem folgenden Zitat aus:

„Menschliche Wesen bestehen aus denselben Elementen wie Gebirge, Pflanzen und Sterne. Sie wurden geschaffen, ehe es Menschen gab. Also identifizieren wir uns mit ihnen (und nicht umgekehrt sie sich mit uns). Diese Wesen (Gebirge, Pflanzen, Sterne) werden in den Sandmalereien in menschlicher Form dargestellt. Das macht sie lebendig und erinnert uns daran, daß wir ihnen verwandt sind." (6)

Schutzgeistersymbole bewachen die Fläche bzw. den Raum der Sandmalerei und bringen ihn unter Kontrolle. Sie sind für den Austausch von Böse gegen Gut zwischen den Symbolen in der Sandmalerei und der Welt außerhalb zuständig.

Den Schutzgeist sieht man an einer das Gemälde einfassenden Grenze mit einer Öffnung nach Westen. Häufig ist das eine mit menschlichen Eigenschaften versehene Regenbogenfigur mit Rock, Beinen und Füßen an dem einen und einem Kopf an dem anderen Ende. Möglich ist auch eine Girlande, eine bandähnliche Figur mit vier Federbüschen an jedem Ende. Seltener schon ist das übernatürliche Mirage-Wesen. All diese Schutzgeister haben bandähnliche Körper mit einfachen weißen Strichen oder schwarzen Wolken. Sie werden Regenschnur, Sonnenstrahl oder Gebündelte Sonnenstrahlen genannt. Sandbilder vom Donner oder den Helden-Zwillingen haben Schlangen als Schutzgeister.

An der östlichen Öffnung, durch die sich die Beherrschung von Gut und Böse vollzieht, wird man zudem weitere Schutzgeister sehen. Es sind dies ein Paar Großer Fliegen, Fledermäuse, Sonne und Mond, der Pollen-Junge oder das Mädchen-das-reifen-läßt. Andere Schutzgeister spiegeln das Hauptthema der Sandmalerei, die sie bewachen, nämlich Paare von Schlangen, Büffeln, Pfeilen oder Biber und Otter. Manchmal sind sie mit dem Gesang der Mythe verbunden, so das Wiesel mit dem Gebirgsweg und dem Schönheitsweg, Bären mit dem Gebirgsweg, Sterne mit dem Sternweg, Ameisenhaufen mit dem Weg der Roten Ameisen.

Ortssymbole sind ein anderes wesentliches Element, sie weisen auf den Platz hin, an dem sich das Ereignis, für das das Sandbild steht, ereignete.

Gebirge werden durch kleine Sandhaufen dargestellt, die man mit Farbpigmenten einfärbt. So die vier Heiligen Gebirge, aber auch der Spruce Hill, der Gebirgsort der Frau der Veränderungen, und das Huerfano-Gebirge in New Mexico, die frühe Heimat der Frau der Veränderungen.

Nimmt man die Andeutungen über Gewässer (Muschelschalen, Flaschenverschlüsse, flache Schalen) und Symbole für die Vegetation hinzu, so läßt sich vorstellen, daß ein dreidimensionales Bild entsteht.

Mit den Farben verbindet sich eine ganze Symbolsprache: Weiß ist die Farbe der Weißen Morgendämmerung im Osten, Blau symbolisiert den hellen Blauen Himmel am Tag und gehört zum Süden. Gelb steht für Fruchtbarkeit und wird mit den gelben Pollen in Zusammenhang gebracht. Es steht auch für das Gelbe Abendlicht des Sonnenuntergangs. Schwarz ist eine düstere Farbe, aber da es Unsichtbarkeit signalisiert, schützt es auch. Es steht für die Nacht im Norden. Rot ist die Farbe der Gefahr, des Krieges und der Zauberei und verbindet sich oft mit Schwarz. Rosa steht für die glänzende Qualität von Licht, und Grau ist die Farbe des Bösen, Unwürdigen, Zuverachtenden.

Sandmalereien sind heilige lebendige Wesenheiten (7). Ihr ästhetischer Eindruck ist gegenüber ihrer zeremoniellen Genauigkeit unwesentlich.

Ganz ähnlich wie die Sandmalereien ist auch *jish*, das Medizinbündel der Navajo, ein lebendiger heiliger Gegenstand. Es muß benutzt werden, sonst verliert es seine Lebendigkeit. (8) Die Herstellung einer Sandmalerei mag zehn Stunden dauern, aber höchstens zehn Minuten später muß sie benutzt werden.

In Gegenwart einer Sandmalerei hat man sich der Ehrfurcht gegenüber der ihr innewohnenden Macht und Heiligkeit zu befleißigen. Teilnehmer an einer Zeremonie sollten „mit gutem Herzen" kommen und dem Patienten so helfen, in Schönheit zu denken.

Die Bedeutung der Ordnung in einem Sandgemälde kann gar nicht stark genug betont werden. Krankheit, so haben wir gesehen, ergibt sich aus einem Bruch der universellen Ordnung und Balance, und Zeremonien wirken durch die Wiederherstellung des spirituellen, emotionalen, mentalen und physischen Gleichgewichts des Patienten.

Die Mythe des Segensweges

All solche Aussagen über die Zeremonien bleiben letztlich abstrakt und können nur Vorbereitung sein auf den Kern der Zeremonie, die Verlebendigung einer Mythe. Unter den vielen Zeremonien wähle ich dazu den „Segensweg" aus, das Lied der Lieder, wie er manchmal auch genannt wird, weil in ihm aller Dinge gedacht wird, aus denen der Mensch gemacht ist. Jene vier Gesänge aus dieser Zeremonie sind Geschichten über den Konflikt zwischen Menschen und Tieren. Sie erklären, wie die ersten Menschen mit Leben, Tod und der Gegenwart des Bösen umgingen. Die Sänger erklären, daß der Segensweg allen anderen Ritualen überlegen sei. Die Botschaft, die er enthält, läßt sich in dem Satz zusammenfassen: Das Leben ist kostbar, ohne heilige Verhaltensregeln läßt es sich nicht bestehen.

In ersten Teil des Segenswegs wird der Kojote als ein *trickster* (ein Schelm, ein Eulenspiegel, ein Wesen, das Streiche spielt) eingeführt. Er kann Schädigungen bewirken, aber seinem Zauber kann durch die Reifen-Zeremonie begegnet werden. Die Reifenzeremonie haben die Anthropologen als eine Art von Mandala charakterisiert. Sonnenräder oder magische Kreise, Reifen aus Fichten- oder Weidenzweigen stellen die vier Zugänge dar, durch die der Mensch in die vier elementaren Welten gelangt. Sie stehen auch als Symbole für die vier Himmelsrichtungen, für die vier Heiligen Gebirge, für die vier Personen einer Familie – Vater und Mutter, Sohn und Tochter –, für die vier Zeitalter des menschlichen Lebens. Indem man durch die Heiligen Reifen geht, re-integriert und immunisiert man sich. Man wird wach und hat wieder Einsicht in den Grundbegriff der Harmonie.

Der Kojote ist eine schlauer Gegenspieler des Menschen, aber dieser obsiegt durch die Hilfe des Sprechenden Gottes,

be'gochidy. Er ist bei den Navajo der Großvater mütterlicher-
seits. Wie der griechische Gott Apoll erscheint er häufig auf
Erden und bei den Sterblichen. Zudem erhält der Mensch spirituelle Hilfe durch eine Vielzahl belebter und unbelebter Wesen. Das Weiße Eichhörnchen ist ein solcher Bundesgenosse,
aber auch das Schüreisen. Die Botschafter-Fliege hilft den Navajo oft bei Kümmernissen.

Die mythischen Bedeutungen von Fliegen und Ameisen
weisen darauf hin, daß solche Tiere Intelligenz und Weisheit
besitzen und man sich auf sie, sofern man sie nicht vergrämt,
als Freunde verlassen kann.

Im zweiten Teil reist der Menschen zum Himmel und trifft
einen anderen Bundesgenossen, die Spinnenfrau. Sie war es,
die die Arterien der Menschen schuf, und deswegen wird sie
als Medizinfrau betrachtet. Ihre spirituelle Kraft, wie sie sich
in ihrem seidenen Gewebe darstellt, verbindet Himmel und
Erde. In den meisten Zeremonien ist sie eine Gutes bewirkende weibliche Kraft, eine Muttergestalt, die die Sterblichen
leitet und der man vertrauen kann. Sie hilft als Widerpart gegen die Missetaten des Kojoten. Der Reifen, der im zweiten
Teil des Gesanges erwähnt wird, symbolisiert die heilige
Nummer Vier, die vier Himmelsrichtungen.

Die Atemfedern sind die Flaumfedern des Adlers, die nach
der Vorstellung der Navajo den Heiligen Atem des Lebens verkörpern. Die besondere Kraft der Atemfedern besteht darin,
auf dem Rücken des Windes zu fliegen und die Gebete der
Sterblichen in die Welt der Heiligen Wesen zu tragen.

Teil drei der Zeremonie handelt von der Einsetzung von
Tag und Nacht und von den Tieren, die zu diesem Ereignis
beitrugen. Anders als in der jüdisch-christlichen Schöpfungsgeschichte, in der Gott die Trennung vornimmt, geschieht sie
hier durch ein Spiel. Die Eule wird dabei erwischt, daß sie ge-
schummelt hat. Hätte sie gewonnen, wäre es ewige Nacht. So
aber gewinnen die Tagtiere und stellen die nötige Ausgewo-
genheit von Tag und Nacht her.

Der vierte Teil beschreibt das Auftauchen der zwei Schädel
von Männern, die in der Schlacht erschlagen worden sind. In

den Teilen eins bis drei erfahren wir, daß das Leben heilig ist und daß es durch Zeremonien aufrechterhalten werden muß. Im vierten Teil hören wir, wie Leben selbst angesichts des Todes erhalten bleiben kann. Viele der Heiligen Wesen werden dabei aufgerufen, und genau dieser Vorgang stellt den Höhepunkt des Segensweges dar. Das Symbol für diesen Vorgang ist der vom Blitz getroffene Baum, denn Blitze werden vom Sonnenmann und vom Donner im Himmel abgeschickt. Die Kraft des Blitzes ist nun in den Baum übertragen. Wenn die Gebetsfeder des Lebens auf ihn zeigt, wird eine Verbindung zwischen Himmel und Erde, den Gottheiten und den Sterblichen hergestellt, und das Leben wird denen, die schon tot waren, zurückgegeben. (9)

Der Kosmos beeinflußt Gedanken und Taten der Menschen

Es sind verschiedene Naturvölker in Nord- und Südamerika bekannt, bei denen die Ausgestaltung des irdischen Bereichs sich am Bild des Himmels orientiert. Es war Trudy Griffin-Pierce (10), die den Versuch unternommen hat, nachzuweisen, daß bei den Navajo das Bewußtsein von Zeit und Raum wie ihre Vorstellungen von der Bewegung von Sonne, Mond und Sternen zum Ausgangspunkt für ihre Philosophie wurden. Die kosmologischen Vorstellungen bilden nicht das Organisationsprinzip für die rituellen Bilder und die Vorgänge bei den Zeremonien, vielmehr haben die Gestirne und andere kosmologische Phänome (Donner, die verschiedenen Arten des Regens etc.), die zugleich die Heiligen Wesen der Navajo sind, die Fähigkeit, die Gedanken und das Verhalten der Menschen zu beeinflussen. (11)

Ein wichtiges Konzept dabei ist der Gedanke der Regeneration durch Wieder-Heilung, wie es das Medizinbündel *jish* nach längerer Zeit der Nichtbenutzung erfahren muß, ehe man von ihm eine Wirkung erwarten kann.

Wenn in der kosmologischen Vorstellung der Navajo alles zusammenhängt und jedes Teil wichtig ist und zum Ganzen beiträgt, so besitzt das Ganze doch eine stärkere Kraft als die Teile. Kraft geht aus von dem Zustand der Vollständigkeit.

Modell dafür ist der jährliche Zyklus der Erde mit seinen jahreszeitlichen Veränderungen, hervorgerufen durch die jeweilige größere Nähe oder Ferne der Sonne. Das Konzept der Ganzheit drückt sich nicht nur in den vier Himmelsrichtungen, den vier Jahreszeiten, sondern auch in den vier Arten des Mais (weiß, gelb, blau und mehrfarbig) und in den vier Spezies der Heiligen Wesen (Himmel, Sonne, Wasser und merkwürdigerweise Sommer) aus, die dreimal erfolglos Anlauf nehmen, die Dinge neu zu erschaffen und beim vierten Mal es endlich schaffen.

Dem liegt die Vorstellung von der Zunahme und dem Wachstum zu Grunde, die sich auch in der Schöpfungsgeschichte, dem Aufstieg durch vier Welten ausdrückt, wobei die jeweils nächste immer größer als die darunterliegende ist.

Den vier Lebensaltern des Menschen entsprechen jeweils ein männliches und ein weibliches Gestirn. (12)

	Männlich	*Weiblich*
Frühe Kindheit:	Großer Wagen	Kassiopeia
Adoleszenz:	die Plejaden	Orion
Erwachsensein:	Sternbild des Raben	Vorderteil des Skorpion
Alter:	Schwanz des Skorpion	Milchstrasse

Nach mythologischer Vorstellung ist das Land der Navajo von vier Heiligen Gebirgen umgeben, eine Vorstellung, mit der Hand in Hand geht, daß die Erde ein lebendiges Wesen darstellt. Die Gebirge wurden deswegen an die Hauptpunkte der Himmelsrichtungen eingesetzt, um die Erde zu stärken. In der Folge des Sonnenlaufes, also von Osten nach Süden, Westen und Norden sind dies die Balance Peaks, der Mount Taylor, die San Francisco-Berge und der Hesperus Peak.

Jedes dieser Heiligen Gebirge und jede der vier Himmelsrichtungen hat ein eigenes Heiliges Wesen, das entweder männlich oder weiblich ist. Sie bilden immer Paare: Im Osten der Sprechende Gott ist männlich zusammen mit dem Hogan-Gott , der weiblich und im Westen ist. Geboren-für-das-Wasser ist weiblich und das Heilige Wesen des Südens; Monster-Töter schließlich ist männlich und das Heilige Wesen des Nordens.

Noch zwei weitere Vorstellungen sind wichtig für die Vorstellung der Navajos von einem geordneten Universum: *Nilch'i* und die „Inneren Formen". Bei der Schöpfung wurde allen Wesen auf der Erdoberfläche Leben, Bewegung, Sprache und Verhalten verliehen.

Vergleichbar mit der Seele ist der Heilige Wind jene Entität, die überall existiert und an der alles Lebendige teilhat. Im Grunde ist er der Ausdruck dafür, daß alle Wesen interagieren und keines in Isolation lebt. Atem und Rede sind mit der Vorstellung vom Heiligen Wind verbunden, somit ist Atem etwas Heiliges. Der Heilige Wind ist es auch, der den Heiligen Wesen Lebendigkeit verleiht. (13)

Die „Innere Form"

Schwieriger vorstellbar ist *bii' gistíín*, versuchsweise übersetzt mit „Innere Form". Erklärend ließe sich hinzufügen: Nach dieser Vorstellung sind nicht die Wesen und Dinge belebt, sondern sie tragen ihre Lebendigkeit in einer äußeren Hülle.

Da jede Person am Heiligen Wind und an der Inneren Form teilhat, ist in ihr auch ein Heiliges Wesen, das sich in seinem Sprechen kundtut.

„Mit dem Frieden, der sich aus der Realisierung der Ganzheit des Universums ergibt", schreibt Trudy Griffin-Pierce, „ergibt sich die Verantwortung, wie die Heiligen Wesen zu leben und seine Mitbewohner des Planeten mit demselben Respekt zu behandeln, den man für sich selbst empfindet." (14)

Die Zeremonien in den Pueblo-Dörfern am Rio Grande

Mais ist das Grundnahrungsmittel der Einwohner in den Pueblo-Dörfern im Tal des Rio Grande in der Umgebung von Santa Fe. Dieses Nahrungsmittel wird angebaut in einem Land, in dem sehr wenige Niederschläge fallen. Daraus erklärt sich, daß alle religiösen Zeremonien, mit Ausnahme der Heilungsrituale, sich auf die Kultivierung und Heranzucht des Mais beziehen. Dabei sind, neben künstlicher Bewässerung und den landwirtschaftlichen Techniken, spirituelle Mittel, vor allem der Bezug zur Erdmutter und zur Maismutter, durchaus üblich. Der Maistanz wird gewöhnlich während der Frühlings- oder Sommermonate durchgeführt. Und wenn er auch ausschließlich der Förderung des Wachstums dieser Pflanze dient, kann der vordergründige Anlaß durchaus auch die Einsetzung eines Verwaltungsbeamten sein. Häufig fallen die Tänze auch mit dem Namenstag des Kirchenpatrons zusammen. Diese Tänze sind eine Kombination von Lied, Drama und Gedichten. Der vielleicht eindrucksvollste dieser Tänze findet am 4. August, dem Namenstag des heiligen Dominik, des Ortsheiligen, im Dorfe Santo Domingo statt. Sehr zeitig am Morgen besuchen die Indianer die Messe in der Dorfkirche außerhalb des Ortes. An diesem Tag finden auch zahlreiche Hochzeiten und Taufen statt. Die Statue des heiligen Dominik wird unter Trommelwirbel und dem Abschießen von Gewehren zum Tanzplatz geführt. Somit rühren die ausgeführten Rituale teils aus katholischen, teils aus indianischen Vorstellungen her. Pueblo-Dörfer zerfallen, was ihre Bevölkerung angeht, in zwei Hälften oder *moieties*: die Squash- oder Winterleute und die Türkis- oder Sommerleute, die jeweils für die Ausführung der Tänze in den entsprechenden sechs Monaten verantwortlich sind. Jeder *kiva* (ein unterirdischer Zeremonialraum) der beiden *moieties* verfügt über einen Chor, Trommler, Fahnenträger und Tänzer, insgesamt meist an die 200 Personen. Die Sproßtänzer bemalen ihren Körper mit gelbem Ocker, die der Türkis-*moiety* mit blaugrauem Ton. Bei den Tänzen der Türkis-*moiety* erscheinen zuerst die sogenannten *koshares*, deren Körper mit schwarzen und weißen Streifen bemalt sind und die an Hand- und Fußgelenken Streifen aus Kaninchenfell tragen. Ihre Haartracht imitiert die Maispflanze. Die *kurena* des Squash-*kiva* sind ähnlich angezogen, nur sind ihre Körper vertikal bemalt: die eine Hälfte weiß mit schwarzen Flecken, die andere Hälfte mit gelbem Ocker. Als Darstellung der Ahnengeister üben beide Gruppen Einfluß auf die Regenwolken und damit auf das Wachstum der Ernten aus. Sie stehen mit der Sonne in Beziehung. Während des Tanzes ist das Dorf durch sie vor allen Feinden geschützt. Der Chor, der aus fünfzig Männern und einem Trommler besteht, tritt als nächster auf. Die Männer sind mit farbigen Hemden und Hosen mit Schlitzen an den Knöcheln bekleidet. Jeder von ihnen trägt einen grünen Zweig als Symbol des Wachstums, und mit Gesten und Bewegungen ahmt der Chor den Text der Lieder nach, mit denen der Regen aus den vier Himmelsrichtungen herbeigewünscht wird. Die Hauptprozession der Maistänzer wird von einem Mann angeführt, der eine lange Stange trägt. Sie steht für die Fichte, an der das Volk aus der unteren Welt aufgestiegen ist. An seinem Tanzkleid hängen Adlerfedern und Fetzen eines Fuchspelzes. Am Ende der Stange ist ein bemaltes Gefäß befestigt, das die Heilige Saat enthält. Die Tänzer tanzen unter einem Banner, auf dem die Sonne abgebildet ist. Sie soll die *shiwana*, die Regenwolkenleute auffordern, im Dorf zu erscheinen. Für einen beiläufigen Besucher scheinen die Tänze und Lieder, die bei dieser Zeremonie gesungen und gespielt werden, monoton. Vor allem, wenn er der Sprache der Pueblo nicht kundig ist. Aber schon bei etwas genauerem Hinhören und Hinsehen wird man feststellen, daß Musik und Tanzschritte höchst komplizierten Gesetzmäßigkeiten folgen. (15)

Der Shalako: eine Zeremonie der Zuni

Die religiösen Vorstellungen des Zuni-Stammes dürften die komplexesten unter den *Native Americans* des Südwestens sein. Religion durchdringt jeden Bereich des alltäglichen Lebens. Sechs esoterische Kulte bilden die Grundlage für den Zeremonialismus der Zuni. Es sind dies die Kulte der Sonne, der Kult der Zwölf Priester, die Regen machen, die *koko* oder *kachinas*, die Priester der *koko*, die Kriegsgötter und die Tiergötter (sie verkörpern die Schutztiere der mit ihnen verbundenen zwölf Heilungsgesellschaften). Jeder Kult hat seine eigenen Priester, Fetische, Rituale und seinen eigenen zeremoniellen Kalender. Die Grundlage der religiösen Vorstellungen liegt auch hier in der Vorstellung der Verbundenheit des Menschen mit dem Universum und in dem Gedanken, dessen Harmonie durch die gewissenhafte Ausführung der vorgeschriebenen Rituale aufrechtzuerhalten. Wenn bestimmte Zeremonien gewissenhaft ausgeführt werden, wird das Volk lange und glücklich leben, und die Fruchtbarkeit der Pflanzen- und Tierwelt wird gewährleistet sein. Der *shalako* ist eine Winterzeremonie, die im späten November oder Anfang Dezember stattfindet und zweifellos das wichtigste Ritual in einem Zuni-Dorf darstellt. Sie wird zumeist als eine Haussegnungszeremonie durchgeführt und besteht in einem 49 Tage andauernden Nachvollzug der Zuni-Mythen vom Aufstieg und der Wanderung des Volkes. Während des *shalako* kehren die Geister der Toten zurück. Man erweist ihnen Ehre und ernährt sie. Und in den letzten Stunden dieser umfangreichen Zeremonie wird noch ein Jagdritual ausgeführt. Die Teilnehmer am *shalako* (die Darsteller und Sponsoren der *shalako*-Häuser) werden bei der letzten Wintersonnenwende bestimmt. Die Vorbereitungen ziehen sich dann über zehn Monate hin. Komplizierte Gesänge müssen auswendig gelernt, Gebetsstöcke jeden Monat bei bestimmten Schreinen plaziert werden, weil nämlich so an die Wanderung der Zuni in frühester Zeit erinnert werden soll. Außerdem müssen die Häuser für die *shalakos* gebaut werden. Im Regelfall sollten es acht sein: Sechs für die *shalakos*, eines für *sayatasha* und den Rat der Götter (gewöhnlich als Haus des Langen Horns bezeichnet), und eines für die *koyemshi* (die Schlammköpfe). Eine *shalako*-Zeremonie zu finanzieren ist eine außerordentlich kostspielige Angelegenheit, weil der Betreffende nicht nur für den Bau der Gebäude, sondern auch noch für das Essen der zahlreichen Besucher aufkommen muß. Die wichtigsten maskierten Figuren, die während der Zeremonie erscheinen, sind *shalakos*, die riesenhaften Kuriere der Regenmacher; der *sayatasha*, der Regengott des Nordens, der auch oft Langhorn genannt wird und ein langes Leben des Volkes symbolisiert, *hututu*, der Regengott des Südens, *sholawitsi*, der Feuergott, der die Sonne repräsentiert und immer von einem Jungen aus dem Dachsclan dargestellt wird; die *yhmuhakto*, die Krieger des Ostens und des Westens, jeweils zwei Personen mit Geweihen, was darauf hinweist, daß sie als Rehe Herrschaft über Wald und Bäume ausüben; *salimopya*: Dies sind Krieger, die Yucca-Peitschen tragen und dafür sorgen, daß die Zuschauer den Tänzern nicht zu nahe kommen; *koyemshi*: Sie werden von *awantachu*, dem Großen Vater, angeführt. Seine Begleiter sind: der Polizist des Großen Vaters, der Krieger, die Fledermaus, Kleine Hörner, Alter Großvater, Alte Jugend, Wassertrinker, Spieler und Kleiner Mund. Der Rat der Götter besteht aus dem *sayatasha*, dem *hututu*, zwei *yhmuhakto* und *sholawitsi*, dem Feuergott. Die *shalakos* und die *koyemshi* treffen acht Tage vor Beginn der Zeremonie im Dorf ein und halten die Einwohner dazu an, alle Vorbereitungen sorgfältig durchzuführen. Der *shalako* selbst hat seinen Höhepunkt an zwei Tagen. Am ersten führen die Beteiligten Segnungs-Zeremonien durch und beschwören Regenwolken. Es folgen nachvollziehende Darstellungen der Ankunft der Regengötter. Gegen Mitternacht finden Tänze statt. Am zweiten Tag, dem 49. des Gesamtablaufes, verlassen die *shalakos* und ihre Begleiter das Dorf und ziehen zu einem offenen Feld im Süden. Hier wird ein Rennen durchgeführt, bei dem Gebetsfedern an bestimmte Orte gebracht werden. Das bringt zum Ausdruck, daß die *shalakos* Kuriere der Götter sind. Wenn sie in der Ferne verschwunden sind, laufen ihnen die jungen Männer des Stammes nach und versuchen, sie einzuholen. Wer einen *shalako* fängt, wird in nächster Zeit Glück bei der Rehjagd haben. (16)

Die Zeremonien der Hopi-Pueblos

Wie Raubvögelhorste auf drei windumtosten Tafelbergen im nordöstlichen Arizona gelegen, überblicken die Hopidörfer die Painted Desert. Am westlichen Horizont erkennt man das Tal des Kleinen Colorado. Die Hopi haben immer in Dörfern gewohnt, und eines der ältesten ihrer Pueblos, Oraibi, auf der Dritten Mesa, bestand schon 1540, als die spanischen Eroberer in diese Gegend kamen.

Das Land der Hopi, das die Spanier *Tusayan* nannten, ist eine Gegend von Felsenmesas und sandigen Tälern. Die Vegetation verändert sich von Pinienwäldern an der oberen Kante der Black Mesa (um 2500 Meter) zu Gestrüpp und Sand in der Painted Desert (um 1500 Meter). Wasser ist rar, aber für Ackerbau unbedingt notwendig. Die Felder werden aus Brunnen bewässert und durch die Regenfälle in der Sommermitte. Die Bitte um Regen ist die treibende Kraft hinter den religiösen Ritualen der Hopi.

Heute wohnen die Hopi in den Dörfern Walpi und Sichomovi, auf der ersten und niedrigsten Mesa gelegen; Mishongnovi, Shipaulovi und Shongapovi findet man auf der halbkreisförmig gebogenen zweiten Mesa; Oraibi und Hotevilla auf der dritten Mesa. Hinzu kommt, weiter nach Westen, das neue Dorf Moencopi. Insgesamt umfaßt die Reservation der Hopi nur 500 Quadratmeilen sandigen Wüstenstrichs, in denen an den Abhängen der Tafelberge der Stamm kleine Beete und Felder mit Bohnen und Kürbissen sowie Obstplantagen angelegt hat. Im Unterschied zu den Navajo, die traditionell Schafzüchter sind, waren die Hopi immer Ackerbauern. Frank Waters schreibt:

„Nirgends ist der Kampf ums Dasein so hart wie hier. Nirgends ist das Leben ernsthafter und schöner umrahmt von langsam ziehenden Wolken in einem türkisfarbenen Himmel mit dramatischen Sonnenauf- und Sonnenuntergängen, einem Ozean an Farben, der sich über die unermeßliche Ebene ausschüttet." (17)

Die Zeremonien der Hopi sind einmal sehr richtig ein „kabbalistischer Irrgarten" genannt worden. Tiere werden als

Symbole der verschiedenen Himmelsrichtungen aufgefaßt. Es gibt eine ausführliche, bis in mythologische Zeit hineinreichende Geschichte, die unter den Hopi mündlich tradiert worden ist und von den Ur-Zeiten bis zu den Eroberungsfahrten der Spanier reicht. Offenbar hat eine Beziehung bis weit in den Süden nach Mexiko bestanden, denn die Wasserschlange, der Schutzpatron des Wasserclans, der mit Fluten, Erdbeben und sexuellem Fehlverhalten der Menschen gleichgesetzt wird, hat eine verblüffende Ähnlichkeit mit der gefiederten Schlange der Tolteken. Die sogenannten Hornmenschen erreichten, so die mythologische Überlieferung, nach dem Schlangenvolk von Osten her die Gegend.

Antilopenköpfe liegen auf den Altären der Antilopen-Gesellschaft in Oraibi und der Agaven-Gesellschaft in Walpi. Und die Mitglieder der Horn-Gesellschaft tragen die Geweihe dieses Tieres.

„Adler werden gefangen. Man wäscht ihnen die Köpfe und nimmt sie in den Stamm auf. Sie werden zeremoniell getötet, zusammen mit Kachina-Puppen und Nahrungsmitteln zeremoniell beigesetzt. Der Adler gilt als Symbol für den Zenith und für die Sonne. Als Heuschrecke stellt sich der mit einem Buckel dargestellte Flötenspieler, genannt *kokopelli*, dar, den die Flöten-Gesellschaft in Walpi verehrt. Er hält den *kiva* warm mit seiner Musik und bringt den Schnee durch das Heranführen warmen Wetters nach dem Winter zum Schmelzen." (18)

Jedes Dorf hat eine oder mehrere Plaza, und hier finden die Tänze und Zeremonien statt. Jedes Dorf hat auch einen *kiva*, der jeweils einem Klan gehört. Der *kiva* wird von den Hopi-Männern hauptsächlich zu religiösen Zeremonien benutzt, und hier tanzen die *kachina* während der kalten Jahreszeit. Darüber hinaus ist der *kiva* eine Art Männerklub und zudem der Ort, wo die heranwachsenden Jungen in die Mythen eingeweiht werden.

Kachina sind übernatürliche Wesen, die die Hopi-Dörfer während der ersten Hälfte eines jeden Jahres besuchen. Man geht davon aus, daß sie für den Rest des Jahres in den San Francisco Peaks wohnen. Sie kommen in die Dörfer, um zu tanzen und zu singen, und bringen Geschenke für die Kinder, vor allem aber bringen sie Regen.

Die Zahl der bei den Hopi bekannten *kachina* dürfte etwa bei 250 liegen.

Manche verschwinden, neue kommen hinzu. Manche erscheinen jedes Jahr, anderen lassen sich nur selten sehen. Zudem variieren die Kostüme und der Schmuck der *kachina* von Dorf zu Dorf.

Jedes der Hopidörfer hat seine eigene Schöpfungsmythe und seine Legenden über die Wanderungen der Klane.

Huruing wuuti (in manchen Mythen ist sie die Spinnenfrau) hat die Menschheit aus Speichel und Sand erschaffen. Vier Paare männlicher und weiblicher Figuren – sie sind schwarz, rot, gelb und weiß – wurden erschaffen, jedes erhielt eine eigene Sprache und die Fähigkeit, sich zu vermehren. Das Leben begann in der tiefsten der vier Unterwelten. Einige Mythen schildern das Leben dort als angenehm, Menschen und Tiere lebten in Harmonie. In anderen Mythen wird die Unterwelt als finster und übervölkert dargestellt und die Reise aufwärts als ein Versuch, den schlechten Lebensverhältnissen zu entgehen.

Soziale Konflikte entstanden durch „Zwei Herzen" (böse Menschen). Die Streitigkeiten und Kämpfe führten dazu, daß die Menschen die Zeremonien und den Lebensplan vergaßen. In Abscheu zerstörte *sotuqbagu*, der Himmelsgott, alle Unterwelten bei dem Versuch, die Zwei Herzen auszulöschen. Jedesmal wurden ein paar Menschen in eine neue Welt gerettet, aber nur um dort in ähnlich fehlerhafte Verhaltensweisen wie zuvor zu verfallen.

Die Sintflut zerstörte die dritte Unterwelt. Gegen die Sünden der Menschen suchten die Priester den Rat der Tiere. Ein Vogel und ein Erdhörnchen fanden schließlich einen Ausstieg nach oben, den *sipapu*. Der Einhörnige Priester blieb zurück, um zu verhindern, daß auch die Zwei Herzen in die Oberwelt gelangten. Dennoch entkamen einige von ihnen auf einem Floß aus Schilfbündeln.

Bei dem Beginn der Vierten Welt war diese nur von *masau*, einer Gottheit bewohnt, die den Aufsteigenden half, sich durch den *sipapu* zu zwängen.

Die *masau* erlaubten den Hopi, sich in der heutigen Welt niederzulassen und bezeichneten die Grenzen ihres Landes.

J. W. Powell, einer der frühen Forschungsreisenden in dieser Region, besuchte die Hopidörfer im Oktober 1870. Sein Bericht ist eine authentische, von keinem Tourismus verdorbene Darstellung der Zeremonie zu Ehren des Regengottes.

Die Mu-ing-wa Zeremonie

Mu-ing-wa ist der Gott des Regens, und die Zeremonie, die 24 Stunden dauert, findet nach dem Einbringen der Ernte statt. Ein Priester aus Oraibi, einer aus Shi-pau-i-luv-i (heute: Shipaulovi), einer aus Shong-a-pa-vi (heute: Shongapovi), zusammen mit einem aus Mi-shong-i-ni-vi (heute: Mishongnovi) versammeln sich im *kiva* des letztgenannten Ortes. Eine alte Frau, ihre Tochter und ihre Enkelin, d. h. eine Großmutter, eine Mutter und eine Jungfrau, drei Frauen aus derselben Ahnenlinie, werden mit in den *kiva* genommen, wo man auch mir gestattete, anwesend zu sein. Schon zuvor hatte ich von vielen Zeremonien, die durchgeführt wurden, gehört, aber man hatte sich immer geweigert, mich zuzulassen. Und es war auch erst am Tag, ehe der Große Rat in Oraibi zusammentrat, daß man sich entschloß, es mir zu erlauben. Die Männer waren völlig unbekleidet, nur während gewisser Abschnitte der Zeremonie nahmen sie Decken um, und auch mir gab man zu einem solchen Zweck eine solche Decke. Die drei Frauen waren ebenfalls nackt, außer einem Band aus rein weißem Baumwollgewebe, das mit Quasten verziert war und das sie um ihre Hüften schlangen. Ereignis folgte auf Ereignis so rasch während dieser vierundzwanzig Stunden, daß es mir zwischendurch nicht möglich war, herauszukommen und einen genauen Bericht über die heiligen Rituale zu verfassen. Aber es gelang mir, einige Dinge mitzunehmen, die ich später für meine Notizen von Zeit zu Zeit benutzte.

Ich habe gesagt, daß die Zeremonie zu Ehren des Regengottes stattfand. Es war eine Art Dankesgottesdienst für reichliche Ernte und ein Gebet um Regen für die nächste Saison. Gegen die eine Wand des *kiva* wurde auf hölzernen Brettern eine Folge von Bildschriften gestellt. Geschnitzte hölzerne Vögel, auf kleinen hölzernen Podesten, und viele Krüge und Vasen waren überall im Raum verteilt. In den Nischen sah man eine Sammlung heiliger Juwelen: kleine Kristalle von Quarz, Calzit, Granaten, Stücke von Jaspis und andere leuchtende oder phantastisch geformte Steine, von denen es hieß, sie seien schon über viele Generationen hin aufbewahrt worden. Mais, Mehl, weißer und schwarzer Sand wurden zu verschiedenen Zeitpunkten in der Zeremonie benutzt. Vorher hatte man über diese Gegenstände und Substanzen Gebete gesprochen. Oft wurden der Sand und das Mehl verstreut. Manchmal während der 24 Stunden erschien ein Chor von Sängerinnen im *kiva,* und die allgemeine Zeremonie wurde abgelöst von Tanzen und Singen. Der Tanz wurde von einer einzelnen Person ausgeführt, von Paaren oder von einer ganzen Gruppe von Frauen. Aber der Gesang geschah immer im Chor, außer bei gewissen Gesängen, die die älteren der Priester anstimmten. Meine Kenntnisse der Sprache waren nur gering, und so verstand ich von dem, was gesagt wurde, nur wenig. Doch glaube ich, daß durch Befragen und genaue Beobachtung und indem ich hier und da ein paar Worte aufschnappte, ich schon ungefähr mitbekam, um was es ging. Alle zwei Stunden trat eine Pause bei der Zeremonie ein, und Erfrischungen wurden dargereicht. 25 Minuten oder eine halbe Stunde verstrichen mit einer allgemeinen Unterhaltung, und diese Zeit benutzte ich, um mir soweit wie möglich den vorangegangenen Ablauf der Zeremonie erklären zu lassen. Während einer dieser Pausen machte ich auch eine kleine Zeichnung, wo die verschiedenen Personen und Gruppen gestanden hatten. Nicht weit von der einen Seite des Feuers, das in der Mitte der Kammer brannte, und nahe der heiligen Bilder, nahmen die vier Priester ihre Position ein. Dann stellte die Jungfrau eine große Vase in die Mitte des Raumes; sie brachte einen Krug mit Wasser und unter einem Gebet goß der alte Mann etwas davon in die Vase. Auf gleiche Weise verfuhren die übrigen Priester. Dann brachte das Mädchen auf einem kleinen Tablett eine Schachtel aus Ton, die die Heiligen Juwelen enthielt, und nach einem Gebet legte der alte Mann die Edelsteine ins Wasser. Und die anderen taten es ihm nach. Darauf brachte das Mädchen Maiskörner auf einem Tablett, und sie wurden auf die gleiche Weise in das Wasser geschüttet. Dann legte sie eine kleine Bürste vor jeden der Priester hin. Diese Bürsten bestanden aus Vogelfedern. Sie rückte nun das Tablett mit dem Mehl nahe zu den Priestern heran, zudem ein Tablett mit weißem Sand und eines mit rotem und eines mit schwarzem. Darauf holte sie aus einer Vertiefung in der Wand ein kleines Steingefäß, in dem sich getrocknete Blätter befanden, und stellte auch das vor die Männer hin. Auf einem Tablett aus Weidenzweigen, unter die farbige Strähnen geknüpft waren, trug sie nun vier Pfeifen mit alten Mustern herbei. Jeder der Priester füllte seine Pfeife mit den gemahlenen Blättern aus dem Steingefäß. Das Mädchen entzündete die Pfeifen mit einem kleinen, phantasievoll bemalten Stöckchen, und die Priester atmeten so viel Rauch ein, bis Magen und Mund geräuchert waren. Dann beugten sie sich über die Vase und bliesen Rauch in sie, der aufstieg und eine Wolke bildete. Nun griffen sie nach den kleinen Bürsten aus Federn, tauchten sie in die Vase mit dem Wasser und besprengten damit den Boden des *kiva*, klatschen in die Hände, blickten nach oben und beteten: „*Mu-ing-wa*, großer und gütiger, der du uns liebst, der du uns aus der unteren Welt heraufgeführt hast, der du unseren Vorvätern die Weisheit gelehrt hast, welche sie an uns weitergegeben haben. Wir essen kein gestohlenes Brot. Keine gestohlenen Schafe finden sich unter unseren Herden. Unsere jungen Männer reiten nicht auf gestohlenen Eseln. Wir bitten dich, nimm du die Bürste aus Vogelfedern, die du besitzt, und tauche sie in die Seen des Himmels, laß es auf der Erde regnen, so wie ich Wasser auf den Fußboden des *kiva* gespritzt habe."

Dann wurde weißer Sand auf dem Boden ausgestreut, und

der alte Mann betete um Segen für die nächste Ernte. Nach einer weiteren Zeremonie mit Maiskörnern bat er darum, daß der Mais mit dem Wasser des Lebens imprägniert werde und es so eine gute Ernte gäbe. Es hieß in seinem Gebet mit Bezug auf die Edelsteine, die Maiskörner sollten diesen an Härte gleichen. Danach wurden alle Gegenstände, die bisher gebraucht worden waren, von der Mutter weggeräumt. Bei Tagesanbruch des zweiten Morgens kamen 25 oder 30 junge Mädchen in den *kiva* herab, zogen sich aus und bekamen Festkleider angelegt, die unterschiedlich mit Federn und Glocken geschmückt waren. Ihre Gesichter wurden von den Männern auf folgende Art bemalt: Ein Mann nahm etwas Farbe in seinen Mund und vermischte sie mit Speichel. Mit seinem Finger bemalte er dann das Gesicht des Mädchens auf eine Art und Weise, die ihm richtig erschien. Dann setzte ein anderer Mann die Bemalung mit einer andern Farbe fort. Auf diese Weise wurden ihre Gesichter gelb, rot und blau eingefärbt. Als man damit fertig war, wurde im *kiva* eine Reihe gebildet, an deren Kopf die Großmutter und an deren Ende die jungfräuliche Priesterin stand, die während der ganzen Zeremonie zugegen gewesen war. Sobald sich die Kette gebildet hatte, stiegen die Männer, darunter auch ich, die inzwischen wieder ihre Kleidung angelegt hatten, in den Hof und versammelten sich auf einem Dach nahe dem Eingang zum *kiva*. Wir sahen nun, daß alle Leute aus dem Dorf und den umliegenden Dörfern voller Erwartung auf den flachen Dächern ihrer Häuser standen.

Während die Prozession aus dem *kiva* über die Leiter hervorkam, begann die alte Frau zu singen. Langsam bewegte sich die Prozession um den Hof, und zwar zwei- oder dreimal. Dann bildeten die Mädchen einen Kreis, in dessen Mitte sich die jungfräuliche Priesterin hinstellte. Sie hielt ein kunstvoll aus Weidenzweigen geflochtenes Tablett in der Hand, und alle jungen Männer standen am Rand einer Mauer in der Nähe des Platzes. Es schien, als würden sie dort auf ein Signal warten. Das Mädchen bewegte sich singend und mit verbundenen Augen um die eigene Achse, bis sie unmöglich noch wissen konnte, wo die jungen Männer standen. Dann warf sie das Tablett von sich, und sofort stürzten die jungen Männer sich darauf und versuchten, es an sich zu bringen. Es setzte keine Schläge, aber sie faßten sich um die Hüfte und um den Hals, bis einer endlich das Tablett erobert hatte und zum Sieger erklärt wurde. Mit großem Stolz ging er damit davon. Die Frauen kehrten in den *kiva* zurück. Und wieder brachten sie ein Tablett, das ein junges Mädchen mit verbundenen Augen von sich warf. So ging das weiter, bis alle Mädchen diese Handlung ausgeführt hatten. Gegen zehn Uhr war der Wettkampf zu Ende, und die Familien kehrten zu ihren Freunden aus den umliegenden Dörfern, die bei ihnen zu Gast waren, zurück. Für etwa eine Stunde wurde nun gefeiert. Am Nachmittag fanden Rennen statt, darauf Tänze, die sich bis Mitternacht hinzogen. (19)

Dieser Bericht ist in zweifacher Hinsicht eine Kostbarkeit. Einmal würde heute kein Weißer mehr zu einer solchen Zeremonie zugelassen werden. Überhaupt versuchen die Hopi, nach schlechten Erfahrungen mit Marihuana rauchenden Hippies in den sechziger Jahren, Touristen aus ihren Dörfern und in diesen natürlich besonders von den heiligen Stätten fernzuhalten. Durch indianische Vertrauensmänner ist andererseits bekannt, wie sich heute im großen und ganzen die von Powell beschriebene Zeremonie abspielt. Und dabei wird klar, welche Veränderungen sich in den über 120 Jahren seit damals bei der Zeremonie selbst vollzogen haben.

Abschließend läßt sich feststellen, daß nahezu alle Zeremonien der Stämme des Südwestens auf drei Ziele gerichtet waren: Sie galten entweder der Fruchtbarkeit, der Heilung oder der Jagd. Dabei kann man sagen, daß bei den Zeremonien der Navajo die Betonung auf dem Gesang liegt, in den Pueblodörfern am Rio Grande der Tanz die wichtigste Praktik der Zeremonie ist, bei den Hopi und den Zuni die maskierten Menschen, die die *kachina* darstellen, im Mittelpunkt stehen.

9. Schlußbemerkung

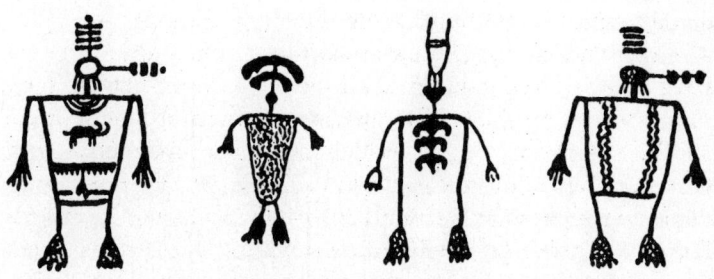

Anthropologie war daher so lange ein Ding der Unmöglichkeit, als diese Unterscheidung zwischen uns und den Primitiven, zwischen uns und dem Barbaren, zwischen uns und dem Heiden unser Denkbild in seinem Bann hielt. Wir mußten uns erst soweit von diesem uralten Trugbild losmachen, daß wir nicht mehr unwillkürlich unsere Religion dem Aberglauben unserer Mitmenschen entgegensetzten. Wir mußten erst die Tatsache anerkennen, daß Ordnungen, die gemeinsame Ausgangspunkte – sagen wir hier: das Übernatürliche – haben, auch miteinander betrachtet werden müssen ...
Ruth Benedict (1)

Unsere Blindheit gegenüber der Sinnfülle primitiver Lebensformen ist ein Ausfluß der Sinnleere in vielen Bereichen unseres eigenen Lebens.
Peter Winch (2)

Die Welt, Freund Govina, ist nicht unvollkommen oder auf einem langen Weg der Vollkommenheit begriffen: Nein, sie ist in jedem Augenblick vollkommen ... Es gibt in der tiefen Meditation die Möglichkeit, die Zeit aufzuheben, alles gewesene, seiende und sein werdende Leben als gleichzeitig zu sehen, und da ist alles gut, alles vollkommen, alles ist Brahman. Darum scheint mir das, was ist, gut, scheint mir Tod

211

wie Leben, Sünde wie Heiligkeit, Klugheit wie Torheit, alles muß sein, alles bedarf nur meiner Zustimmung, nur meiner Willigkeit, meines liebenden Einverständnisses, so ist es für mich gut, kann mich fördern, kann mir nicht schaden.

Hermann Hesse (3)

Wer den Text dieses Buches bis zu diesem Punkt in sich aufgenommen hat, wird sich vielleicht die Fragen stellen, was als dessen Botschaft angesehen werden kann. Der Autor gesteht offen, daß er die Formel von der sogenannten Lebenshilfe immer mit Skepsis betrachtet hat.

Allerdings ist ihm auch der Gedanke vertraut, daß die Menschheit in ihrer Suche nach Fortschritt in Gefahr steht, überlebenswichtige Erkenntnisse, die längst schon einmal gemacht wurden, zu vergessen. Es gilt, diese wiederzuentdecken, an sie zu erinnern. Was den ethnischen Raum der *Native Americans* und *Indígenas* angeht, so will ich nur noch einmal auf zwei solcher Erkenntnisse, die im Texte ausführlich erörtert worden sind, zurückverweisen: die Initiations-Rituale, im besonderen die Traumsuche der Jugendlichen bei den Präriestämmen, und die Landrituale.

Hier wird ein Zugang zu Werten eröffnet, an denen es uns ermangelt. Die Auswirkungen eines solchen Mangels bekommen wir tagtäglich präsentiert. Dies festzustellen, heißt nicht, einer bloß nachahmenden Übertragung von Ritualen und Techniken der *Native Americans* in einen anderen gesellschaftlichen Kontext das Wort reden. Wohl aber wird uns bewußt, wenn wir sie betrachten, worin das von vielen so bedrückend empfundene Sinnmanko seine tieferen Wurzeln hat und wessen es bedürfte, um es aufzuheben bzw. nicht auf Scheinlösungen auszuweichen. Vor allem sollte dabei klar werden, daß materieller Fortschritt nicht länger das Maß und der Wertmesser aller Dinge sein kann.

In einer Zeit des „reduktionistischen Materialismus" ist die Vorstellung von ganzheitlichen Werten und mythischer

Realität in der westlichen Welt weitgehend untergegangen. Vielleicht muß der Westen sie wie das Bewußtsein für die Natur als Existenzgrundlage des Menschen über den Umweg der lange als primitiv beschriebenen Naturvölker erst wieder entdecken.

Wenn man sämtliche magischen Praktiken auf eine Aussage zu reduzieren versucht, dann gelangt man zu einem janusgesichtigen Thema: Es geht dabei um die Bewußtmachung und Auffrischung des Lebendigen, die Heilung der im Laufe eines Lebens entstehenden Verletzungen und Konflikte. Dazu gehört auch die Erinnerung, daß der Mensch samt der Gemeinschaft, der er angehört, ein Teil des Kosmos ist, daß beispielsweise der Landschaftsraum Lebendigkeit und eine transzendente Dimension besitzt und in dieser Eigenschaft wahrgenommen werden will.

Die andere Seite des Januskopfes ist die Erfahrung der Bezogenheit des Menschen auf den Tod, die Erkenntnis der Tatsache, daß das Wissen um die Endlichkeit menschlichen Daseins nicht ausschließlich angstvoll besetzt sein muß, sondern Kraft freisetzen kann.

Angesichts der Gewißheit unserer Bezogenheit auf den Tod müßte dann nicht Schrecken die Folge sein, sondern eine intensivere Lebendigkeit, die sich auch in der Lösung von Egozentrik zugunsten von Einsicht in die Eingebundenheit in die Gesamtheit des Kosmos spiegelt. Das drückt sich aus in dem aus dem Zen-Buddhismus stammenden Satz: „Die größte Sicherheit besteht nicht in dem, was du hast, sondern in dem, ohne das du auskommen kannst." Sie drückt sich aus in einer Verschiebung der Akzente vom Materiellen zum Spirituellen. Anschaulich hat dies Hans E. Ulrich in seiner Studie über Castaneda so beschrieben: „Alle (mystisch-transzendenten) Praktiken fordern mehr oder minder eine Auflösung der (falschen) Bindungen, denen wir ausgesetzt sind. Fortlaufend sind wir dabei, Bindungen aller Art einzugehen, sie zu bestätigen oder zu verstärken. Selbst wenn wir es schaffen, eine Bindung aufzugeben, stürzen wir uns oft in die nächste ... wenn es nicht mehr wichtig ist, reich zu sein, werden wir auch keine Angst davor haben, unser Besitztum zu verlieren. Wenn wir gelernt haben zu fasten, brauchen wir weder Hunger noch Übergewicht zu fürchten. Wenn Liebe zum Nächsten nicht diktiert wird von Habsucht, Egoismus, Gier und Leidenschaft, dann gibt es kein Leid, keinen Haß, keine Gewalt. Und schließlich: Wer den Tod nicht fürchtet, kann das Leben genießen.

Im Augenblick der vollständigen Befreiung von allen Bindungen und Illusionen bleibt das Pendel oder das Lebensrad stehen. Dann ist der Punkt Omega des Teilhard de Chardin erreicht." (4)

Es gibt einen in Erstaunen versetzenden Berührungspunkt zwischen den kosmologischen Vorstellungen der *Native Americans* und den Einsichten moderner Naturwissenschaften. Er liegt im Bereich der modernen Kosmologie bei Hypothesen von modernen Physikern, die meinen, naturwissenschaftlich nachweisen zu können, daß die „Geist-Entitäten" des Menschen seinen Tod überleben, also kosmologisch weiter vorhanden sind.

Um den nicht ganz einfachen Tatbestand anschaulich werden zu lassen, soll hier einer von ihnen selbst zu Wort kommen. Jean Charon erläutert seine These wie folgt:

„Meine physikalischen Arbeiten über Elementarteilchen haben gezeigt, daß einige dieser Teilchen einen Raum und eine Zeit des Geistes einschließen, die parallel zu dem Raum und der Zeit existieren, mit deren Hilfe die Physik seit Aristoteles Wesen und Evolution der Materie zu beschreiben versucht. Während wir bisher gewohnt waren, ein einfaches Raum-Zeit-Gefüge anzunehmen, stellt sich nun heraus, daß das Raum-Zeit-Gefüge doppelt ist: Neben der traditionellen Raum-Zeit der Materie gibt es noch eine Raum-Zeit des Geistes. (...) Ihrer physikalischen Definition nach sind die geistestragenden Partikel stabil, ihre Lebenszeit ist also (außergewöhnliche ‚Unfälle' ausgenommen) identisch mit dem Universum. Dieser Umstand ist vor allem seiner metaphysischen Implikation wegen von größter Bedeutung. Wenn diese

Teilchen nämlich einen Raum einschließen, dessen Informationsgehalt niemals verloren geht, (...) und andererseits die Lebenszeit der Teilchen so gut wie ‚ewig' ist, so führt uns das zu dem Schluß, daß alle Informationen, die wir im Zuge eines Menschenlebens in jene Partikel investieren, aus denen unser irdischer Körper zusammengesetzt ist, über unseren körperlichen Tod hinaus, also in alle Ewigkeit, weiterbestehen werden.

Wenn wir uns darauf einigen, Gott als ein Prinzip der Ewigkeit zu bezeichnen, so erlaubt uns das Gesagte zu folgern, daß Gott, der als geistiges Wesen der Ewigkeit angehört, ‚existiert', und weiter, daß jeder von uns ‚konsubstantiell' mit Gott ist. (...) Da unser Körper in der Tat aus Elementarteilchen aufgebaut ist, die ja ewig leben, ‚seit Beginn der Welt' existieren, so wurzelt unser eigener Geist tatsächlich in der gesamten bisherigen Geschichte der Welt." (5)

Es bleibt dem Leser überlassen, eine solche Hypothese mit den Vorstellungen beispielsweise der Navajo von den Heiligen Wesen in jedem Menschen zu vergleichen und aus solchen „Ähnlichkeiten" der Vorstellungen seine Schlüsse zu ziehen.

Wem solche Vergleiche zu spekulativ erscheinen, für den kann auch eine vielleicht leichter verständliche „Botschaft" formuliert werden: In einer Welt, in der der Materialismus zu triumphieren scheint, erinnern uns metaphysische Vorstellungen eines Naturvolkes daran, daß der Mensch in seiner gesamten Entwicklungsgeschichte ohne solche nie ausgekommen ist, daß ein solches Bedürfnis, unbesehen, in welcher Form es sich äußert, zu den unabdingbaren Eigenschaften menschlicher Existenz, zu den großen Geheimnissen des Humanen gehört, daß seine Leugnung, Verdrängung und völlige Aufgabe nur zum Verkommen des Menschen zu einem Monsterwesen führen kann.

Anmerkungen

Einleitung

1 Jerome Rothenberg: Die Techniker des Heiligen. Zitiert nach: Dolores LaChapelle: *Sacred Land, Sacred Sex – Rapture of the Deep. Concerning Deep Ecology and Celebrating Life.* Silverton/Colorado 1988, S. 81

2 D. H. Lawrence: The Crow, in: *The Signature* (Okt./Nov. 1915)

3 Gary Snyder: The Old Ways. Afterword, in: Paul Shepard und Barry Sanders: The Sacred Paw. *San Francisco 1977, S. 206–212*

4 Joseph Campbell: *The Way of the Animal Powers.* London 1983. Bd. 1, S. 222

5 Joseph Campbell: *Mythologie der Urvölker – Die Masken Gottes.* Basel 1991, S. 259

6 Ebd., S. 260

7 Ebd., S. 261

8 Frederik Hetmann: *Charlotte und die Indianer.* Ravensburg 1991. Zitiert ist nach dem Taschenbuch, ersch. 1994, S. 257 ff. nach Don C. Talayesva: *Sun Chief. Autobiography of a Hopi,* hrsg. von Leo W. Simmons. New Haven 1942

1. Drei Begriffsklärungen

1 Thomas Mann: Gesammelte Werke. Reden und Aufsätze. Band 4, Frankfurt/Main 1974, S. 248

2 Hans E. Ulrich: *Von Meister Eckart bis Carlos Castaneda. Reise durch eine andere Wirklichkeit.* Frankfurt/Main 1986, S. 19 f.

3 Lewis M. Barth, in: *Theologische Realenzyklopädie.* Band 16. Berlin/New York 1987, S. 565

4 Ebd.

5 Ebd.

6 Stanislav und Christina Grof: *Jenseits des Todes. An den Toren des Bewußtseins.* München 1984, S. 16

7 Nach: *Standard Dictionary of Folklore, Mythology and Legend.* New York 1972, S. 836

8 Colin Wilson: *Das Okkulte.* Berlin und Schlechtenwegen 1982, S. 195

9 Ebd., S. 196

10 Ebd.

11 Leo Frobenius: *Paideuma. Umrisse einer Kultur- und Seelenlehre.* Düsseldorf 1953, S. 57 f.

12 Sigmund Freud: *Totem und Tabu. Einige Übereinstimmungen im Seelenleben der Wilden und der Neurotiker.* Frankfurt/Main 1991, S. 48

13 „Totemismus" von Claude Lévi-Strauß. In: Pelican Book; Middlesex/England 1969

14 Robin und Tonia Ridington: The Inner Eye of Shamanismen and Totemism. In: *History of Religion.* Band 10/1970, S. 49–51

15 Ebd.

16 Jane Harrison: *Themis – A Study of the Social Origins of Greek Religion.* Cambridge 1912, in: LaChapelle, a. a. O., S. 162

17 Robin und Tonia Ridington, in: *History of Religion,* a. a. O.

2. Rituale

1 Hsün Tzu, in: Burton Watson: *Hsün Tzu – Basic Writings.* Bd. 2. New York 1967, S. 25

2 Roy Rappaport: *Ecology, Meaning and Religion.* Richmond/California 1979, S. 206

3 Z. Budapest, in: Marquard Adler: *Drawing down the Moon.* New York 1979, S. 206

4 Aleister Crowley: *Magick in Theory and Practice.* New York 1929, S. 11

5 The Ontogeny of Ritualization in Men, in: A Discussion of Behaviour in Animals and Men. *Philosophical Transactions of the Royal Society of London.* Serie B, 1966, S. 338–349

6 Siehe dazu C. Laughlin, J. McManus und E. d'Aquili, in: E. d'Aquili (Hrsg.): *The Spectrum of Ritual: A Biogenetic Structural Analysis.* New York 1979, S. 10

7 E. d'Aquili und C. Laughlin: *Neurobiology of Myth and Ritual.* New York 1979, S. 176

8 Julian Huxley: *Introduction in a Discussion in Ritualization of Behaviour in Animals and Men.* London 1966, S. 449–472

9 Harold Bauer, in: Melvin Konner: *The Tangled Wing: Biological Constraints on the Human Spirit.* New York 1983, S. 431 f. Der Autor zitiert aus einem unveröffentlichten Manuskript, das ihm von Harold Bauer zur Verfügung gestellt wurde. Die Szene wurde auch von anderen im Gombe-Stream-Reservat in Afrika beobachtet.

10 Richard Evans: *Konrad Lorenz – The Man and His Ideas.* New York 1975, S. 129

11 Philip Drucker: *The Indians of the Northwest Coast.* New York, Garden City 1955, S. 165

12 Stanley Walens, zitiert in: Performing Ethnography, in: *The Drama Review* (26/1982), S. 33–50

13 Ebd.

14 Ebd.

3. Schamanen und Schamanismus

1 Carlos Alberto Seguin: Peiquiatria Peruana, in: O. Valdivia und A. Pendola (Hrsg.): *Primer Congreso Nacional.* S. 154–159

2 Siikala: *Sibirian and Inner Asian Shamanism.* 1987, S. 208; und in: Mircea Eliade (Hrsg.): *The Encyclopedia of Religion.* Bd. 13, New York, S. 208–215

3 A. A. Popow (Moskau/Leningrad 1936), zitiert nach: Mihály Hoppál: *Schamanen und Schamanismus.* Augsburg 1994, S. 24

4 Siehe dazu: Mircea Eliade: *Das Mysterium der Wiedergeburt. Versuch über einige Initiationstypen.* Frankfurt/Main 1988, S. 174 ff.; und Eliade: *Schamanismus und archaische Ekstase-Techniken.* Frankfurt/Main 1980, S. 43 ff.

5 Mihály Hoppál: a. a. O., S. 26 f. Auf der Zeichnung fehlen Nr. 35 und Nr. 36

6 Vgl. Franz Boas: The Central Eskimo, in: *Annual Report of the Bureau of American Ethnology,* VI, Washington 1888, S. 598 ff. Im Text: „*Ulo* ist ein halbmondförmiges Weibermesser"

7 Joseph Campbell: *Der Flug der Wildgans. Mythologische Streifzüge.* Basel 1990, S. 183 f.

4. Die Jenseitswelt der Tiere

1 June McCormick Collins: The Mythological Basis for Attitudes towards Animals among Salishi-speaking Indians. In: *Journal of American Folklore.* Bd. 65 (Nr. 258/1952), S. 354

2 Aus dem Stamm der Carrier, in: David M. Guss (Hrsg.): Language of the Birds-Tales, Texts and Poems of Interspecies Communication. *San Francisco 1985, S. 153*

3 Brüder Grimm: Die drei Sprachen, in: *Kinder- und Hausmärchen nach der zweiten vermehrten und verbesserten Auflage von 1819.* Köln 1982, Bd. 1, S. 122

4 James G. Frazer: The Language of Animals, in: The Archaeological Review, *Bd. 1, Nr. 2 (1888), S. 180 ff.*

5 *Songs and Stories of the Netsilik-Eskimos.* Übersetzt von Eduard Field nach Texten von Knut Rasmussen. Newton/Mass. 1967, S. 7–8

6 Knut Rasmussen: *Intellectual Culture of the Iglulik-Eskimos.* Kopenhagen 1929, S. 157

7 Franz Boas: Tsimshian Texts, in: *Washington Reports of the Bureau of American Ethnology* XXXI, 1916. Zitiert nach: Frederik Hetmann: *Mondhaus und Sonnenschloß.* Stuttgart 1989, S. 76 ff.

8 Zitiert nach: David Rockwell: *Giving Voice to Bear – North American Indian Myths, Rituals and Images of the Bear.* Niwot/Colorado 1991, S. 25 f.

9 Roland B. Dickson: Maido-Myth. *Bulletin of American Museum of Modern History,* Bd. 17. New York 1902. Die Maido leben in Kalifornien

10 Zitiert nach: *Die Märchenzeitung,* Nr. 6 (November 1968). Aufgezeichnet und mitgeteilt von Ariane McLean-Lee, Montreal

11 Frederik Hetmann: *Die Büffel kommen wieder – die Erde wird neu. Märchen, Mythen, Lieder und Legenden.* München 1995, S. 196

12 In: *Ethnology,* Nr. 2, Ottawa, National Museums of Canada, 1970, S. 15–23. Die Mythe stammt von den Tlingit der nordwestlichen Pazifikküste

13 Gerardo Reichel-Dolmatoff: *Amazonian Cosmos: The Sexual and Religious Symbolism of the Tukano Indians.* Chicago 1971, S. 220

5. Traum- und Visionsrituale – Rituale der Einweihung und Initiationssuche

1 Joseph Campbell: *Der Flug der Wildgans,* a. a. O., S. 129

2 In: K. Angel M. Garibay: *La Literatura de los Aztecas.* Mexico 1964. Zitiert nach: Frederik Hetmann: *Indianermärchen aus Mexiko,* Frankfurt/Main 1988, S. 57

3 A. van Gennep: *L'état actuel du problème totémique.* Paris 1920. Zitiert nach Dolores LaChapelle, a. a. O., S 153 f.

4 Die Abenteuer der Zwillinge mit den Herren von Xibalba. Nach: *Popol Vuh: The Sacred Book of the Ancient Quiché Maya,* nach der spanischen Übersetzung in englischer Sprache von Delia Goeth und S. G. Morley; aus dem Maya von Adrian Revinos, Norman, Oklahoma 1950, S. 41–66. In deutscher Übersetzung in: Frederik Hetmann: Indianermärchen aus Mexiko, Frankfurt/Main 1988, S. 33 ff.

5 John R. Swanton, in: *Bulletin of Bureau of American Ethnology*. XXXIX. Nr. 56. Washington 1909

6 E. Adamson Hoebel: *The Cheyenne – Indians of the Great Plains*. New York 1978, S. 87–89

7 Edward Curtis: *The North American Indians*. Band 1–20. Cambridge 1930, Bd. 6, S. 65

8 James O. Dorsey: *The Study of Siouan Cults*. Bureau of American Ethnology, Nr. 11. Washington D. C., S. 442

9 Alice Fletcher und Francis La Fleche: *The Omaha Tribe*. Bureau of American Ethnology 1911. Bericht Nr. 27, S. 589

10 Nach: Lee Irwin: *The Dream Seekers. Native American Traditions of the Great Plains*. Norman/Oklahoma 1994, S. 31 f.

11 Milo Yellow Hair, in: Roswitha Riebe-Beicht und Ursula Mildner (Hrsg.): *Indianer – Mythos und Wirklichkeit der Lakota*. Beiheft zu einer Ausstellung des Ratinger Museums, 1992, S. 69 f. Wichtige Hinweise für diese Zusammenfassung von Ursula Mildner finden sich bei P. Bolz: *Ethnische Identität und kultureller Widerstand. Die Oglalla-Sioux der Pine-Ridge-Reservation in South Dakota*. Frankfurt/Main 1986, S. 207. Ebenso bei W. Müller: *Glauben und Denken der Sioux*. Berlin 1970, und R. B. Hassrick: *Das Buch der Sioux*. Augsburg 1992, S. 260

12 In: Frederik Hetmann: *Durch Amerika. Im Land der unbegrenzten Möglichkeiten*. Hamburg 1974, S. 168

13 David G. Mandelbaum: Die Plains-Cree. *Anthropological Papers of the American Museum of Natural History*. Bd. 37, New York 1940, S. 252

14 Leonhard Bloomfield: *Plains-Cree Text*. Publication of the American Ethnological Society 1934, S. 151

15 Alfred L. Groeber: The Arapaho. *Anthropological Papers of the American Museum of Natural History*. Bd. 18, New York 1914, S. 419

16 Francis Denzmoore: Teton Sioux Music. *Bureau of American Ethnology. Bulletin* Nr. 61, Washington 1918, S. 176–179

17 Ernest Wallace und E. Adamson Hoebel: *The Comanches – Lords of the Southern Plains*. Norman 1952, S. 197

18 Gene Weltfish: *The Lost Universe – The Way of Life of the Pawnees*. New York 1965, S. 404 ff.

19 John C. Ewers: *The Blackfeet: Raiders of the Northwestern Plains*. Norman 1958, S. 166

20 Frank Lindermann: *Plenty Coups: Chief of the Crows*. Lincoln/Nebraska 1930, S. 61–65

21 Ray deMallie: *The Sixth Grandfather. Black Elks Teaching, given by John G. Nyhardt*. Lincoln 1984, S. 114 f.

22 George Bird Grinnell: *Blackfoot Lodge Tells the Story of the Prairie-People*. Lincoln/Nebraska 1962, S. 125
23 James Willard Schulz: *Friends of my Life as an Indian*. New York 1923, S. 182
24 Alice Fletcher und Francis La Fleche: *The Omaha Tribe*. Bureau of American Ethnology 1911. Bericht Nr. 27. S. 132
25 George Bird Grinnell, a. a. O., S. 113 ff.
26 Siehe dazu: Schwarzer Hirsch (Black Elk): *Die heilige Pfeife*. Bornheim 1982

6. Rituale zur Erneuerung der Welt – Landrituale

1 Tahirassawichi (Priester der Pawnee), zitiert nach Dolores LaChapelle, a. a. O., S. 167
2 Wendell Berry: *The Long-Legged House*. New York 1969, S. 84 f.
3 Paula Gunn Allen: The Psychological Landscape of Ceremony, in: *American Indian Quarterly. A Journal of Anthropology, History and Literature*. (Nr. 5/Februar 1979)
4 Frederik Hetmann: *Mondhaus und Sonnenschloß. Mythen und Märchen der nordamerikanischen Indianer*. Stuttgart 1989, S. 178–183. Die Geschichte stammt von den Wintu in Kalifornien
5 Lame Deer: *Lame Deer – Seeker of Visions*. New York 1972, S. 275
6 Vine Deloria, zitiert nach Dolores LaChapelle, a. a. O., S. 188
7 Dennis Tedlock: Towards a Restauration of the Word in the Modern World. *Alcheringa Ethno-Poetics*, Bd. 2. (1976), S. 120–132
8 Siehe dazu: George Burt Grinnell: Some Early Cheyenne Tales. *Journal of American Folklore* 20, S. 160–194, und Åke Hultkrantz: *The Religions of American Indians*. Berkeley 1979, S. 22 f.; George Dorsey: *The Cheyenne Ceremonial Organisation*. Field Columbian Museum. Anthropological Series 9/1, S. 39–41, sowie Howard L. Harrod: *Renewing the World. The Plains Indian Religion and Morality*. Tuscon und London 1987, S. 93 f.
9 George Bird Grinnell: *By Cheyenne Campfires*. Lincoln/Nebraska 1971, S. 277
10 Howard L. Harrod, a. a. O., S. 104–105
11 Siehe dazu den zitierten Text von Howard L. Harrod: *Renewing the World*, S. 105 f., sowie Grinnell: The Great Mysteries of the Cheyenne. *American Anthropologist*. NS 12 (1910), S. 542–572

12 Robert H. Lowy: The Tobacco-Society of the Crow Indians. *Anthropological Papers ot the American Museum of Natural History*, 21/2. New York 1920

13 Robert H. Lowy: *The Crow Indians.* New York 1935, S. 277

14 Robert H. Lowy: Myths and Traditions of the Crow Indians. *Anthropological Papers of the American Museum of Natural History.* 25/1. New York 1918, S. 15

15 Siehe dazu: Beverly Hungry Wolf: *The Ways of my Grandmothers.* New York 1980, S. 31; und J. P. B. Josselin DeJong: *Blackfoot Texts.* Amsterdam 1914; sowie Clark Wissler: The Ceremonial Bundles of the Blackfoot Indians. *Anthropological Papers of the American Museum of Natural History.* 7/2. New York 1912, S. 211–214; und ders.: The Sun Dance of the Blackfoot Indians, in: *Anthropological Papers of the American Museum of Natural History.* 16/3. New York 1918, S. 269 f.

16 Clark Wissler, *The Sun Dance,* a. a. O., S. 268

17 Howard L. Harrod: *Renewing the World,* a. a. O., S. 134

18 Siehe dazu: Frederick E. Hoxye (Hrsg.): *Encyclopedia of North American Indians.* Boston/New York 1996, S. 615

19 Theodora Groeber: *The Inland Whale.* Berkeley und Los Angeles 1994. Vgl. Frederik Hetmann: *Mondhaus und Sonnenschloß,* S. 212–223

7. Rituale zur Herstellung von Gemeinschaft

1 Tu Fu (712–770), zitiert nach Dolores LaChapelle, a. a. O., S. 167

2 Lou Welch, in: I remain Upriver Downriver, zit. nach Dolores LaChapelle, a. a. O., S. 166

3 Philip Drucker: *Indians of the Northwest Coast.* New York 1955, S. 131 f.

4 Ebd., S. 137 f.

5 Marcel Mauss: *The Gift: Forms and Functions of Exchange in Archaic Societies.* New York 1967 (zuerst 1924). Siehe dazu auch: „A Discussion of Behaviour in Animals and Men". *Philosophical Transactions of the Royal Society of London.* Serie B. 251, S. 249–259

6 G. William Domhoff: *The Bohemian Grove and Other Retreats: A Study in Ruling Class Cohesiveness.* New York 1975

7 Dolores LaChapelle, a. a. O., S. 159

8. Die Heilungs- und Fruchtbarkeitszeremonien der Indianerstämme des Südwestens

1 Francis Huxley: The Way of the Sacred, S. 221, zitiert nach Dolores LaChapelle, a. a. O., S. 151

2 Gladys A. Reichard: Navaho Religion: A Study in Symbolism. Princeton 1950, S. 58 f.

3 Mike Mitchel, in Suzanne Page: A Celebration of Being: Photographs of the Hopi and Navajos. Flagstaff 1989, S. 87 f.

4 Trudy Griffin-Pierce: Earth is my Mother, Sky is my Father. Space, Time and Astronomy in Navajos Sand-Painting. Albuquerque 1995, S. 31

5 Trudy Griffin-Pierce, a. a. O., S. 39

6 Aussage des Indianers Harry Walters, 1990, in: Trudy Griffin-Pierce, a. a. O., S. 48

7 Gladys Reichard: Navaho Religion. Princeton. N. J. 1950, S. 152 ff.

8 Charlotte Frisbie: Navajo Medicine Bundles or Jish: Acquisition, Transmission and Disposition in the Past and Present. Albuquerque 1987, S. 103

9 Siehe dazu Gerald Hausman: The Gift of the Gila Monster. New York 1993, S. 32; Donald Sandner: Navajo Symbols of Healing. New York 1979; Frank Waters: Masked Gods. Navaho and Pueblo Ceremonialism. New York 1950 und Athens/Ohio 1990

10 Trudy Griffin-Pierce, a. a. O., S. 64

11 Ebd., S. 65

12 Gladys Reichard, Navaho Religion, S. 14

13 Siehe dazu: James Kale McNeley: Holy Wind in Navajo Philosophy. Tuscon 1981

14 Trudy Griffin-Pierce, a. a. O., S. 73

15 Siehe dazu: Tom Bahti: Southwestern Indian Ceremonials. Las Vegas 1971, S. 16 ff.; Erna Fergusson: Dancing Gods: Indian Ceremonials of New Mexico und Arizona. Albuquerque 1966; Frank Waters: Masked Gods. New York 1950, S. 264 ff.

16 Tom Bahti, a. a. O., S. 26 ff.; Clara Gonzales: The Shalakos are Coming. Santa Fe 1969; Frank Waters, a. a. O., 282 ff.

17 Frank Waters, a. a. O., S. 305

18 Ebd., S. 307

19 J. W. Powell: The Hopi Villages: The Ancient Province of Tusayan. (Reprint des Artikels in Scribner's Monthly, Oktober 1875, Bd. 11/13) Palmer Lake/Colorado 1972, 28 f.

9. Schlußbemerkung

1 Ruth Benedict: Urformen der Kultur. *Hamburg 1955, S. 9.*
2 Peter Winch: Understanding a Primitive Society, in: Hans Peter Duerr (Hrsg.): Der Wissenschaftler und das Irrationale, *S. 394*
3 Hermann Hesse: Siddharta, *Frankfurt/Main 1980, S 113f.*
4 Hans E. Ulrich, a.a.O., S. 140f.
5 Jean Charon: *Der Geist der Materie.* Berlin 1970, S. 36ff.